KB058868

귀곡자

장악하고 주도하는
궁극의 기술

공원국 · 박찬철 지음

시공사

21세기와 귀곡자

귀곡자는 누구인가?

귀곡자鬼谷子. 이 신비롭고 괴이한 이름을 가진 사람은 누구인가? 귀곡자는 중국 전국시대에 활약한 종횡가縱橫家의 비조鼻祖로 알려져 있다. 그 문하생이던 소진蘇秦과 장의張儀는 합종책合縱策과 연횡책連橫策으로 각국의 제후들에게 유세하여 천하에 이름을 날렸다. 《손빈병법孫臏兵法》으로 유명한 전국시대 군사전략가 손빈孫臏과 위魏나라의 명장 방연龐涓도 그의 문하생이었다.

《사기史記》에 따르면 귀곡자는 기원전 5~4세기경에 실재한 인물이다. 귀곡鬼谷에 은거했기 때문에 귀곡자라 불렸다. 전하는 바에 의하면 귀곡자는 천문과 수학에 정통하고, 선견지명으로 상황을 객관적으로 파악하고 계략을 결정하는 데 능란했다고 한다. 또한 출사出仕를 원하는 제자들을 교육했는데, 학생의 특징에 맞추어 각기 유세, 병법, 음양, 술법 등의 학문을 전수했다. 당시에 귀곡자에게 수학하는 것은 요즘 명문대를 졸업하는 것과 비슷했던 모양이다.

하지만 정작 그 자신은 관직에 뜻이 없어 귀곡에 은거했고, 그 삶을 문헌으로 전하는 바가 없어 후세에 신비로운 전설만 남겼다. 그리하여 때로는 신선으로, 때로는 노자老子의 길동무로, 때로는 길흉화복을 점치는 사주四柱의 창시자로 혹은 풍수가로 등장한다.

귀곡자가 살았던 전국시대는 각 제후국이 서로 공격하며 패권을 다툰 시기로, 제후국들은 천하의 주인이 되려고 부국강병책을 연구했다. 그래서 제자백가가 흥기하고 지식인들이 열국을 주유함으로써 평생의 포부를 실현한 때였다. 그가 지은 이 《귀곡자鬼谷子》라는 기이한 책은 춘추전국시대의 다른 제자백가서들과는 달리 출사를 원하는 사람들이 자신의 포부를 펼치기 위해 어떻게 해야 하는지, 그 실제적인 원칙과 방법을 가르치고 있다. 유명한 합종책과 연횡책은 소진과 장의가 귀곡자에게 배운 바를 그대로 적용해서 얻은 전략이다. 그러나 《귀곡자》는 마치 정치적 책략의 교과서로 알려져 왔고, 그동안 명분과 도덕을 중시하는 유가들에 의해 '세상을 어지럽히는 책'으로 홀대받았다.

하지만 책의 내용을 보면 오히려 일을 정확하게 정의하고, 주변의 객관적 상황을 파악하며, 항상 형세를 잘 살피고, 같이 일할 사람과 네트워크를 구축하는 방식 등 오늘날의 정치, 외교, 군사, 경제 분야에서 꼭 필요한 내용들이 풍부하게 담겨 있다. 당송팔대가의 한 사람으로 《신당서新唐書》의 편찬자이기도 한 구양수歐陽脩는 《귀곡자》를 "시기에 따라서 적절하게 변화하고, 일을 가늠해서 적당한 방책을 내는 바는 족히 취할 바가 있다"라고 평가했다.

고전이 가치가 있는 것은 지혜를 한 묶음으로 제공하기 때문이다. 고전은 시대를 관통하여 여전히 우리를 깨우는 위력이 있다. 《귀곡자》에도 그런 지혜가 다발로 들어 있다.

왜 《귀곡자》인가?

누구나 자신이 맡은 프로젝트를 성공시키고자 하나 그것은 정말 쉽지 않다. 매일 노심초사하며 열심히 일하는데 목표를 성취하지 못하는 이유는 뭘까? 그것은 일을 장악하는 능력이 부족하기 때문이다. 조직 속에서 무언가 주어질 때 반응할 줄은 알지만 스스로 일을 조직할 줄은 모른다. 스스로 조직할 자신이 없을 때 일에 휘둘리게 되어 프로젝트를 성공시키지 못한다.

하지만 프로젝트를 성공시킬 방법은 있다. 할 수 있는 프로젝트를, 쓸 수 있는 방법으로 실행하면 된다. 이것이 불가능할까? 아니다. 일을 스스로 선택할 수만 있다면 가능하다. 만약 나의 실력을 알고, 상황에 맞는 방법을 찾는다면 프로젝트는 성공한다. 내가 할 수 있는 것을, 정확한 방법으로 하는데 어떻게 실패할 수 있겠는가? 고전에서는 이와 같은 이야기를 수없이 반복한다. 《손빈병법》은 무엇을 말하고 있나? 피할 수 있으면 싸우지 말고, 싸우면 반드시 이기라는 것이다. 그런데 어떻게 이기나? 이길 수 있는 싸움만 하고 그렇지 않은 싸움은 하지 않으면 된다. 그런데 내가 가만히 있어도 더 강한 상대가 나를 공격하면 어쩔 수 없이 지는 싸움을 하게 되는 것이 아닌가? 그러면 피해를 최소화해야 한다. 질 수밖에 없는 싸움에서 피해를 최소화하는 것이 진정한 승리가 아니고 무엇인가?

《귀곡자》는 하나의 큰일을 이루어 나가는 단계를 설명한 책이다. 특히 일을 수행하는 주체의 입장에서 일을 어떻게 시작하고, 어떻게 진행하여 마무리할 것인지를 설명한다.

누가 일을 하는가? 물론 내가 한다. 그래서 귀곡자는 항상 남에게 제어당하지 않는 것을 가장 귀하게 여긴다고 말한다. 바로 '주도권을 가진 주체성'을 말하는 것이다. 그런데 일은 어떻게 이루는가? 일은 하루아침에 이루어지는 것이 아니라 주도면밀하게 준비해서 만들어가는 것이다. 일을 '만들어간다'는 것이 이 책의 주제다.

하나하나 단계를 밟아가는 가운데 자연스레 큰일을 진행하는 것이 바로 귀곡자가 밝히는 '만들어가는' 과정이다. 현대적인 용어로 바꾸어 말하면 '프로젝트를 성사시키는 과정'이라고 할 수 있다. 프로젝트란 일을 정의하고, 상황을 분석하여, 전략을 세우고, 의사 결정권자들의 동의를 얻어, 실행하는 과정이다. 《귀곡자》는 중국 고전 중에서 이러한 프로젝트 진행 과정에 대해 가장 기본적인 지혜와 방략을 제시하는 거의 유일한 책이다.

중국의 지도를 한번 보자. 당시 중국은 지금의 3분의 1 정도의 규모였다. 동으로 산동山東, 서로 섬서陝西, 북으로 요서遼西, 남으로 호남湖南과 절강浙江 정도가 춘추전국의 실제 무대였다. 이 무대에서 수많은 제후국이 각각의 군사력을 바탕으로 서로 경쟁했다. 서쪽의 진秦나라로 가는 길에 산이 조금 있고, 남쪽에 양자강이 있지만 나머지는 다 평원이다. 이 좁은(?) 평원에서 그토록 많은 나라가 서로 부국강병을 외치는 모습을 상상해 보라. 인간이 상상할 수 있는 재주는 다 동원될 수밖에 없지 않겠는가? 그러니 지금 우리가 《귀곡자》를 읽는다는 것은 정치나 외교 분야의 일이든, 최고경영자나 상사를 설득하는 일이든, 아니면 자기가 맡은 일을 효과적으로 수행하는 것이든 경쟁에서 생존하고, 나아가 승리자가 되기 위한 방략을 읽는 것이다.

중국의 대형서점에 가면 귀곡자에 관한 책이 수십 권 나와 있다. 협상과 설득, 일의 도모에 관한 한 《귀곡자》는 다른 책들의 비조라고 할 수 있다. 그리기에 슈펭글러는 그 심오한 통찰력으로 보아 귀곡자가 당시 가장 영향력 있는 인물이었으리라고 추측했다. 중국 관련 서적은 범람하고 있는데 《귀곡자》와 같은 중요한 고전을 제대로 접하지 못한다는 것은 정말 안타까운 일이다. 중국의 협상객들은 거의 대부분 이 무시무시한 책을 잘 익히고 있는데 말이다.

국가를 경영하거나 기업의 CEO와 같은 사람들은 이 책에서 남에게 제어당하지 않는 법, 즉 허수아비처럼 경영하지 않는 법을 배울 수 있을 것이다. 기업의 임원이나 큰 프로젝트를 진행하는 담당자라면 계획을 세우고 인력과 자원을 배치하는 기본에 대해 깊은 통찰을 얻게 될 것이다. 작은 프로젝트를 기획하는 담당자라면 계획을 세우고, 상사를 설득해 필요한 자원을 얻고 조직 내에서 성과를 이루는 지혜를 배울 수 있을 것이다. 그리고 매 순간 기지가 필요한 사람들, 항상 남을 설득하려고 해도 성공하지 못하는 사람들, 특히 영업사원이라면 설득의 기술에 대해 무릎을 칠 정도로 적절한 지혜를 얻을 수 있을 것이다.

마지막으로 이 책을 읽을 때 주의할 점을 하나 밝혀둔다. 이 책을 두고 지혜의 보고라고도 하지만, 옛 어른들 중에는 세상을 어지럽히는 무서운 책이라고 한 사람도 있다. 일의 성공을 위해 뇌물과 매수 등 비도덕적으로 보일 수 있는 방법도 거론하기 때문이다. 그러니 이 책에서 말하는 내용을 그대로 따라 하지는 마라. 단지 창조적으로 이용하려고 노력하라. 인품이 넉넉하여 주위에 사람만 끓고 실속은 없는 사람이 이 책을 읽고 '지략형 인간'으로 변신하려 한다면 그것 또한 안 될 일이다. 인품이 바로 지혜다. 그 지혜로 더 큰일을 도모하면 될 뿐이다.

공원국·박찬철

차례

2부
준비 단계

3부
실행 단계

4부
최종 단계

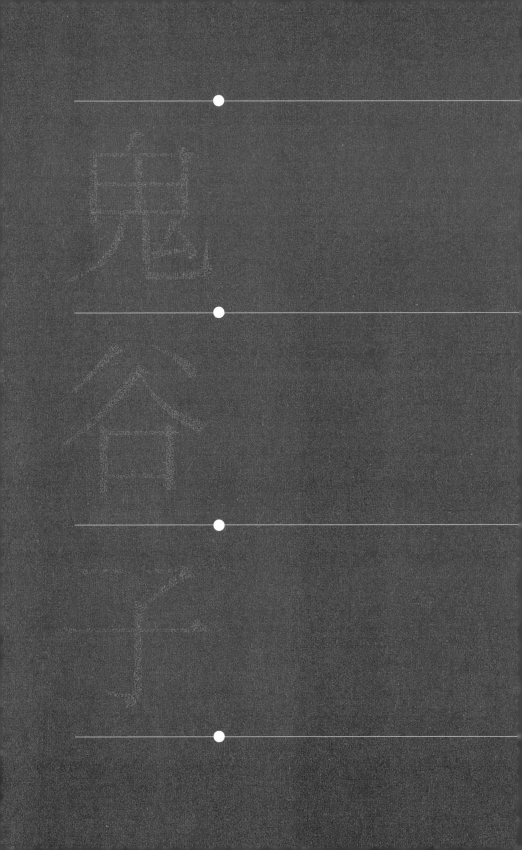

1부

총론

상황을 분석한 뒤 시작을 결정하라 / **패합**捭闔

01

패합
상황을 분석한 뒤 시작을 결정하라

"오직 성인만 진퇴와 존망에
그 바름을 잃지 않는다
[知進退存亡不失其正者, 其惟聖人乎]."
_《주역》

《귀곡자》의 1장은 '패합捭闔'이다. '패'는 연다는 뜻이고, '합'은 닫는다는 뜻이다. 문을 연다는 것은 나간다는 것이고, 닫는다는 것은 지킨다는 뜻이다. 즉 나갈까 말까, 시작할까 말까를 결정하는 단계가 바로 이 단계다.

이 단계에서 귀곡자가 제시하는 출사의 요결은 무엇인가? 그것은 반드시 주도적으로 해야 한다는 것이다. 주도적이라는 말은 일에 휘둘리지 않고 일을 장악하는 것을 의미한다. 그런데 일을 장악하기 위해서는 먼저 할 일이 있다. '과연 할 수 있는 일인가'를 생각하고 일 전체를 가늠해 보는 것이다. 결국 일 전체를 먼저 가늠한 후 주도적으로 진퇴를 결정하는 것이 패합이다.

　일을 시작할 때 누가 시켜서 또는 상황이 어쩔 수 없어서 시작하면 좋은 성과를 내기 어렵다. 오히려 일에 휘둘려 자신의 몸과 마음이 피폐해지기 쉽다. 그리고 무슨 일이든 일단 결정을 하면 전심을 다해 앞으로 나아가야 한다. 시작한 이상 추호의 의심 없이 성공을 위해 매진해야 한다. 일이 한창 진행되고 있을 때 성공을 의심하고, 다른 생각을 하게 되면 그 프로젝트는 이미 실패한 것이나 다름없다. 그러므로 처음부터 방향을 제대로 잡아야 한다.

　그 방향은 내 마음대로 정할 수 있는 것이 아니다. 객관적인 조건을 살핀 후에 자연스럽게 정해야 한다. 그래서 정확한 형세를 읽고 언제, 어떻게 시작할지를 결정하는 것이 가장 중요하다. 일은 시작되면 통제할 수 없는 경우가 많이 생긴다. 따라서 시작을 할 때는 매 시각 변하는 상황 앞에서 주눅 들지 않도록 마음의 준비를 충분히 해두어야 한다. '패합'의 내용은 바로 이것이다.

　《귀곡자》의 화자는 군주를 보좌해 국가의 대사를 도모하기 위해 출사표出師表를 던질 것인지 말 것인지를 고민하고 있고, 독자들은 지금 동료, 후배, 선배와 함께 프로젝트를 시작할 것인지 말 것인지를 고민하고 있다. 이제 귀곡자의 육성을 들어보자.

　패합에 나오는 귀곡자의 가르침은 다음 네 가지로 요약할 수 있다.

형세를 파악한다

첫 번째는 결정권자의 내심과 외부의 조건을 살펴서 닫고 여는 때, 즉 말할 때인지 아닌지, 일을 시작할 때인지 아닌지를 판단하라는 것이다. 귀곡자는 이렇게 말한다.

> 성인은 음양이 열리고 닫히는 것을 살펴 사물에 이름을 부여하고, 성공하고 망하는 관건을 파악해서 만물의 시작과 끝을 주관했으며, 사람들의 마음을 깊이 알고 변화의 징조를 미리 알아서 존망의 관건을 지킬 수 있었다.

이 글에서 귀곡자는 능력을 최대한 개발해야 일을 주도할 수 있다고 주장한다. 원래 이 구절은 목숨을 걸고 일을 도모한 전국시대의 유세가들을 위한 것이었다. 하지만 오늘날이라고 해서 이 말의 무게감이 떨어지는 것은 아니다. 대개 작은 일이라도 자신이 존망의 문 앞에 섰다고 생각하고 전심전력하지 않고서는 이루어 내기가 힘든 것이 사실이다.

함께하는 사람과 비전을 공유한다

두 번째로는 나와 함께 일을 도모하고자 하는 사람을 잘 파악해야 한다. 모든 일은 사람이 하는 것이다. 사람을 파악하는 것은 일을 성공시키는 관건이다. 귀곡자는 이렇게 말한다.

> 현명한 사람이 있으면 못난 사람이 있고, 지혜로운 사람이 있으면 어리석은 사람이 있고, 용기 있는 사람이 있으면 비겁한 사람이 있고, 어짊, 의로움 등도 사람마다 차이가 있다. 사람들의 차이에 근거해서 어떤 때는 문을 열고 어떤 때는 잠가 단속하고, 어떤 때는 나아가고 어떤 때는 물러나고, 어떤 때는 상대를 천하게 쓰고 어떤 때는 귀하게 쓸 수 있는 것이다.
>
> 사람을 볼 때는 실력이 있는지 없는지를 깊이 살피고, 상대가 좋아하는 것과 얻고자 하는 것을 따라주면서 그 의지를 살피고, 말을 자세히 듣고 꼼꼼히 되물어서 본심이 무엇인지 알아낸다. 그렇게 상대가 지닌 지략을 깊이 탐구하고, 나와 같고 다른 점을 비교해서 함께할지 여부를 결정한다.

귀곡자가 말하는 같이 일하는 사람이란 일반적인 동료나 상사가 아니다. 마치 나와 한 몸처럼 움직여 일을 성공시켜야 할 결정권자다. 결정권자와 나 사이에는 어떤 작은 틈이 있어서도 안 된다.

일은 한번 시작하면 변화무쌍하게 흘러간다. 비도 오고 눈도 올 수 있다. 작은 틈 때문에 종국에 바위가 깨지듯이 사람과의 관계도 깨질 수 있다. 때문에 일을 시작하기 전에 같이 일할 상대가 나와 완전히 의기투합할 수 있는 사람인지 살펴야 한다. 만약 상대가 나에게 투합하지 않으면 나 자신을 바꾸어 상대와 투합해야 한다.

귀곡자는 여기에 한마디를 덧붙인다. 즉 대단한 인재만 쓸 수 있는 것이 아니라 모든 사람을 다 쓸 수 있다는 것이다. 상대의 실력과 의지를 파악할 수 있다면 모든 사람을 용도에 맞게 쓸 수 있다. 그러나 최소한 서로 원하는 바, 요즘 말로 공유할 수 있는 비전이 있어야 같이 투합할 수 있는 것이다.

열 때는 넓고 상세하게, 닫을 때는 은밀하게

세 번째로 귀곡자는 일을 시작하기로 마음먹었을 때, 혹은 당분간 보류하기로 마음먹었을 때 제일 중요하게 여길 점이 무엇인지를 이야기한다. 귀곡자는 나갈 때는 주도면밀함이 가장 중요하고, 가만히 있을 때는 기밀을 유지하는 것이 관건이라고 말한다. 일단 나갔으면 실패의 여지를 없애야 하고, 나가지 않고 닫고 있을 때는 쓸데없는 기미를 보이지 말아야 한다.

열 때는 넓고 상세함이 관건이고, 닫을 때는 은밀함이 관건이다.

일을 하면서 반드시 잊지 말아야 할 것이 있다. 일을 시작했으면 널리 정보를 구하고 빈틈없이 준비하라. 그러나 일을 시작하지 않았다면 마치 그 일과는 아무런 연관도 없는 듯이 초연하라.

《논어論語》에 "군자가 말을 아끼는 것은 그 말을 이루지 못할까 두려워하기 때문이다"라는 말이 있다. 일이란 시작한 후에는 반드시 책임을 져야 한다. 실제로 이룰 준비가 되지 않은 상황에서 말을 앞세우면 작게는 기회를 잃고, 크게는 신의를 잃는다.

성공과 실패는 영원하지 않다

네 번째는 상황이 극에 달하면 결국 변화하니 그 변화를 거스르지 말아야 한다는 내용이다. 일이 마음먹은 대로 이루어졌다고 교만해지지 말고, 과정에 어려움이 있다고 좌절하거나 포기하지 말라는 뜻이다. 프로젝트를 실행하면서 지녀야 할 태도로, 사실 이 구절이 제일 중요하다.

> 양은 움직여 나가고 음은 따라서 들어온다. (그런데) 양이 극에 달하면 음이 되고, 음도 극에 달하면 양이 된다. 양으로(세력으로) 움직이는 자는 덕이 함께 생기고, 음으로(형세를 따라) 고요한 자는 모습이 흐트러지지 않는다. 양(우세한 처지)으로 음(열세)을 구할 때는 덕으로 감싸고, 음으로 양과 맺을 때는 전력을 다 보여준다.

이 문장은 참으로 모호하면서도 오묘하다. 각자 자기 생각대로 읽을 수 있겠지만, 21세기에 사는 우리는 "양이 극에 달하면 음이 되고, 음도 극에 달하면 양이 된다"는 말을 성공했을 때 자만하지 말고, 실패했을 때 포기하지 말라는 뜻으로 읽을 수 있을 것이다. 우리는 주변에서 성공한 기업이 성공 경험에 도취되어 변화하는 시장 상황에 적절히 대응하지 못하고, 결국 망하는 경우를 종종 본다. 이와는 반대로 실패를 경험 삼아 보기 좋게 재기에 성공한 기업인 또한 자주 볼 수 있다. 그리고 "양으로 음을 구할 때는 덕으로 감싸고, 음으로 양과 맺을 때는 전력을 다 보여준다"라는 말은 유리한 상황에서 일을 할 때는 상대방을 포용하여 자신의 주변을 넓히고, 열세에 처했을 때는 모든 자원을 투입해 전력을 다하라는 뜻으로 읽을 수 있다.

'패합'은 《귀곡자》의 총론이다. 여기서는 성공학 이상의 인생론에 대해 말하고 있다. 성공도 실패도 영원하지 않다. 열세에 처했을 때 최선을 다하는 것은 오히려 쉽다. 그러나 성공을 이루었을 때 도취되지 않는 것은 참으로 어렵다. 귀곡자의 수제자라고 할 수 있는 당 태종太宗이 성공하지 못한 것도 바로 이런 이유다.

귀곡자 스쿨의 수제자: 이세민

중국 역사를 보면 조조曹操, 손권孫權, 유비劉備라는 영웅들이 삼국을 나누어 쟁패를 벌인 시대 못지않게 극적인 시대가 많다. 그중 수나라 말기에 이세민李世民(당 태종)이라는 걸출한 인물이 주도한 대 활극은 《삼국연의三國演義》에 전혀 뒤지지 않는 재미와 교훈을 준다. 그 활극은 과연 《귀곡자》의 총론을 그대로 투사해 놓은 것 같다. 사실 당 태종과 그의 측근들은 귀곡자 스쿨의 총아였다. 그 측근들의 우두머리라 할 수 있는 장손무기長孫無忌는 《귀곡자》를 "변화가 너무 화려하여 혹세무민할까 두렵다"라는 역설적인 평을 하기도 했다. 말로는 경계하면서도 몰래 꼼

꼼꼼하게 읽은 것이다.

이세민은 창업 군주이자 수성守成 군주다. 역대로 수많은 창업 군주가 있었지만 이세민만 한 실력을 갖춘 이는 드물었다. 진시황秦始皇은 영민했지만 포학했고, 한 고조漢高祖 유방劉邦은 사람을 쓴 뒤에는 안면을 바꾸는 몰인정한 자였다. 두 사람 모두 창업의 위업은 이루었지만 수성에 성공한 군주는 아니다. 수 문제隋文帝는 무력을 갖춘 호걸이지만 인품이 부족했고, 송 태조宋太祖는 문치를 이루었지만 역동성이 모자랐고, 칭기즈 칸成吉思汗은 무력이 남달랐지만 문치를 이룰 만한 인물은 아니었다. 명 태조明太祖 주원장朱元璋은 목적을 위해서는 수단과 방법을 안 가리는 인물로, 황제가 된 후 티끌만큼의 인정도 보여주지 않은 인물이었다. 중국사에서 그와 겨룰 정도의 인물은 문무를 겸비한 청나라의 강희제康熙帝 정도인데, 아쉽게도 강희제는 창업 군주가 아니다. 그러니 창업 군주 중에서 가장 극적인 삶을 살고, 실력도 가장 뛰어난 황제는 당 태종 이세민이라고 할 수 있다.

이세민은 매우 복합적인 인간이었다. 냉혹하면서도 인자하고, 집요하면서도 관대했다. 그리고 일을 성취하기 위해 모든 조건을 적시에 활용할 줄 아는 귀곡자 스쿨의 수제자였다. 이세민을 예로 든 것은《귀곡자》가 제시하는 인간형과 극적으로 들어맞는 생을 살았기 때문이다. 이세민의 극적인 행동들을 보다 보면 귀곡자가 말하는 패합의 내용을 반 이상은 이해할 수 있다. 이세민의 일생은 '패합, 즉 나아가고 물러나는' 방법을 반추해 보는 제일 좋은 사례다. 이를 통해 누구와 일을 시작할 것이며, 일을 할 때 무엇을 제일 조심해야 하는지도 알 수 있다. 그리고 그 일생 자체에서 '음이 양이 되고, 양이 극에 달하면 음으로 나아가는' 변화를 살펴볼 수 있다.

이세민의 삶을 편의상 세 단계로 나누어보자. 1기는 아버지 이연李淵을 부추겨 당을 세우고 현무문의 변玄武門之變을 일으켜 형제들을 죽여 황제가 되기까지, 권력을 향해 질주한 시기다. 2기는 황제가 된 후 중앙 집권제를 완성하고, 법령을 완비하여 정관의 치를 이루었다고 말하는 치세다. 그리고 3기는 고구려 침략의 실패와 후계자 문제로 얼룩진 그의 우울한 말기다.

이세민은 그야말로 자신의 능력과 탁월한 용인술로 출세한 사람이며, 성과를 이룬 후에 지킬 줄도 알았던 사람이다. 그러나 이세민은 실패한 아버지의 전형이기도 하다.

아들 열네 명 중 세 명이 죽임을 당하고, 세 명이 자살하고, 세 명은 어려서 죽고, 한 명은 유폐되고, 두 명은 일반 백성으로 강등을 당했으니 제대로 남은 사람이 없다. 이세민은 귀곡자의 성공 비결은 파악했으나 귀곡자의 인생론, 즉 영원한 성공은 없다는 이치를 받아들이지는 못했던 모양이다.

중심을 취하면 주변은 정리된다

수隋나라는 오호십육국五胡十六國을 평정하고 중국을 통일했으며, 북방의 유목민족을 장악한 통일 강국이었다. 중국사에서 수나라처럼 짧은 기간에 그토록 강력한 중앙정부를 이룬 사례는 없었다. 그런 수나라가 무너지자 그야말로 군웅할거의 시대가 시작된다. 설거薛擧, 유무주劉武周 등의 군벌 수장들, 거대한 농민 반란집단 와강군瓦崗軍의 지도자 이밀李密, 와강군을 진압하면서 세력을 키운 왕세충王世充 등 누구 하나 만만하지 않고 수나라의 무력을 고스란히 물려받은 자들이었다.

그런데 더 좋은 조건을 지닌 경쟁자들을 모두 물리치고 유독 이연과 이세민 부자가 승리의 주역이 된 까닭은 무엇일까? 그 이유는 중심을 가장 먼저 차지하는 전략 때문이었다. 이세민의 전략은 판의 중심인 장안성에 먼저 들어가서 남은 일을 형세에 따라 정리하는 것이었다.

군웅할거시대에 중심을 장악하는 것이 얼마나 중요한지는 이세민의 군사작전의 성과가 말해주고 있다. 삼국시기 조조가 천하를 주름잡은 것도 하남과 하북, 즉 천자가 있는 땅을 선점했기 때문이다. 그가 천하

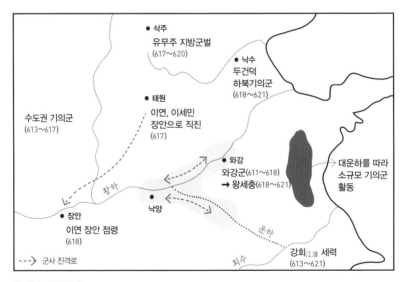

〈수말 농민반란도〉

이연과 이세민은 장안으로 직행하고 와강군은 낙양에서 어렵게 싸움.

이연과 이세민이 장안을 점령한 후에는 주도권을 장악함.

의 형세를 주도한 가장 중요한 싸움은 하북의 원소袁紹를 쓰러뜨린 관도 대전이었다. 조조는 원소를 패퇴시킨 후에야 천천히 남정을 시도했다.

언제나 주변은 중심에 주도권을 빼앗긴다. 일을 시작하려면 일단 주도권을 염두에 두어야 한다. 주도권을 잡는 가장 좋은 방법은 중심을 차지하는 것이다. 그래서 귀곡자는 존存할 수 있을 때 나가라고 했고, 나갔으면 절대로 망亡하지 말라고 했다. 망하지 않으려면 반드시 주도권을 잡아야 한다.

잠시 수나라 말기의 형세를 살펴보자. 양현감楊玄感이라는 자가 수 양제隋煬帝의 고구려 원정을 틈타 여양黎陽에서 반란을 일으켰다. 여양은 지금의 하남성 준현浚縣으로 요동에 군수물자를 보급하는 요충지였다. 후에 왕세충 등과 함께 이세민의 호적수로 꼽히는 이밀이 당시 양현감의 모사로 있었다. 그때 이밀이 양현감에게 낸 책략은 이런 것이었다.

"천자가 고구려 원정에 나가 있을 때, 뒤를 막으면 천자는 오도 가도 못 합니다. 이것이 최상책입니다. 아니면 서쪽으로 곧장 나가서 장안을 점령하고 백성과 호걸들을 위무하면 우리 천하가 될 것입니다. 그때 천자가 돌아온들 어떻게 하겠습니까?"

만약 양현감이 군수물자를 끊고 천자와 바로 일전을 벌였거나, 서쪽으로 장안성을 먼저 장악했으면 천하를 차지했을 것이다. 하지만 양현감은 동도인 낙양을 공격하는 데 시간을 빼앗기고 나중에 관군과 원정군에게 협공을 당해 죽게 된다. 후에 이밀은 양현감을 평해 이렇게 말했다고 한다. "난을 일으키고 이길 생각이 없으니, 죽음만 남았다."

이세민의 아버지 이연은 산서성 태원太原에서 군사를 일으켰다. 산서성은 중국 동북에서는 제일 중요한 군사 지역이었지만 중원을 차지하기에 좋은 위치는 아니었다. 하지만 이세민은 이밀의 두 번째 방법, 즉 중심으로 바로 쳐들어가는 것을 통해서 천하의 주인이 될 수 있었다.

힘이 없으면 칼을 뽑지 말고, 뽑았으면 돌아보지 마라

일이란 일단 시작했으면 일 자체를 장악할 방안을 바로 시행해야 한다. 양현감의 예에서 알 수 있듯이 함께하는 사람이 일을 시작해서 열매를 거둘 능력이 있는지 잘 살펴보는 것 또한 중요하다. 이것이 귀곡자가 같이 일할 사람을 먼저 살피라고 한 까닭이다. 양현감은 그럴 만한 사람이 아니었다.

양현감이 죽은 뒤 이밀이 와강군을 이끌며 낙양에 있는 수나라 병력과 힘겨운 전투를 하고 있을 때, 당 고조 이연은 이밀에게 "형님께서 대업을 이룬 다음 저를 잊지나 마십시오"라는 기만의 서신을 보낸다. 사실 이 서신은 이밀의 와강군을 낙양에 묶어두고 자신이 먼저 장안으로 들어가려는 술책에 불과했다. 그래서 이밀도 장안, 즉 중심으로 들어갈 시기를 놓치고 만다. 이밀 또한 지략은 있지만 열매를 거둘 시기를 알지 못한 사람이었던 것 같다. 그는 양현감을 제대로 파악하지 못했고, 장안으로 쳐들어가는 시기를 놓쳤고, 또 이세민 부자가 어떤 사람인지 파악하지 못했다.

일을 시작하기 전 자신들은 천하에 뜻이 없다는 듯이 행동하여 경쟁자를 방심하게 한 이세민 부자의 행동은 바로 기밀 유지의 중요성을 이야기하고 있다. 실력이 충분하지 않을 때, 즉 닫아걸고 있을 때는 철통

같이 기밀을 유지해야 한다. 만약 당시 최강의 농민반란군인 와강군을 자극하여 장안으로 들어오게 했다면 아마도 이세민 부자는 천하를 쟁취할 기회를 얻지 못했을 것이다.

천하의 맹주가 될 자격이 있다고 부추김을 받던 이밀 또한 자신의 꿈을 이루지 못하고 결국 이씨 부자에게 죽임을 당한다. 당시 이밀의 수하에는 위징魏徵, 이세적李世勣 등 이후 이세민의 왼팔, 오른팔이 되는 실력자들이 수두룩했지만 이밀은 이들을 제대로 활용하지 못했다. 그토록 기민했던 이밀이 이들을 활용해 천하를 얻지 못한 것은 진격의 시기를 놓쳤기 때문이다.

반면 이세민은 시기를 타면 반드시 진격하는 대담한 인물이었다. 《구당서舊唐書》에 이런 내용이 나온다. 이연의 군대가 남하할 때 곽읍에서 2만의 수나라 군대가 저항을 했다. 오랫동안 비가 내리고 양식이 동나자 이연과 배적裴寂이 상의해서 태원으로 돌아가 훗날을 기약하기로 했다. 그러자 이세민이 나서 말한다. "대의를 일으켜 만백성을 구하려면 당연히 먼저 함양으로 들어가서 천하를 호령해야 합니다(함양은 장안성 바로 위로 태원에서 내려오는 길에 있다). 조그만 적을 만났다고 군대를 돌리면, 하루아침에 군중의 마음이 해체될까 두렵습니다. 태원으로 돌아가 성을 지키면 도적떼나 될 따름인데, 어떻게 자기 한 몸이라도 온전할 수 있겠습니까?"

이세민은 난세의 민심은 믿을 수가 없고, 난세에는 수세가 곧 죽음이라고 본 것이다. 그래도 이연이 말을 받아들이지 않자 이세민은 밖에서 울며 소리쳤다. 이연이 불러 물으니 이렇게 말했다. "지금 의로써 병사를 일으켰는데, 나아가면 반드시 이길 것이고, 물러나면 반드시 흩어집니다. 앞에서 대중이 흩어지고, 뒤에서 적이 달려들면 죽음뿐입니다. 그래서 제가 우는 것입니다."

결국 이연은 이 계책을 받아들였다. 어린 나이에 이렇게 대담할 수 있다니 놀랄 따름이다.

과연 물러나서 지키기 작전을 썼던 경쟁자들은 결국 모두 멸망하고 말았다. 중심이 아닌 낙양을 손에 넣기 위해 힘을 빼던 세력들도 모두 몰락했다. 난세의 민심은 빨리 중심을 차지한 사람에게 쏠린다는 사실을 이세민은 명확하게 알고 있었던 것이다. 대체로 이 정도 판단이 있어야만 앞으로 나아갈 수 있다.

함께 일을 하는 사람은 자기 몸의 일부분이다

이세민은 잔혹하리만치 냉정했다.《구당서》에 의하면 그는 수하들과 함께 친히 형제를 죽였다. 국가가 편찬하는 역사서에 "태종(이세민)이 군사를 끌고 현무문에 들어가 태자 건성建成과 아우 원길元吉을 죽였다! 이에 아버지가 크게 겁을 먹어 이세민에게 황위를 양위했다"라고 나올 정도니 정말 냉혹한 인간이 아닐 수 없다.

그런데 이렇게 피도 눈물도 없는 이세민과 함께한 사람들은 어떤 이들이었을까? 형제라도 같이할 수 없는 자는 죽였으니 그와 거사를 함께한 사람들은 불안 속에서 떨지 않았을까? 그런데 그렇지 않았다. 그와 거사를 한 측근들은 평생 이세민의 신임을 받았다. 이것이 이세민의 특징이다. 이세민과 직접 칼을 들고 거사를 한 신하는 아홉이다. 이런 비정한 짓을 하자고 부추기는 사람과 실행하는 사람 사이에 조금이라도 틈이 있으면 일은 실패할 수밖에 없다. 사실 이 신하들은 형제보다 더 가까운 사이였다. 참극을 자행한 이세민과 아홉 신하는 냉혹하기로는 적수를 찾기 힘들지만 그 뭉치는 정도 또한 상상을 초월했던 모양이다.

이제 《귀곡자》 패합 편의 두 번째 강조점을 확인한다. 바로 같이 일할 사람을 찾는 것이다. 의기투합할 수 있는 사람이라야 같이 일을 도모하여 성공시킬 수 있고, 그 과실도 나눌 수 있다. 유방은 항우項羽와 싸우면 판판이 졌지만 한신韓信을 얻어 천하를 얻었다.

그런데 한신은 유방에게 죽는다. 마음이 갈라졌던 것이다. 반면 장손무기와 방현령房玄齡은 끝까지 신임을 받아 자신들의 재능을 마음껏 펼쳤다. 이세민도 유방만큼이나 냉정한 사람이었지만 자신과 뜻을 같이한 신하들과는 끝까지 같이 갈 사람임은 분명했다. 수많은 이세민의 근신 중 이세민에게 죽임을 당한 사람이 거의 없다는 점은 유방의 일과 무척 대조적이다.

그러니 이세민이 같이 일하는 사람들과 어떤 관계를 맺고 있었는지 잘 알 수 있다. 그 신하들이 이세민을 바라보는 태도도 마찬가지였다. 이세민은 출신을 가리지 않고 사람을 썼다. 특히 이세민의 형제를 죽인 위지경덕尉遲敬德은 한때 유무주의 부장이었고, 이정李靖은 이연을 반대하던 사람이었다. 이세민의 최측근인 위징도 과거 이밀의 모사였고, 고구려·백제를 와해시킨 이세적은 와강군의 대장이었다. 위징은 태자의 모사로 있었을 때 태자를 도와 이세민을 죽이자고 간한 사람이다. 그런 그가 이세민의 오른팔이 된 것이다. 그는 "저는 충신이 아니라 양신이 되고 싶습니다"라는 말로 이세민의 마음을 사로잡았다.

이후 이세민은 치세기에도 행정적 능력을 발휘해 당제국을 전성기로 이끈다. 이 시기가 바로 '정관의 치'를 이루었다는 평을 받는 때다. 특히 북방 변경은 천 년 후 청나라 강희제 때가 되어서야 비로소 당나라 초기의 영토 수준을 회복할 정도였다. 당시 북방의 유목민들이 그에게 중국과 모든 북방 민족의 수령, 즉 '천가한天可汗'이라고 칭할 정도로 변경의 안정을 꾀했다. 권문세족들을 장악하여 중앙집권국의 면모를 만든 것도 이세민이었다. 바야흐로 양의 시대가 온 것이다.

형세가 바뀌면 방법도 바뀐다

그러나 양은 영원하지는 않다. 지나친 호승심과 욕심이 결국 화를 불렀다. 그는 말년 최대의 실책인 고구려 원정을 감행했으나 실패했다. 후계자 문제로 아들들은 줄줄이 죽어나갔다. 고구려 원정에 대해서는 그의 오른팔인 방현령도 "하는 일마다 다 이루었는데, 유독 고구려 토벌은 아직 끝을 보지 못했다. 황상이 화를 내시니 대신들이 감히 말하지 못한다. 내가 말하지 않으면 부끄러워 땅에 묻히지 못할 것 같다"라고 말하고는 상소를 올렸다고 한다. 《신당서》〈방현령열전房玄齡列傳〉에 이런 내용이 있다.

> 역에 말하길 "진퇴와 존망에 그 바름을 잃지 않는 자는 성인뿐이다"라고 했습니다. 대개 나아갈 때도 물러나는 뜻이 있는 것이고, 존存에

망론의 계기가 있는 것입니다. 전하는 말에 따르면 만족을 알면 욕을 보지 않고, 그칠 줄 알면 위태롭지 않다고 합니다. 폐하의 위명이 이미 족하고, 땅을 개척하고 새 강토를 여는 것은 이만 그쳐도 됩니다.

이 말은 주역과 노자를 인용하고 있지만 《귀곡자》의 패합 편과 내용이 완전히 같다. 여기서 《귀곡자》 패합 편의 네 번째 내용을 다시 확인한다. 귀곡자는 존망의 관건을 알아서 나아가야 하고, 음이 양이 되고 양이 극에 달하면 음이 된다고 말한다. 그러나 천하의 이세민도 그 이치를 알기에는 부족했던 걸까? 그는 《귀곡자》의 패합 편과 꼭 맞아떨어지는 최측근의 상소도 무시하고 만다.

그리고 이후의 일은 우리가 잘 아는 바다. 당 태종 이세민은 결국 성 뺏기 싸움에서 대패한다. 모두 예상된 결과였다. 그리고 원정 실패 몇 년 후 이세민은 죽는다.

과연 일을 이루기도 어렵지만 그치기는 더 어려운 것이다. 판단은 언제나 틀릴 수가 있다. 중요한 것은 성공에 교만하지 않는 것이다. 그러려면 변화를 수용하는 태도를 갖출 필요가 있다. 바로 자신이 제어할 수 없는 형세를 거스르지 말라는 것이다. 만약 그가 그 형세를 객관적으로 받아들였다면 참담한 실패를 맞지는 않았을 것이다.

결국 뛰어난 자도 영원히 뛰어나지 않고, 완전히 성공한 인간과 완전히 실패한 인간도 없다. 기회가 항상 있는 것도 아니지만 완전히 없는 것도 아니고, 위기가 상존하더라도 역전의 기회는 늘 있기 마련이다. 이세민의 성취와 과오를 함께 보면 실패 앞에서 완전히 좌절할 필요도 없고, 성공 후에 교만해져서는 안 된다는 것을 알 수 있다. 이것이 귀곡자가 말한 패합의 네 번째 요결이다. 뭔가를 이룬다는 것, 어떤 프로젝트를 시작하는 때에도 이처럼 대담하면서도 담담하게 전체를 통찰할 수 있는 지혜가 필요한 것이다.

*

원문 해석

역사를 되돌아보면, 성인이 세상에 내려온 이유는 보통 사람들을 이끌기 위해서였다. 음양이 열리고 닫히는 것을 살펴 사물에 이름을 부여하고, 성공하고 망하는 관건을 파악해서 만물의 시작과 끝을 주관했으며, 사람들의 마음을 깊이 알고 변화의 징조를 미리 알아서 존망의 관건을 지킬 수 있었다. 옛날부터 지금까지 천하에 성인이 존재하는 데에 그 도道는 한가지였다.

만물의 변화는 끝이 없지만 모두 일정한 유형으로 분류할 수 있다. 따라서 어떤 때는 음으로 어떤 때는 양으로, 혹은 열고 나가는 것으로 혹은 단속하는 것으로, 혹은 느슨한 것으로 혹은 긴장된 것으로 분류할 수 있다. 이렇게 성인은 문호(관건)를 지키면서 사물의 선후를 주도면밀하게 살피고, 사람들의 지혜와 재능을 깊이 이해하여 실력의 장단을 파악했다.

일반적으로 현명한 사람이 있으면 못난 사람이 있고, 지혜로운 사람이 있으면 어리석은 사람이 있고, 용기 있는 사람이 있으면 비겁한 사람이 있고, 어짊, 의로움 등도 사람마다 차이가 있다. 사람들의 차이에 근거해서 어떤 때는 문을 열고 어떤 때는 잠가 단속하고, 어떤 때는 나아가고 어떤 때는 물러나고, 어떤 때는 상대를 천하게 쓰고 어떤 때는 귀하게 쓸 수 있는 것이다. 성인은 이렇게 사람을 쓰는 것을 모두 무위無爲로 시행한다.

사람을 볼 때는 실력이 있는지 없는지를 깊이 살펴서 성실한지 거짓이 있는지를 파악하고, 상대가 좋아하는 것과 얻고자 하는 것을 따라주면서 그 의지가 얼마나 강한지 보고, 상대의 말을 자세히 듣고 꼼꼼히 되물어서 본심이 무엇인지 알아낸다. 본심을 아는 것이 관건이므로 열었다 닫았다 하면서 마음속에 숨은 뜻을 알아낸다. 속뜻이 같을 때는 마음을 열어서 보여주고, 뜻이 다르면 닫고 감춘다. 상대가 지닌 지략을 깊이 탐구하고 나와 같고 다른 점을 비교해서 함께할지 여부를 결정하는데, 우선 상대방의 뜻을 따라준다.

열 때는 넓고 상세함이 관건이고, 닫을 때는 은밀함이 관건이다. 주도면밀함은 미묘한 것을 귀하게 여기니, 이리 하여야 도와 합치하게 된다. 열어서 상대의 본심을 파악한 후, 그 본심과 완전히 결합하면 닫아건다. 성인은 상대의 실력을 평가한 후 그것을 기준으로 상대를 위한 지략을 만들어 낸다. 상대와 본심을 정확히 파악하지 못했다면 자신을 위해 따로 지략을 낸다. 이렇게 하면 열어서 상대방 앞으로 나가거나, 역으로 상대를 받아들일 수가 있고, 닫아서 그를 얻거나 혹은 떠날 수가 있다.

패합은 천지의 도이니, 음양을 변화시켜 사계절을 열고 만물을 화육한다. 종횡이 반복되고, 서로 뒤집고 배반하는 것도 모두 패합에서 비롯된 것이다. 패합은 도의 큰 조화이며, 즉 유세하는 말의 변화를 말한다. 따라서 반드시 그 변화를 미리 살펴야 한다. 입은 마음의 문이며, 마음은 정신의 주인이다. 의지, 욕망, 사려, 지모는 모두 이 문을 통해 드나듦으로 그 출입을 잘 통제해야 한다. '패'는 여는 것으로 말을 하는 것이며, 양에 속한다. '합'은 닫아 잠그는 것으로 침묵이며, 음에 속한다. 그래서 말은 음과 양이 조화를 이루고, 시작과 끝은 적절해야 한다.

그리하여 장생, 안락, 부귀, 입신영달, 양명, 애호, 재리, 득의, 욕망을 말하는 것은 양이니, 시작이라 한다. 그리고 사망, 우환, 빈천, 곤욕, 버림받음과 손해, 실리, 실의, 유해, 형벌과 사형은 음이며, 끝이라고 말한다. 대체로 양의 방법으로 하는 말은 모두 시작을 말하니 말이 듣기 좋아 일을 시작하게 만들고, 음의 방법으로 하는 말은 모두 끝을 말하니 그 말하는 것이 듣기 싫어 그 계략을 거두게 만든다.

패합의 도는 음양의 방법으로 실행한다. 따라서 양을 말할 때는 숭고함을 강조하여 유세하고, 음을 말할 때는 비소함에 의지하여 말한다. 아래로는 작은 것을 구하고 위로는 큰 것을 구하니, 이렇게 하면 못 나갈 곳도 없고, 못 들여보낼 것도 없고, 불가능한 것도 없다. 사람을 설득할 수도 있고, 가정, 나라, 천하를 설득할 수도 있다. 그래서 설득 대상은 한없이 작을 수도 있고 한없이 클 수도 있다. 손해와 이익, 거취, 배반도 모두 음양의 방법을 써서 통제하는 것이다.

양은 움직여 행하고, 음은 멈추어 감춘다. 양은 움직여 나가고 음은 따라서 들어온다. 양이 극에 달하면 음이 되고, 음도 극에 달하면 양이 된다. 양으로 움직이는 자는 덕이 함께 생기고, 음으로 고요한 자는 모습이 흐트러지지 않는다. 양(우세한 처지)으로 음(열세)을 구할 때는 덕으로 감싸고, 음으로 양과 맺을 때는 전력을 다 보여준다. 음양이 서로 구하는 것이 바로 패합에서 비롯된다. 패합은 천지음양의 도이며 남에게 유세하는 방법이다. 또한 패합은 만사에 우선하며 각종 방책을 세울 때의 핵심이다.

粤若稽古, 聖人之在天地間也, 爲眾生之先. 觀陰陽之開闔以命物, 知存亡之門戶, 籌策萬類之終始, 達人心之理, 見變化之朕焉, 而守司其門戶. 故聖人之在天下也, 自古至今, 其道一也.

變化無窮, 各有所歸, 或陰或陽, 或柔或剛, 或開或閉, 或弛或張. 是故聖人一守司其門戶, 審察其所先後, 度權量能, 校其伎巧短長.

夫賢不肖智愚勇怯仁義有差. 乃可捭, 乃可闔, 乃可進, 乃可退, 乃可賤, 乃可貴, 無爲以牧之.

審定有無, 以其實虛, 隨其嗜欲, 以見其志意. 微排其所言, 而捭反之, 以求其實, 貴得其指, 闔而捭之, 以求其利. 或開而示之, 或闔而閉之. 開而示之者, 同其情也, 闔而閉之者, 異其誠也. 可與不可, 審明其計謀, 以原其同異. 離合有守, 先從其志.

即欲捭之貴周, 即欲闔之貴密. 周密之貴微, 而與道相追. 捭之者, 料其情也.

闔之者, 結其誠也. 皆見其權衡輕重, 乃爲之度數, 聖人因而爲之慮, 其不中權衡度數, 聖人因而自爲之慮. 故捭者, 或捭而出之, 或捭而納之. 闔者, 或闔而取之, 或闔而去之.

捭闔者, 天地之道. 捭闔者, 以變動陰陽, 四時開閉, 以化萬物. 縱橫反出反覆反忤, 必由此矣. 捭闔者, 道之大化, 說之變也. 必豫審其變化. 口者, 心之門戶也. 心者, 神之主也. 志意喜欲思慮智謀, 此皆由門戶出入. 故關之捭闔, 制之以出入. 捭之者開也言也陽也. 闔之者閉也默也陰也. 陰陽其和, 終始其義.

故言長生, 安樂, 富貴, 尊榮, 顯名, 愛好, 財利, 得意, 喜欲, 爲陽曰始. 故言死, 憂患, 貧賤, 苦辱, 棄損, 亡利, 失意, 有害, 刑戮, 誅罰, 爲陰曰終. 諸言法陽之類者皆曰始, 言善以始其事. 諸言法陰之類皆曰終, 言惡以終其謀.

捭闔之道, 以陰陽試之. 故與陽言者依崇高, 與陰言者依卑小. 以下求小, 以高求大. 由此言之, 無所不出, 無所不入, 無所不言可. 可以說人, 可以說家, 可以說國, 可以說天下. 爲小無內, 爲大無外. 益損去就倍反, 皆以陰陽御其事. 陽動而行, 陰止而藏, 陽動而出, 陰隨而入. 陽還終始, 陰極反陽. 以陽動者, 德相生也, 以陰靜者, 形相成也. 以陽求陰, 苞以德也, 以陰結陽, 施以力也. 陰陽相求, 由捭闔也. 此天地陰陽之道, 而說人之法也. 爲萬事之先, 是謂圓方之門戶.

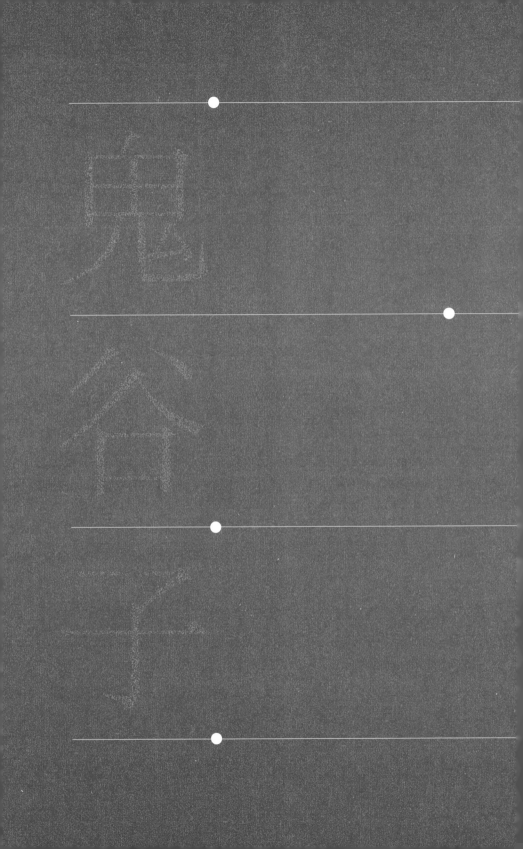

2부

준비 단계

주변의 진심을 파악하라 / **반응**反應

마음을 얻어 굳게 결속하라 / **내건**內揵

틈이 생길 가능성을 미리 제거하라 / **저희**抵巇

02

반응
주변의 진심을 파악하라

"말을 잘해서 어디에 쓴단 말이오?
말솜씨로 남을 막고, 자주 미움이나 받을 뿐인데 어디에 쓰겠소
[子曰, 焉用佞. 禦人以口給, 屢憎於人]."

_ 공자

'패합'에서 출사의 요결을 알았다면 본격적인 프로젝트 진행을 위해서 그다음에 필요한 것은 무엇일까? 그것은 일을 같이 할 사람들의 진심을 파악하는 일이다.

일에 일단 탄력을 받으면 예기치 않은 변화가 계속 생긴다. 그 변화를 대하는 태도도 사람마다 다르기 때문에 지금 기획하고 있는 일에 사람들이 어떤 태도를 지니는지 명확하게 파악하고 있어야 한다. 그래야 변화에 대응할 수 있다.

'반응反應' 편에서는 일을 도모하기 전에 상대의 본심을, 밖으로 드러난 것, 즉 상대의 말을 통해 파악하는 방법을 강론하고 있다. 여기서 강조하는 것은 남의 말을 정확히 듣는 것이다. 나의 말은 주장을 펼치기 위해 필요한 것이 아니라 상대의 뜻을 정확히 알아내기 위해 필요하다. 침묵을 포함한 나의 말과 행동에 상대방이 보이는 반응을 통해 상대의 진의를 파악해야 한다. 그렇다면 매우 신중하게 반복해서 들어야 한다.

많은 사람이 정확히 듣는 과정을 중요하게 생각하지 않는다. 하지만 일대일의 관계에서, 제일 중요한 협상에서, 깊은 인간관계에서 정확하게 듣는 것은 웅변보다 중요하다. 이것이 첫 번째 주장이다.

그런데 내가 상대가 아닌 이상 그 사람의 진의를 100퍼센트 파악하는 것은 불가능하다. 그렇다면 상대의 진의를 추정할 수밖에 없다. 추정하려면 비교할 대상을 찾아야 한다. 먼저 유사한 일을 예로 들어 상대의 진의를 알아본다. 그러고 나서 그 반응을 분석한다. 이것이 두 번째다. 사실은 이 두 번째가 핵심이다.

마지막으로는 자기 자신을 알고, 먼저 기준을 세우라고 말한다. 나의 상황, 나의 실력을 객관적으로 파악하지 못하면 남을 알아도 소용이 없다. 나를 모르면 마치 노회한 고양이에게 대드는 무모한 쥐와 같은 꼴이 될 수 있다. 또 나의 목표가 명확하지 않으면 남을 설득할 기준점이 없어서 말에 힘이 없어진다. 그리고 질문의 기준이 없으면 대화 중에 심기가 흔들려 말의 방향을 잃는다. 요즘처럼 말이 난무하는 시대에 방향을 잃은 말을 들어줄 사람은 없다.

상대의 생각을 경청한다

첫 번째는 제대로 듣기를 강조한 것이다. 귀곡자의 표현은 다음의 논리로 구성되어 있다.

> 우선 말에는 상징이 있고 일에는 비견할 대상이 있다. 그래서 상대방의 진심을 알고자 하면 상징과 비유를 쓰면 된다. 상징과 비유를 써서 유도하는 말을 던진 후 그 사람의 반응을 잘 살피면 그 사람의 진심을 파악할 수 있다.

그렇다면 어떤 방법을 써야 하는가? 우선 상대가 마음대로 자신을 드러낼 조건을 만들어야 한다. 귀곡자는 상대의 말을 듣고자 하면 오히려 침묵하고, 펼치고자 하면 오히려 움츠리며, 높이고자 하면 오히려 낮추고, 취하고자 하면 도리어 주어야 한다고 이야기한다. 이렇게 하면 상대는 마음에 있는 말, 즉 진심을 이야기한다. 그렇다면 나는 어떤 태도로 들어야 하는가? 먼저 욕망을 가라앉혀야 한다. 그래서 귀곡자는 "욕망을 가라앉히고 상대의 말을 깊이 듣는다"고 말한다. 상대방이 나의 의도를 파악하지 못하게 하려면 일단 나의 욕망을 가라앉혀야 한다. 그런 다음 유도하는 질문을 던져 상대의 진심을 파악한다.

그래서 상대의 말을 유도하고, 그 말을 잘 들으면 다음과 같이 된다고 한다.

옛날에 남의 말을 반복해서 잘 듣는 사람은 귀신처럼 상대의 본심을 읽어내고 거기에 따라 적절히 변화를 하니 관찰이 심오할 수밖에 없었다.

말을 잘한다는 것은 사실 잘 듣는다는 것이다. 물론 귀곡자가 강조하는 듣기는 유도하는 말에 대한 반응을 살핀다는 의미다. 또한 남의 말을 제대로 들으면 기대한 이상의 효과를 내기도 한다. 먼저 상대의 마음을 안정시켜 왜곡되지 않은, 그야말로 진의를 알아낼 수 있다. 흔히 대화 중에 내 임의로 상대의 본뜻을 왜곡하는 경우가 많다. 반응을 보라는 것은 상대가 무심결에 드러내는 진짜 의미를 보라는 것이지 자기가 만든 왜곡된 형상을 보라는 말이 아니다.

또 하나는 상대를 존중한다는 느낌을 줌으로써 상대에게 마음을 열고 나와 함께할 여유를 주는 것이다. 사람의 마음은 모두 비슷하다. 내 말을 상대방이 경청하기를 바라는 것처럼 상대방도 마찬가지다. 자신의 말을 진정으로 듣고 있다고 느끼면 그는 하고 싶은 말을 은연중에 할 수밖에 없다.

'임금님 귀는 당나귀 귀'라는 우화에는 두 가지 깊은 의미가 담겨 있다. 하나는 사람은 자기가 알고 있는 비밀을 알리고 싶어 한다는 것이고, 또 하나는 듣는 상대를 신뢰할 수 있어야 말을 한다는 것이다. 이 우화에서 남자는 자기가 알고 있는 비밀을 말하고 싶어서 견디다 못해 숲에서 소리를 친다. 숲은 남에게 위험한 말을 전하지 않을 거라는 걸 알기 때문이다. 이처럼 상대방에게 내가 숲이라는 믿음을 줄 수 있다면 상대의 진심을 파악하는 것은 시간문제다.

상대방의 말하고픈 욕망을 충족시켜 주는 것은 실용적으로도 효과가 있지만 사실 도덕적인 힘도 대단하다. 그것은 은연중 내가 상대방보다 포용력이 더 큰 사람이라는 의미를 함축한다. 현대와 같이 말이 많은 시대에서는 누군가의 말을 잘 듣는 것이 대단한 장점이다. 특히 큰 조직에서라면 이런 장점을 지닌 사람에게 중요한 정보가 돌아간다. 상대방의 말을 잘 듣는 것만으로 상대의 진심을 파악했다면 프로젝트의 절반은 이미 성공했다고 볼 수 있다.

잠깐 귀곡자의 반대편에 서 있는 공자의 말을 살펴보자. 뛰어난 고수들은 통하는 법이다. 일견 반대되는 것 같지만 상통하는 면이 있게 마련이다. 귀곡자와 공자도 통한다. 한 사람은 적나라하고 한 사람은 감추고 있지만 말하는 바는 같다.

《논어》〈공야장公冶長〉에 다음과 같은 얘기가 나온다.

> 하루는 누가 공자의 제자 염옹을 평해 이렇게 말했다고 한다.
> "옹은 인을 갖추었지만 말재주가 부족합니다."
> 그러자 공자가 말하기를,
> "말을 잘해서 어디에 쓴단 말이오? 말솜씨로 남을 막고, 자주 미움이나 받을 뿐인데 어디에 쓰겠소?"

공자의 얘기는 남의 말을 막는 말재주는 소용이 없다는 것이다. 남의 말을 막으면 미움밖에 더 사겠는가? 말을 잘한다는 것은 남의 말을 막고 자기주장만 펼친다는 뜻이 아니다. 자기주장만 펼치면, 상대방이 설복당한 것처럼 보이지만 사실은 방어막을 치고는 말을 흘려버리기 쉽다. 그러니 공자가 보기에 말재주가 좋다는 것은 진실로 말을 잘한다는 것과는 다르다.

위에서 공자의 표현은 무척 신랄하다. 아마도 염옹이 묵묵히 덕을 쌓는데 누가 왈가왈부하자 약간 발끈한 것 같다. 그래서 신랄한 카운터펀치를 날린 것이다. 공자야말로 적재적소에 말을 적당히 배치하는 데 고수다. 그러나 남의 미움을 받는 말재주는 천하게 여긴 것이다. 말은 도구다. 나무는 베지 못하고 사람을 잘 베는 도끼는 아무리 날카로워도 쓸모가 없다. 공자가 비판한 내용은 그런 것이다.

지금은 진심을 다해 듣는 것이 더욱 중요한 세상이다. 현대 중국의 설계자로 추앙받는 등소평鄧小平(덩샤오핑)은 한때 회의석상에서 말없이 웅크리고만 있어서 모택동毛澤東(마오쩌둥)에게 모욕을 받았다. 그러나 외교석상에서 행한 어록을 보면 그는 매우 뛰어난 웅변가라는 사실을 알 수 있다. 그는 회의석상에서는 남의 말을 조용히 들으면서 되묻거나, 한두 마디 던질 뿐이었다. 그 말은 모두 핵심을 찌르는 말이었다. 한마디로 그는 뛰어난 경청가였다.

지금 자신이 어떤 프로젝트를 준비하고 있다면 우선 남의 말을 경청할 필요가 있다. 실제로 상대방이 나의 프로젝트를 어떻게 생각하는지 알기 위해서도 필요하지만, 프로젝트에 필요한 사람들을 모으기 위해서도 사람들의 말을 경청해야 한다. 이것이 반응을 보는 제1원칙인, 경청이다.

비유와 상징으로 상대의 진심을 파악한다

두 번째 강조점은 비유와 상징으로 상대방의 진심을 파악하는 것이다. 비유와 상징이 있으려면 비교할 대상이 있어야 한다. 여기서 비교할 대상이란 대단한 것이 아니라 이미 일어난 과거의 사례에서 찾을 수 있는 것들이다.

> 옛것을 살펴서 오늘을 알고, 남을 알고 그에 비추어 나를 알았던 것이다. (지금 일이 진행되는 상황을 정확히 파악하기 어렵다면) 옛것을 돌아보아 이를 살펴보아야 하는데, 일을 돌이켜서 살피며 비슷한 경우를 찾아내는 것은 성인의 뜻이요, 이렇게 하면 파악하지 못할 것이 없다.

상대방의 진의가 무엇인지 분석하는 기준은 무엇인가? 바로 비교 대상을 옛 사례에서 찾아내는 것이다. 만약 비교 대상을 자세히 모르면 오해 속에서 헤맬 수 있다. 그래서 이미 일어난 일들을 잘 관찰하고, 그 일을 예로 써서 상대를 유도하면 상대가 진정 무엇을 원하는지 알 수가 있다.

그런데 정보가 넘치는 사회에서 어떻게 유사한 사례를 모두 찾아 공부할 수 있을까? 이 점에서는 실용적인 대안이 하나 있다. 모든 사례를 살피기 전에 먼저 상대를 공부하는 것이다. 상대의 이력이나 상대 조직의 행동 패턴을 잘 알아볼 필요가 있다.

예를 들어 당신은 프로젝트 파이낸싱에 종사하는 사람이다. 지금 상당히 매력적인 프로젝트를 가지고 국제적인 투자자를 모집한다고 생각해 보자. 당신은 큰 투자회사나 다국적 은행을 상대로 영업을 한다. 그래서 골드만삭스와 도이치뱅크를 유력한 대상으로 고르고 두 회사의 임원들을 만났다. 그런데 골드만삭스의 어떤 임원은 "매력적인데요, 바로 검토해 보지요"라고 했고, 도이치뱅크의 임원은 "글쎄요, 가능할까요? 검토는 해보겠습니다"라고 했다고 가정하자. 말 자체만을 생각하면 골드만삭스가 투자할 가능성이 크다. 그러나 실제로 그럴까? 골드만삭스가 고려해 본다는 것은 지금 골드만삭스가 검토하고 있는 다른 사업과 비교해서 그 상품이 얼마나 수익성이 좋은가를 검토한다는 내용일 수 있다. 그리고 도이치뱅크가 검토한다는 것은 은행 내부의 수익률과 안정성 기준에 얼마나 부합하는지 검토하겠다는 뜻일 가능성이 있다. 그렇다면 어떤 반응에 더 집중해야 하는가? 노련한 전문가라면 아마 후자에 집중할 것이다. 나와 일을 할 상대의 이력을 면밀히 검토하는 것도 상대의 반응을 판단하는 한 방편이 될 수 있다.

상대의 상황을 짚어 본심을 유도하다: 주유와 방통

그렇다면 경청만 하면 상대방의 진의를 알 수 있을까? 그 정도라면 《귀곡자》는 도덕책에 머무르고 말았을 것이다. 경청을 하되 상대가 진심을 말하도록 유도해야 한다. 《삼국지》와 《삼국연의》의 세계로 들어가 주유周瑜가 적벽대전을 앞두고 왕과 다른 신하의 반응을 살피고 자신의 주장을 관철시키는 예를 보자.

《삼국지》〈오서吳書〉의 '주유노숙여몽전'에는 조조가 적벽으로 남하할 당시 주유가 손권에게 한 말이 그대로 나와 있다. 조조가 형주를 차지한 후 얻은 수군이 10만이었다고 하니 그 위세가 대단해 오나라의 장병 모두가 두려움에 떨었다고 한다. 이에 오의 군주인 손권은 신하들을 모아 회의를 연다.

그 모양은 흡사 주유와 손권이 짜고 하는 연극과 같다. 손권은 호승심이 무척 강하고 자존심이 센 사람이다. 주유는 먼저 대다수 사람의 반응을 살펴보았고, 그 반응을 대하는 손권의 속내도 짐작해 알고 있었다. 손권이 호락호락 항복을 할 사람이었다면 사실 주유를 불러 의견을 물어볼 이유도 없었다. 주유는 군사 실력자인 자신이 처신해야 할 방향도 알고 있었다. 그래서 초강수로 손권의 호승심을 자극한다. 손권의 심중을 제대로 알아야 적벽대전이라는 커다란 프로젝트를 시작할 수 있었기 때문이다. 《삼국지》에 기록된 오나라 조정회의에서 오고 간 말을 그대로 옮겨본다.

먼저 다른 신하들은 모두 이렇게 말했다고 한다.

> "조공(조조)은 늑대와 범 같은 자입니다[曹公豺虎也]. 게다가 한漢 승상의 이름을 빌려 천자를 끼고는 사방을 정복하는데, 조정의 이름으로 군대를 일으킵니다. 지금 그를 막는다면 일이 더욱 순리에 맞지 않게 됩니다. 게다가 장군께서 큰 형세로 (전략적으로) 조조를 막을 수 있는 수단은 장강長江인데, 조조는 이미 형주를 차지했습니다. (형주의) 유표劉表는 수군을 훈련시켜 몽충과 투함(배의 이름)이 천 척에 이릅니다. 조조가 이 배를 다 띄우고 보병과 함께 수륙으로 내려온다면 이

미 장강의 험함을 우리와 함께하게 되는 것입니다. 거기에 세력의 크고 작음은 견주어 말할 필요도 없습니다. 어리석게 대계를 말하노니, 맞아들이는 것이 최선입니다."

이 짧은 글 속에 주화파의 생각이 모두 들어 있다(조조를 높여 조공이라고 부르는 것에 주목하라!). 그들의 주장은 이렇다. 일단 조조는 조정을 끼고 있다. 그러니 대항할 명분이 없다. 전통적인 병법에서 말하는 명분, 즉 천시天時다. 그리고 조조는 유표의 근거지를 뺏었기 때문에 이미 장강의 지리적인 이점을 차지했다. 그러니 막을 수 없다. 이것이 바로 지리地利다. 게다가 군사의 세력도 명백하게 차이가 나니 항복할 수밖에 없다. 바로 가장 중요한 군사력을 말하고 있다. 즉 천시, 지리, 군사력이라는 고전적인 병법의 세 가지 요소를 근거로 말한 것이다. 천시, 지리, 군사적 실력이 모두 유리하지 않으니 항복해야 한다는 것인데, 사실상 무조건 항복을 지지하고 있다. 그러나 이들의 주장에서 빠진 것이 있으니 싸움에서 얻는 '실리'다.

이에 주유가 홀연 말한다. 주유의 논리, 그가 사용한 어휘, 그리고 말을 하는 순간을 잘 지켜보라.

"그렇지 않습니다[不然]! 조씨 성의 벌레는 한나라 승상의 이름에 기대고 있지만 사실은 한나라의 적입니다. 장군께서는 신명스런 무위와 웅대한 재능을 지니고 있으며, 게다가 아버지와 형의 열렬함을 함께 갖추어 강동에 할거하여 수천 리를 차지하고, 병사는 훈련이 되어 모두 쓸 만하며 호걸들은 공을 떨치길 원하니, 당연히 천하를 가로질러 한 왕실을 위해 잔혹하고 더러운 것을 멸해야 할 때입니다. 영웅들은 공업을 이루기를 원하고 있으므로, 오히려 응당 천하를 횡행하며 한 왕조를 위해 잔혹하고 더러운 것을 제거할 때입니다. 더구나 조조가 스스로 죽겠다고 찾아왔는데 맞이하겠다니요."

주유는 장수들이 냅다 싸우기를 원한다고 말한다. 강동은 넓고, 군사는 강하며, 모두 싸움을 원한다고 말함으로써 조정의 공론이 대세가 아니라고 호언을 한다. 주유는 일단 야전 장수의 경험으로 상대방의 기를 눌렀다. 바로 싸움의 당사자는 자신과 장수들이라고 말하는 것이다. 주유는 원래 수군을 훈련시키는 장수로 손권의 부름을 받아 왔다.

이어 주유는 이해관계를 명확히 해 상대인 손권의 의중을 떠본다. 이는 항상 경험 있는 사람의 의견을 중시하는 손권의 태도를 염두에 둔 것이다.

"장군을 위해 한번 헤아려 보기를 원합니다. 설령 조조가 지금 북방의 영토를 이미 안정시켜 내환이 없고, 전장에서 오랜 시일을 보낼 수 있다 해도, 배 위에서 우리와 승부를 겨룰 수 있겠습니까? 하물며 북쪽 땅도 평정하지 못했고, 마초馬超와 한수韓遂는 관의 서쪽에 주둔하면서 조조의 후환이 되고 있습니다. 게다가 말을 버리고 배를 타고서 오월과 기량을 겨주는 것은 원래 중원 병사들이 잘 하지 못하는 것입니다. 지금은 겨울이 깊어 말에게 먹일 풀도 없고, 중원의 병사들은 멀리 강호까지 들어왔으니 물과 풍토에 적응하지 못해 반드시 병이 생길 것입니다. 이 네 가지는 모두 병사를 부릴 때 피해야 하는 것입니다. 그런데도 조조가 감히 이런 잘못을 범했습니다. 장군께서 조조를 잡으시려 한다면 지금이 바로 적기입니다. 저 주유에게 정병 3만을 이끌고 하구河口로 나가게 해주시면 장군을 보위하여 조조를 깨겠습니다."

일단 주유가 언제 말을 하는지 보자. 주유는 모든 신하의 의견이 나오도록 기다렸다. 그 의견이야 들으나 마나지만 일단 들어야 한다. 그래야 상대방의 의중을 명확히 파악할 수 있다. 그리고 손권의 반응을 본다. 물론 손권은 주화파의 말이 달갑지 않다. 그러나 조조의 위세는 여전히 두렵다. 그러자 주유는 당장 '그렇지 않습니다'라고 말한다. 손권이 어떤 인물인가? 자존심과 호승심으로 뭉친 사나이다. 이런 사람의 본의를 확인하려면 약간의 과장이 필요하다. 주유는 손권을 잘 알았기에 일부러 격한 어조와 과장된 수사를 동원한 것이다. 우선 조조를 조씨성을 가진 벌레[操]라고 부른다. 벌레에게 항복하는 장수는 그럼 무엇이 되는가? 항복하면 벌레만도 못하다고 암시하는 말이다. 게다가 조조가 제 발로 죽으러 왔다고 호언한다. 사실 조조는 패배하면 돌아가면 그뿐이다. 실제로 조조는 적벽에서 패배하자 자신의 사촌인 조인曹仁을 뒤에 남기고 유유히 돌아갔다.

그런데 더 중요한 점은 주유가 실질을 중시하는 손권에게 주화파 신하들보다 전쟁의 이해관계를 훨씬 명확히 규정해서 이야기하고 있다는 사실이다. 주유는 "장군을 위해" 생각해 보라고 말한다. 바로 상대방의 이익을 언급하고 있다. 그리고 또 자신이 병사들을 이끌겠다고 말한다. 즉 자신이 희생을 감수하겠다는 말이다. 바로 '너를 위해, 내가, 승리의 계책을 마련하겠다'라고 말하는 것이다. 그리고 나서 전투에 관해 이야기한다.

주유는 이미 전투를 기정사실화했다. 그리고 승리할 수 있다고 호언한다. 적을 극도로 과소평가하여 '이런 적도 못 이긴다면 무엇을 할 수 있겠는가?'라고 묻고 있는 것이다. 그래도 믿지 못하겠다면 자기가 직접 군대를 이끌고 일선으로 가서 적을 깨겠노라고 큰소리친다. 주유의 말은 상황이 이러하니 '당신의 뜻을 이야기해 보라'라는 효과적인 강요다.

주유의 말은 손권과 대신들의 뜻을 살피기 위한 행동이라는 것을 금방 알 수 있다. 정사正史에 의하면 주유는 손권에게 유비의 기반을 없애기 위해 유비를 가까이 불러 재물로 의지를 꺾고, 그 측근인 관우關羽와 장비張飛는 따로 오의 대장으로 삼아 세력을 분산시키고, 그들의 힘을 써서 천하를 도모하자고 건의했을 정도로 신중한 장수였다. 그는 매우 약한 상대도 철저하게 분석하고 일단 강하게 보는 주도면밀한 성격이다. 그런 그의 태도로 볼 때 지금 강한 적을 약하다고 말하는 것은 의외다.

주유는 비록 귀곡자의 가르침대로 자신을 효과적으로 숨기지는 않았지만 자신의 기준을 명확히 한 뒤 말했다. 즉 스스로 싸움을 염두에 두고 손권을 떠본 것이다. 주유의 말은 이미 전국시대에 진에 대항해 합종책을 내놓은 소진이 단골 메뉴로 쓰던 것이다. 귀곡자의 제자이기도

한 소진은 항상 "육국六國이 연합하면 진이 두렵지 않다, 진이 출병하면 후방이 위험하다, 진이 동진東進하면 위력이 반감된다"라고 유세했다. 그리고 신기하게도 그 유세는 통했다.

그렇다면 손권은 어떻게 답했을까? 손권은 이렇게 답한다.

> "늙은 도적이 한 왕실을 폐하고 스스로 선 지가 오래되었소. 다만 두 원씨(원소와 원술), 여포呂布, 유표와 나를 꺼렸는데 지금 다른 영웅들은 모두 사라지고 나만 외로이 남았소. 나와 늙은 도적은 같이할 수 없소. 그대가 물리쳐야 한다고 하니, 나의 생각과 완전히 같소. 이는 하늘이 나를 위해 그대를 준 것이오."

주유는 손권을 잘 알고 있었기 때문에 손권의 자존심을 건드리는 말로 본심을 드러나게 했다. 거기다 많은 사람 앞에서 이미 전쟁을 선포했으니 손권으로서는 조조와의 전쟁에 매진할 수밖에 없다. 그런데 이 경우는 비교적 쉬운 반응 파악이다. 주유가 상대의 성향을 너무 잘 알고 있었기 때문이다. 이렇게 상대방의 이력을 잘 파악하고 있으면 상대의 반응을 이끌어내는 것은 비교적 쉽다.

그런데 다른 경우가 있다. 《삼국연의》의 또 다른 천재 방통龐統의 예를 보자. 적벽대전을 앞두고 조조가 뜻하지 않게 방통을 만난다. 조조는 남의 약점을 공략하는 것이 주특기이기 때문에 자신의 약점 또한 두려워하는 사람이다. 그래서 그 약점을 숨기는 데 심혈을 기울인다. 그가 형주의 수군을 동원해 오나라 손권을 공략하려는 이유도 수전에 약한 자신의 약점을 누구보다 잘 파악하고 있었기 때문이다. 그러나 형주에서 얻은 부하들은 자신의 심복이 아니기에 항상 불안했다. 그러니 얼굴에 수심이 가득할 수밖에.

그걸 보고 방통이 넌지시 묻는다.

"무엇을 그렇게 고민하십니까? 혹시 병사와 말이 물에 적응하지 못할까 걱정이십니까?"

조조는 물론 그것이 걱정이다.

"그렇소. 하북의 군사들이 멀미를 견디지 못해 힘을 내지 못할까 두렵소. 좋은 방법이 있겠소?"

"배를 서로 이어서 말과 병사들이 자유롭게 드나들게 하십시오. 그러면 마치 평지처럼 훈련하고 싸울 수 있습니다."

의심 하면 조조다. 조조가 쉽게 넘어갈 리가 있는가?

"화공을 당하면 어떻게 하시겠소?"

여기서 바로 심기가 안정되어야 한다. 방통은 태평스럽게 말한다.

"지금 오군이 화공을 쓰려면 동남풍이 불어야 합니다. 그런데 이 겨울에 동남풍이 불 리 있겠습니까?"

알다시피 동남풍은 겨울에도 분다. 그런데 방통이 자신의 본심을 태연하게 숨기는 배짱을 보이자 조조는 그만 넘어가고 만다. 방통은 조조가 자신의 주력군의 장점을 활용하고 싶어 한다는 것을 잘 알고 있었다. 그래서 조조의 욕망을 따라서 배를 평지처럼 만들라고 권유한다. 결국 조조는 방통의 유인에 넘어가서 배를 연결해 수채를 만든다.

조조와 방통의 고사는 상대의 외양을 통해 분위기를 파악하고 넌지시 말을 던져 상대의 본심을 파악할 수 있게 된 경우다. 반대로 조조는 태연한 방통의 태도 때문에 그의 본심을 파악하지 못했다.

상대를 자극해 본심을 파악하다: 제갈량

《삼국연의》에 따르면 제갈량諸葛亮은 주유와는 반대되는 방법으로 손권의 마음을 떠본다. 제갈량은 이렇게 말한다.

"실제로 조조의 군대는 100만이 훨씬 넘고 그 대장들도 용맹이 하늘을 찌릅니다. 그러니 사실 오나라가 조조를 상대하는 것은 계란으로 바위를 치는 것과 같습니다."

그러자 손권은 불쾌해서 그만 입을 닫아버린다. 제갈량은 오히려 적을 강하게 보여서 손권의 결심 정도를 떠본 것이다. 만약 손권이 이 위협에 두려워하는 반응을 보였다면 제갈량은 아마 다른 방법으로 유세를 했을 것이다. 그러나 손권이 불쾌해하자 전심을 다해 싸울 의지가 있음을 파악한 것이다. 이 역시 손권이 무척 자존심이 센 사람이라는 사실을 사전에 알고 비유를 써서 본심을 드러내도록 한 것이다. 손권은 무척 의뭉스럽기 때문에 제갈량이 단도직입적으로 물었다면 본심을 숨겼을 것이다. 그러나 역시 자극하는 말에는 넘어가고 말았다.

내가 본심을 파악하려는 대상이 나의 적 또는 경쟁자라면 주유처럼 자신의 의견을 먼저 드러내는 것은 위험할 수 있다. 그러나 주유는 손권이 가장 신뢰하는 오나라 장수였기 때문에 상황에 대한 상반된 해석을 던져서 상대의 의중을 파악할 수 있었다. 반면 제갈량은 손권의 직계 수하가 아니기 때문에 자신의 본심을 더 깊이 숨기고 손권의 의중을 파악했다. 결국 주유와 제갈량의 방법은 마찬가지다. 단지 그들의 행동에서 중요한 것은 먼저 상대방의 이력을 잘 살핀 후 자신이 관철하고자 하는 입장에서 상대의 의중을 파악하기 위해 적절한 예와 화법을 이용했다는 점이다. 방통은 상대의 근심거리에 정확히 미끼를 던짐으로써 상대의 본심을 파악했다. 반면 조조는 자신의 형세를 믿고 내심 손권이 항복하기를 바라고 있었기 때문에 황개黃蓋의 고육책에 넘어갔다고 할 수 있다.

만약 적벽대전처럼 큰 프로젝트를 기획하고 있다면 정책 결정자는 동료, 부하, 상대방이 어떤 동기로 이 프로젝트에 참여하는지 잘 파악해야 한다.

기준을 세우지 못하면 남을 활용할 수 없다

세 번째로 반응 편에서 강조하는 말은 자기 자신의 기준을 세우라는 것이다. 귀곡자는 언제나 일을 주동적으로 장악할 조건을 만들라고 말한다. 출발점은 당연히 자신의 기준을 먼저 세우는 것이다. 귀곡자는 말한다.

자신이 기준을 정하지 못하면 상대를 바르게 활용하지 못하고 일의 쓰임이 교묘하지 못하게 되는데, 이것을 상대의 본심을 읽지 못해서 도를 잃었다고 하는 것이다. 자신을 깊이 관찰하여 먼저 기준을 정하고 남을 활용하면 그 방책은 형상이 없고, 그 문을 볼 수도 없는데 이를 천신(최고의 경지에 달함)이라고 한다.

자신의 기준을 정하지 못하면, 다른 사람을 이용할 수가 없다고 한다. 자신이 먼저 기준을 정하고 남을 활용하면 나는 상대를 파악하되 상대는 나를 모르니 유리한 위치에 서게 된다. 그래서 귀곡자는 먼저 기준을 정하여 남을 활용하면 상대방은 나를 관찰할 수 없으니 가장 높은 수준에 도달한다고 말한다.

자신의 기준을 세우려면 남을 알기 전에 나를 먼저 알아야 한다. 남에게 말을 걸 때 내 말이 무엇을 의미하는지 모르는 경우가 종종 있다. 그러면 유도하는 말을 자유자재로 구사하여 상대의 반응을 파악하기가 애초부터 불가능하다. 일을 하면서도 내가 무엇을 하는지 모르는 경우도 많다. 그러면 동조자를 얻을 수 없다. 자신이 제대로 서 있지 않으면 남이 움직이지 않아도 상황이 자꾸 바뀐다. 내가 기준이 없는데 어떻게 일을 장악할 수 있겠는가? 이것은 마치 두 배가 함께 떠다니면서 서로의 움직임을 관찰하는 것과 같다. 내가 탄 배가 떠내려가면 남이 탄 배가 정지해 있어도 관찰하는 위치는 계속 달라진다. 이런 상황에서는 어떤 일도 제대로 파악할 수 없다. 상대의 반응을 분석할 기준이 없기 때문이다.

위에서 든 고사에서 주유, 방통, 제갈량이 상대방을 설득하기 위해 사전에 한 행동은 두 가지다. 하나는 상대를 설득하기 전에 자신의 기준을 명확히 세우고 있다는 점이다. 주유는 공신으로서 싸움을 결심하고 손권의 결재를 받으려고 한다. 제갈량은 전쟁에 패해서 피폐해진 유비를 위해 손권을 끌어들이려고 한다. 방통은 조조군을 무기력하게 하기 위해 화공을 염두에 두고 있다. 또 하나는 상대방이 어떤 상황에 있는지 추측한 후 반응을 살피고 있다는 점이다. 즉 상대방의 입장이 어떠하리라고 가정하고 있다. 제갈량과 주유는 손권이 싸움을 염두에 두고 있다는 심증을 가지고 있고, 방통은 조조가 화북군의 장점을 쓸 생각을 가지고 있다고 추측했다. 이것이 바로 귀곡자가 말한 기준이다. 결국 기준이 없으면 상대방의 본심을 읽을 구체적인 방법이 없다.

*
원문 해석

옛날에 큰 조화를 이룬 성인은 무형의 도를 갖추고 있었다. 옛것을 살펴서 오늘날을 검토하고, 옛것을 살펴서 오늘날을 알고 남을 알고 그에 비추어 나를 알았던 것이다. 움직임과 고요함, 허와 실의 이치가 지금의 일에 꼭 맞지 않으면 옛것을 돌아보아 이를 살펴보아야 하는데, 일을 돌이켜서 살피며 비슷한 경우를 찾아내는 것은 성인의 뜻이요, 이렇게 하면 파악하지 못할 것이 없다.

상대가 말하여 움직이면, 나는 오히려 침묵하여 고요함을 유지한다. 상대의 말로 그 속뜻을 살피고, 말이 합당하지 않은 바가 있어 반문하면 반드시 반응이 나온다. 말에는 상징이 있고 일에는 비견할 대상이 있다. 이미 상징과 비견할 대상이 있으면 그다음을 예측할 수 있다. 상징은 그 일을 표상하는 것이고, 비견한다는 것은 말로 비유하는 것이다. 나를 드러내지 않고[無形] 상대의 말을 탐구하고, 비슷한 경우를 예로 들어 유도하는 말을 쓰면 상대의 본심을 파악할 수 있다. 이것은 마치 그물을 쳐서 짐승을 잡는 것과 같으니 짐승이 출몰하는 곳에 여러 번 그물을 쳐서 포획하는 것과 마찬가지다. 도道가 그 일과 부합하면 상대는 스스로 나서서 나의 유인하는 말의 그물망으로 들어오게 된다. 이 그물을 계속 붙들고 있어도 상대의 말에 비교할 만한 대상이 나타나지 않으면 변화를 줘서 상징으로써 움직이고, 상대의 마음에 반응을 보이기도 하면서 그 본의를 파악한 후, 이에 따라 일을 도모한다.

내가 상징과 비유의 방법을 써서 계속 유추해 나가면 상대방의 본심을 놓치지 않는다. 이렇게 하여 성인이 우둔한 사람과 지혜로운 사람을 유도할 때는 매번 의심할 여지가 없었다. 옛날에 남의 말을 반복해서 잘 듣는 사람은 귀신처럼 상대의 본심을 읽어내고 거기에 따라 적절히 변화를 주니 관찰이 심오할 수밖에 없었다. 관찰이 깊고 자세하지 않으면 상대의 본심을 제대로 알 수가 없고, 본심을 제대로 알 수가 없으면 기준을 확고히 세울 수가 없다. 그러니 상징과 비유를 변화시켜 반문하여 (파악할 수 있을 때까지) 다시 들어보아야 한다.

상대의 진심을 들으려면 오히려 침묵하고 펼치려면 오히려 움츠리며, 높아지려면 오히려 낮추고, 상대를 취하려면 도리어 주어야 한다. 상대의 본심을 보려 할 때는 상징과 비유의 방법을 쓰는데, 그런 후 그 반응을 잘 살피면 같은 소리가 서로 호응하듯이 일과 이론이 합치하게 된다. 이렇게 해서 상황에 따라 이것을 따르고, 혹은 저것을 따르며, 혹은 위를 섬기고, 혹은 아래를 다스린다. 이것은 상대의 진실과 거짓을 들어 알고, 나와 부류가 같은지 다른지 파악하고, 그 본심과 속임수를 알아내는 방법이다. 움직임과 말과 침묵에 모두 이 방법을 쓰고, 기쁨과 노여움도 이 방법을 쓰면 모양(진심)을 드러낸다.

이 방법을 쓸 때는 항상 먼저 자신의 기준을 정하는 것을 법칙으로 하고, 계속 돌이켜 탐구하여 그 뜻을 알아낸다. 따라서 이 방법을 쓰는 사람은 욕망을 가라앉히고 상대의 말을 깊이 듣고 일을 자세히 살펴서 만물을 논하고, 자웅을 가린다. 비단 꼭 맞는 일이 아니더라도 그 미묘한 부분을 살펴 비슷한 유형을 뽑아낼 수 있다. 이것은 마치 상대방의 마음에 들어가 그 능력을 보고, 본심을 알아내는 것과 같으니, 반응이 틀림이 없어 등사騰蛇(전설상의 날아다니는 뱀)가 가리키고 후예后羿(하대의 활을 잘 쏜 사람)가 활을 쏘는 것과 같다.

따라서 자신을 먼저 알고 남을 알아야 한다. 나와 남을 모두 알게 되면 비목어처럼 상대의 말을 살필 때 소리에 메아리가 따라오는 것과 같고, 그 외양을 살필 때는 빛에 그림자가 따라붙는 것과 같이 본모습을 정확히 파악할 수 있다. 이리하면 상대의 말을 관찰함에 실수가 없게 되는데 마치 자석이 철을 끌어당기고, 혀가 익은 갈비를 맛보는 것과 같이 된다. 남과 함께할 때는 은밀히 숨은 바를 파악하고, 그 본심을 살피는 데 더없이 민첩하게 되는데, 이 방법은 음과 양과 원만함과 방정함을 함께 구비한 것이다. 그 진면목(형세)이 드러나지 않으면 원만하게 살피고, 이미 드러났으면 명확한 방법으로 이를 섬기는데, 나아가고 물러나며 좌우로 움직일 때 모두 이 방법을 써서 살핀다.

자신이 기준을 정하지 못하면 상대를 바르게 활용하지 못하고 일의 쓰임이 교묘하지 못하게 되는데, 이것을 상대의 본심을 읽지 못해서 도를 잃었다고 하는 것이다. 자신을 깊이 관찰하여 먼저 기준을 정하고 남을 활용하면 그 방책은 형상이 없고, 그 문을 볼 수도 없는데 이를 천신(최고의 경지에 달함)이라고 한다.

古之大化者, 乃與無形俱生. 反以觀往, 覆以驗今, 反以知古, 覆以知今, 反以知彼, 覆以知己. 動靜虛實之理, 不合來今, 反古而求之. 事有反而得覆者, 聖人之意也. 不可不察.

人言者動也, 己默者靜也. 因其言, 聽其辭. 言有不合者, 反而求之, 其應必出. 言有象, 事有比. 其有象比, 以觀其次. 象者象其事, 比者比其辭也. 以無形求有聲, 其釣語合事, 得人實也. 其扰張罝網而取獸也, 多張其會而司之. 道合其事, 彼自出之, 此釣人之網也. 常持其網驅之. 其言無比, 乃爲之變. 以象動之, 以報其心, 見其情, 隨而牧之.

己反往, 彼覆來, 言有象比, 因而定基. 重之襲之, 反之覆之, 萬事不失其辭. 聖人所誘愚智事皆不疑. 古善反聽者, 乃變鬼神以得其情. 其變當也, 而牧之審也. 牧之不審, 得情不明, 得情不明, 定基不審. 變象比, 必有反辭, 以還聽之.

己反往, 彼覆來, 言有象比, 因而定基. 重之襲之, 反之覆之, 萬事不失其辭. 聖人所誘愚智事皆不疑. 古善反聽者, 乃變鬼神以得其情. 其變當也, 而牧之審也. 牧之不審, 得情不明, 得情不明, 定基不審. 變象比, 必有反辭, 以還聽之.

欲聞其聲反默, 欲張反瞼, 欲高反下, 欲取反與. 欲開情者, 象而比之, 以牧其辭, 同聲相呼, 實理同歸. 或因此, 或因彼, 或以事上, 或以牧下. 此聽眞僞, 知同異, 得其情詐也. 動作言默, 與此出入. 喜怒由此, 以見其式.

皆以先定, 爲之法則. 以反求覆, 觀其所託. 故用此者, 己欲平靜, 以聽其辭, 察其事, 論萬物, 別雄雌. 雖非其事, 見微知類. 若探人而居其內, 量其能, 射其意也. 符應不失, 如螣蛇之所指, 若羿之引矢.

故知之始己, 自知而後知人也. 其相知也, 若比目之魚, 其見形也, 若光之與影也. 其察言也不失, 若磁石之取鍼, 舌之取燔骨. 其與人也微, 其見情也疾. 如陰與陽, 如陽與陰, 如圓與方, 如方與圓. 未見形, 圓以道之. 既形, 方以事之. 進退左右, 以是司之.

己不先定, 牧人不正, 事用不巧, 是謂忘情失道. 己審先定以牧人, 策而無形容, 莫見其門, 是謂天神.

03

내건
마음을 얻어 굳게 결속하라

"나에게 공명이 있다는 것은
물고기가 물을 만난 것과 같다
[孤之有孔明, 猶魚之有水也]."
_ 촉한 유비

이제 일은 시작되었다. 패합은 일을 시작할 것인지 결정하는 단계이고, 반응은 일에 관계된 사람들의 진심을 파악하는 것이었다. 귀곡자가 말하는 프로젝트의 세 번째 단계는 바로 '내건內揵'이다.

내건이란 무슨 뜻인가? '내'란 안으로 들어간다는 뜻과, 안에 위치한다는 두 가지 뜻이 있다. 그리고 '건'이란 매우 긴밀하게 관계를 맺는다는 뜻인데, 원래 '막는다' '닫아건다'는 뜻으로 어원적으로 빗장을 뜻하는 건揵과 열쇠를 뜻하는 건鍵 등과 동류다. 그 뜻은 '상대방, 특히 나와 운명을 함께한 사람의 마음 안으로 들어가 빗장을 채우듯이 잠근다'는 것이다. 그러면 나와 일을 함께하는 사람은 내가 어떤 행동을 하더라도 나와 분리되지 않아서 일을 마음 놓고 진행할 수 있으며, 어떤 경우에도 서로 신뢰를 잃지 않아서 위험에 빠지지 않는다는 뜻이다. 한마디로 내건은 일을 하면서 가장 중요한 역할을 하는 사람과 떼려야 뗄 수 없는 공동운명체 같은 관계를 맺는 것을 말한다.

과거에는 유세자가 내건을 하는 대상은 군주였다. 신하가 군주의 지지를 얻는 것도 중요하지만 그 지지는 반드시 믿을 만한 것이어야 했다. 한 고조 유방이나 명 태조 주원장이 사람을 쓴 후 버린 일은 내건의 실패가 화를 부른 대표적인 경우다. 송나라의 명장으로 금나라를 압박하던 악비岳飛는 조정에 의해 죽임을 당했고, 제갈량의 유명을 받아 위나라를 치려던 강유姜維는 싸움 한 번 못 해보고 변경에서 항복해야 했다. 조정이 장수를 지지하지 않고 먼저 항복을 해버린 까닭이다.

산해관을 넘지 못한 청나라를 오삼계吳三桂가 스스로 성문을 열고 북경으로 끌고 들어와 명나라는 멸망했다. 명나라 조정과 오삼계 사이에는 이미 메울 수 없는 틈이 있었기 때문이다. 이렇게 때로는 아랫사람도 내건의 대상이다. 특히 먼 곳으로 아랫사람을 보낼 때는 내건이 필수적이다.

왜 지금도 내건이 그토록 중요한가? 조직이 완전히 규율과 법칙에 의해 움직인다면 내건이 필요 없을지도 모른다. 그러나 조직은 살아 움직이는 유기체다. 완전한 규율과 법칙이 있을 수 없다. 그래서 지금처럼 큰 조직, 많은 사람이 함께 일하는 시대에는 내건이 더 중요하다고 할 수 있다. 내건은 작은 일, 큰일에 모두 적용된다. 또 내건은 실패를 염두에 둘 때 쓸 수 있는 보험의 일종으로 볼 수도 있다. 내건에 성공하면 실패하더라도 완전히 넘어지지 않고 다시 일어설 수가 있다.

재능이 뛰어난 사람은 내건을 쉽게 보는 경향이 있다. 자신의 정당성과 능력만을 믿고 주변 사람들을 소홀히 한 사람들이 좌절의 쓰라림을 맛본 예는 수도 없이 많다. 내건을 쉽게 생각하면 단 한 번의 실수로 주위의 신임을 잃고, 다시 재기하기도 어렵게 된다.

함께하는 사람과 나의 의견이 하나임을 보인다

귀곡자는 이렇게 말한다.

> '내'라는 것은 유세하는 말이 군주의 마음 안으로 들어가는 것이고, '건'이라는 것은 그 책략을 건의하면 그 건의가 군주의 뜻과 굳게 결합하는 것을 말한다.

그러면 내건이 되면 어떻게 되나? "(내건이 되지 않으면) 매일 앞에 나가지만 여전히 쓰이지 못할 수도 있고, (내건이 되었으면) 멀리서 그 소리만 들어도 서로 생각하게 될 수도 있다." 멀리서 발소리만 들어도 생각할 정도이니 그가 말을 한다면 거의 무조건 믿는다는 것이다.

결정권자와 의기투합하는 정도를 내건이라고 얘기하지는 않는다. 상황에 따라 결정권자가 '거의 무조건적으로' 나의 결정에 따르도록 하는 것이 내건이다. 이 정도면 사실 하나의 몸이 되었다고 할 수 있다. 그러나 주의할 점이 있다. 나의 의견이 결정권자의 의견과 완전히 같은 것처럼 보여야지 내가 결정권자를 끌고 다니는 모습을 보여서는 안 된다. 그래서 '조짐도 없게' 만들어야 한다고 강조한다.

《삼국지》〈무제본기武帝本紀〉를 보면 조조가 얼마나 뛰어난 군사 전략가인지 알 수 있다. 그야말로 전략의 신이다. 조조가 좀 더 긴 생을 살았더라면 스스로 패업을 이루었을 것이다. 그런 조조가 기로에 설 때마다 발목을 잡는 사람이 하나 있으니 바로 서량의 마초다. 마초는 그저 힘만 믿는 무장이 아니라 전략가였다. 조조는 원정을 떠날 때마다 서쪽의 마초를 걱정할 수밖에 없었다. 또 마초는 유비의 촉나라에 귀순한 후에도 장수로서는 가장 위세가 높았다.

그렇게 조조를 벌벌 떨게 했던 마초도 죽으면서 단 한마디의 유언만을 남겼다. 그것은 동생을 위한 내건이었다. 촉의 황제 유비에게 동생 마대馬岱를 부탁한 것이다. 아래는 《삼국지》〈촉서蜀書〉에 기록된 마초의 임종표다.

> 저희 집안의 200여 명은 조조에게 거의 전멸되고, 오직 사촌동생 마대만 있을 뿐입니다. 가문의 제사를 이을 사람입니다. 폐하, 마대를 간절히 부탁드립니다. 다른 할 말은 없습니다.

마초는 촉나라에서 가장 중요한 한중 땅을 수비하던 대장으로 그 무명武名을 따를 자가 없었다. 단신으로 서북의 찬바람을 맞으며 이민족의 군대를 이끈 그의 재능은 보통 무장이 따라올 바가 아니다. 그런 그가 이렇게 짧은 유서를 남긴 것이다. 이 말을 듣고 유비가 어떻게 마대를 홀대할 수 있으며, 마대가 어떻게 성심을 다하지 않을 수 있겠는가? 결국 마초의 유언대로 마대는 촉의 대장이 되어 끝까지 제갈량의 중용을 받을 뿐 아니라 그 후계자 강유의 두터운 신임을 얻는다. 때로는 내건이 이렇게 비장미가 넘칠 수도 있다. 내건은 이 정도 각오가 있어야 이룰 수 있다. 내건에는 평생을 함께한다는 비장한 의미가 담겨 있다.

조직과 사람에게 필요한 것을 확인한다

그럼 이렇게 내건을 이루는가? 내건은 단 한 번에 이루어지는 깃이 아니라 평소에 하나하나 만들어가는 것이다.

> 모든 일에는 내건이 중요하다. 따라서 평소에 시작부터 잘 맺어놓아야 한다. 도덕으로 맺거나, 당을 지어 친구가 되거나, 심지어 재물이나 여색으로 맺을 수 있다.

이 말은 도덕을 숭상하는 자와는 도덕으로 관계를 맺고, 서로 뜻이 맞는 사람과는 결합해 붕당을 만들어 맺고, 아니면 재물, 미인 등을 바쳐서 맺을 수도 있다는 뜻이다. 그러니 '그 부류를 제대로 보아야' 제대로 내건을 할 수 있다는 말이다.

물론 요즈음 재물이나 여자를 바친다는 것은 말이 되지 않는다. 시대가 변하고 방편이 변했다. 다만 이 글이 군주에게 유세하는 자를 위한 것임을 생각하면 왜 이런 말이 나왔는지 짐작할 수 있다.

주周나라의 기틀을 닦은 문왕文王이 유리羑里라는 무시무시한 감옥을 탈출한 것도 재물과 여색을 밝히는 주紂에게 보물로 유세했기 때문이다. 물론 재물과 여색을 밝히는 자들은 탐욕이 끝이 없고 말로가 좋지 않을 수밖에 없으므로 유세를 한 후 반드시 떠나야 한다. 이 점은 다음 고사에서 밝힌다.

나아가 귀곡자는 전국시대에 쓸 수 있는 기교들을 설명하고 있다. 도덕으로 이야기를 시작하려면 먼저 《시경詩經》과 《서경書經》을 인용하고 동시에 손익을 이야기하면서 거취를 의논하면 된다고 쓰고 있는데, 이는 권위 있는 근거를 이야기하면서 동시에 의도한 이해관계를 끼워 넣는다는 것이다. 물론 군주가 어리석으면 내건을 할 수가 없고, 군주가 남의 말을 절대 듣지 않는 사람이라면 칭찬 등의 보조 수단을 통해 그의 마음을 연 후에 내건을 시도할 수 있다.

중국 역사상 가장 위대한 재상으로는 강태공姜太公과 관중管仲, 안영晏嬰을 들 수 있는데, 이 세 사람의 행적을 보면 내건이란 무엇인지, 윗사람을 보좌하는 방법은 무엇인지, 또 높은 위치에 있을 때 가까이 있는 사람들의 능력을 어떻게 활용하는지에 관한 깊은 지혜를 얻을 수 있다. 이들 모두는 한 나라의 재상으로 오랫동안 최고 능력을 발휘하지만 개성은 판이하게 다르다. 내건의 방식도 상황에 따라 다른 것이다.

내건의 교과서: 강태공

강태공은 주 무왕武王을 천자에 올린 사람이고, 제齊나라의 시조다. 후대의 관중이나 안영과 같은 인물들은 그가 세운 제나라에서 재상을 지냈다. 아주 오래전 사람이기에 구체적인 기록은 많이 남아 있지 않다. 그렇지만 강태공은 중국 고대사에서 빠짐없이 거론되는 사람이고, 지혜를 다룬 모든 책에서 추앙하는 사람이다.

강태공은 도덕을 강조하면서도 역성혁명을 침착하게 준비한 사람이다. 그의 이러한 법가적 실용주의는 공자의 비난을 받기도 했지만 역시 성인으로 추앙받고 있다. 굳이 이름을 붙인다면 '공리적 윤리주의자'라고 하겠다. 한마디로 그는 도덕을 중시하지만, 힘에 지지되는 도덕을 지지한 사람이다. 당시는 공리적 윤리주의가 극히 필요한 때였다.

강태공이 얼마나 내건에 성공했느냐 하면, 문왕 때에는 '스승'으로, 무왕 때에는 '아버지'로 불리다가, 그의 아들 성왕成王 때에는 동서남북의 모든 오랑캐를 스스로 정벌할 수 있는 권한을 위임받을 정도였다. 주나라는 강태공의 작품이었다고 해도 과언이 아니다. 이토록 강태공과 그의 군주들은 정말 '거미가 배에 알을 품고 다니는' 것처럼 가까웠다. 그래서 3대를 섬기고도 틈이 벌어지지 않았던 것이다.

강태공의 내건은 몇 가지 단계를 거친다. 하루아침에 만들어진 것이 아니라 처음부터 쌓아올린 것이다. 상대가 어려웠을 때 힘을 빌려주면서 내건을 시작하고, 상대가 힘을 얻은 후에는 철저히 자신의 실력을 증명함으로써 내건을 더 강고하게 만들었다. 강태공처럼 사적인 인정으로 시작해서 객관적인 실력으로 증명까지 한다면 틈은 벌어지지 않는다.

《사기》의 기록에 강태공이 문왕에게 출사하는 과정이 몇 가지 나오는데 모두 명확하지는 않다. 일설에는 낚시를 가장하여 문왕을 기다렸다고도 하고, 일설에는 이전에 상商나라(수도의 이름을 따서 '은나라'라고도 한다)의 폭군 주紂에게 출사한 적이 있으나, 주왕이 무도하여 그를 버리고 제후들에게 유세를 했는데 소득이 없어서 주나라의 서백西伯에게 왔다고도 한다. 서백은 무왕의 아버지이자 주나라의 기틀을 세운 문왕이다. 다른 설에 따르면 그가 처사로 은둔 생활을 하다가 서백이 폭군 주에게 잡혀 유리라는 감옥에 갇혀 있을 때 서백의 측근 굉요閎夭, 산의생散宜生 등 그의 재능을 익히 아는 사람들의 부름을 받아 미녀와 기이한 보물들을 바치고 서백을 구해냈다고 한다. 무엇이 정확한 내용인지 알 수는 없으나, 이름 없는 늙은이가 낚시질을 하다가 우연한 기회에 발탁됐다는 것은 좀 무리가 있어 보인다. 정황으로 보아 당시에 강태공은 이미 이름이 널리 알려진 현자임이 분명하다.

내건을 시작하는 가장 좋은 방법은 어려움에 처한 사람에게 해답을 주는 것이다. 강태공은 유리에 갇힌 서백, 즉 문왕을 구하기 위해 재물을 준비하여 폭군의 환심을 산다. 그러니 강태공은 문왕의 생명의 은인인 셈이다. 사실 구해줘도 아무런 대답이 없다면 그런 사람은 버려야 한다. 그런 사람은 남과 함께 일할 수 있는 사람이 아니다. 인정을 모르는 사람이라면 주면 줄수록 더 받으려 할 가능성이 크다. 귀곡자는 도덕과 명분으로 관계를 맺을 수도 있고, 미인이나 보물을 바쳐 관계를 맺을 수도 있다고 말한다. 물론 미인과 보물을 바쳐 쌓은 관계라면 의심을 해볼 만하다. 그 사람의 욕심이 끝이 있는지 없는지 여전히 알 수 없기 때문이다. 지금처럼 점점 투명해지고, 재화가 넘치는 사회에서 미인과 보물을 바쳐 내건을 한다는 것은 오히려 위험하고 우둔한 일이다. 아무튼 결론은 어떤 방식을 썼든 상대방에게 해답을 줬다는 것이다.

《사기》〈은본기殷本紀〉에 따르면 폭군 주의 음탕함과 사치, 그리고 기괴한 놀이는 끝이 없었던 것 같다. 자신에게 조금이라도 거슬리게 말하는 사람은 포를 뜨고, 심장을 꺼낼 정도로 잔혹한 인간이었다. 그는 서백을 석방시키는 조건으로 많은 미인과 보물을 받았다. 이런 사람에게 유세를 하는 방법은 오직 그 욕심을 채워주는 것밖에 없다. 그래서 강태공은 주의 그런 점을 이용해 서백을 그의 마수에서 구해냈던 것이다.

어떤 수단을 쓰든 어려움에 처한 사람을 구한다는 것은 제일 강력한 내건의 방법이다. 문왕과 무왕이 강태공을 아버지처럼 따를 수밖에 없었던 것은 그가 직간접적인 생명의 은인이었기 때문이다. 그리고 강태공은 일이 실패하면 자신이 위험하다는 것을 알면서도 서백을 구했다. 진정한 내건을 이루려 한다면 반드시 자신의 일정 부분을 투자해야 한다. 그래서 상대의 인정을 얻을 수 있다면 이미 내건이 시작된 것이다.

결국 서백은 강태공을 문무의 스승으로 삼는데, 그의 말은 거의 따랐고 대부분 성공했다. 강태공의 재능이 남달랐기 때문이다. 남을 위해 일하면서 그 재능이 특출하다면 신임을 받는 것은 당연하다. 신임을 얻었다면 그를 위해 일을 성사시켜야 한다. 서백, 즉 문왕이 기반을 닦을 수 있었던 것은 제후국 간의 커다란 송사를 해결하고 변방을 평정했기 때문인데, 이런 방책의 대부분을 세운 사람은 강태공이었다. 따라서 강태공의 고사에서 알 수 있는 내건의 두 번째 단계는 그를 위해 작은 공을 이룬다는 것이다. 귀곡자는 "계책이 맞아 떨어져야" 신임을 얻을 수 있다고 말한다. 계책이 판판이 실패하는데 신임을 얻을 수는 없다. 누구든 단번에 신임을 얻어 굳건한 내건을 이룰 수는 없다. 따라서 내건의 두 번째 단계는 상대를 위해 작은 일들을 이루는 것이다.

《사기》 이외에도 흩어진 기록들을 모아 살펴보면 강태공은 법가적 사상과 유가적 사상을 겸한 사람이었다. 그리고 도덕성도 겸비하고 있었다. 어려움에 처한 주군을 구하고, 주군을 위해 공을 세우고, 능력이 출중하며, 도덕성마저 겸하고 있다면 그 자체로 내건의 조건을 모두 갖추고 있다고 할 수 있다.

오늘날 한 사람이 이런 면모를 모두 갖추기를 기대한다는 것은 무리다. 그렇더라도 누군가에게 내건을 시도하려고 한다면 상대가 자신의 인생을 투자할 만큼 가치 있는 사람인가, 그리고 그를 위해 공을 세울 수 있을 만큼 자신의 기량을 신뢰할 수 있는가를 스스로에게 한번 물어보아야 한다. 그런 연후에 내건을 시도해야 위험하지 않고, 내건도 진척시킬 수 있다.

그런데 일단 내건에 성공하면 어떻게 되는가? 내건에 성공하면 상대를 거스르더라도 상대가 따라온다. 내건을 하는 이유는 내가 조건 없이 상대방을 따라가려고 하기 때문이 아니다. 그저 따라가기만 한다면 내건도 필요 없다. 강태공의 고사로 돌아가자.

《사기》〈주본기周本紀〉에 따르면 포악한 주를 토벌하고자 제후들이 맹진孟津 나루에 모였다. 제후 연합군이 강을 건너자 갑자기 불덩이가 하늘에서 떨어지더니 왕궁에 이르러 까마귀로 변했다고 한다. 그러자 무왕이 두려워하며 군사를 돌렸다. 불길한 징조였기 때문이다.

그러고 다시 2년이 흐르자 주의 잔혹함은 더 심해진다. 이제 민심은 완전히 상나라를 떠나서 주나라가 천하를 얻을 조건이 무르익었다. 폭군 주는 선정을 호소하는 왕자 비간比干을 죽여 심장을 해부하고, 덕망이 높은 기자箕子를 가두었다. 무왕이 출병하고자 다시 점을 쳤으나 점괘가 불길하고, 또 비바람이 거세게 몰아쳤다. 당시는 점괘를 무척 중시한 시기였다. 그러니 무왕을 포함해 모든 제후가 두려움에 떨 수밖에 없었다. 그때 유독 태공만이 진격하라고 무왕에게 강권했고 무왕은 마침내 출병한다.

모든 제후가 모인 곳에서 점괘에 반대하여 자신의 의견을 관철시키는 것은 어려운 일이다. 하지만 태공은 이런 어려움을 넘어야 천하를 얻을 수 있다고 보았고, 무왕에게 출병을 강권했다.

태공이 그때 어떻게 무왕을 설득했는지 우리로서는 알 수 없다. 만약 이세민이라면 이렇게 말했을 것이다. "기회를 얻기는 어렵고 잃기는 쉬운데 어떻게 점만 믿는단 말입니까? 지금 다시 흩어지면 제후들의 마음이 완전히 이반될 것입니다." 제갈량이라면 이렇게 말했을 것이다. "선제께서 왜 그토록 오랜 세월을 준비했겠습니까? 다 이런 기회를 만들기 위해서가 아니겠습니까?"

고대사회에서 점의 위력은 대단했다. 그런 때 누가 신성한 점괘에 반해서 대담한 건의를 할 수 있을까? 오직 내건에 성공한 사람만이 할 수 있다. 그래야 실패를 하더라도 위험하지 않다. 무왕은 강태공의 말은 모두 듣는 사람이다. 강태공이 점을 무시하면 같이 무시한다. 결국 강태공은 무왕과 제후들을 설득하고 바로 상나라를 공격한다. 아니나 다를까 상나라는 일거에 무너지고 만다.

강태공의 내건이 강고한 이유는 두 가지다. 우선 자신의 일부분을 투자했다. 그리고 자신의 실력에 대한 확신이 있었다. 자신의 일부분을 투자하지 않고, 혹은 실력에 대한 확신도 없으면서 일을 하기 위해 다른 사람과 관계를 맺는 것은 내건이 아니라 아부다.

인지상정을 거스르는 사람을 쓰지 마라: 관중

만약 당신이 조직의 최상부에서 프로젝트 전반을 총괄해야 한다면, 자신을 투자하지 않으면서, 또 실력이 대단하지도 않으면서 '내건'을 시도하는 사람들을 변별할 수 있어야 한다. 이런 사람들은 조직 전체를 토막 내고 자기 것으로 만들 수 있다. 게다가 사욕을 위해 재물까지 바치고, 멋대로 붕당을 만든다고 생각해 보자. 대체로 실력이 부족한 결정권자는 자신이 듣고 싶은 얘기, 하고자 하는 것을 말하는 사람을 좋아하게 마련이다. 게다가 재물도 엄청나게 바친다면 어떻게 되겠나? 그가 진정으로 자신을 위하는지 아닌지를 판별하기는 쉽지 않다. 그리고 그가 진정 조직에 도움이 되고 해가 되는 사람인지 알아내는 것은 무척 어렵다. 특히나 상대가 '내건'을 알고 있다면 말이다.

또 어떤 실력 없는 결정권자는 항상 불안에 싸여 있기 때문에 자신을 대신해 아랫사람들을 핍박하는 관리자를 선호한다. 겉으로 보기에 무척 조직을 아끼는 것처럼 보이기 때문이다. 그러나 이런 조직이 더 위험하다. 최상부와 최하부를 연결할 중간층이 실제로는 상하부를 단절시키는 역할을 하기 때문이다. 지금 네트워크형, 즉 정보가 상하좌우로 자유자재로 흐르는 조직을 추구하고 있는 이유도 이런 무서운 단절을 피하기 위해서다. 만약 어떤 사람이 결정권자에게 무조건적인 지지를 보내거나, 혹은 결정권자를 대신하여 조직을 쥐어짜고 있다면 그 사람을 경계하라.

우리는 좀 더 높은 위치에서 객관적으로 내건의 의미를 살펴볼 필요가 있다. 인간의 일반적인 심성은 내건의 진정성을 파악하는 최후의 기준이라고 할 수 있다. 관중이 바로 그 기준을 제시하고 있다. 인지상정에 어긋나는 내건을 바로 아부라고 부른다.

관중은 부국강병을 강조한 철저한 실용주의자다. 또한 상하의 위계가 무질서보다 더 낫다고 생각한 사람이다. 그러니 그는 위세 부리기를 좋아했고, 목적을 달성하기 위해 모진 방법을 쓰기도 했다. 원래 그는 제나라 환공桓公의 정적인 공자 규糾를 보필할 때 환공을 암살하려 했던 사람이다. 그리고 포숙아鮑叔牙와 일을 하면서 그를 속이기도 했다.

그런 관중이지만 포숙아는 한 번도 그를 저버리지 않았고, 환공도 관중의 말을 거스르지 않았다. 과연 실력이란 면에서는 그와 겨룰 사람이 없었던 것이다. 하지만 그에게 무력과 행정능력만 있었던 것은 아니다. 그는 기준이 뚜렷하고 분별이 명확한 사람이었다. 과연 포숙아가 사람을 알아본 것이다. 나라의 기둥인 관중이 병이 들어 임종을 기다릴 때 환공이 앞으로 누구와 정치를 논할지 묻자 관중이 이런 말을 한다. 《사기》의 기록을 그대로 옮겨본다.

환공은 말한다.

"많은 신하 중 누구를 재상으로 할 수 있겠소?"

그러자 관중은 이렇게 떠본다.

"신하를 임금만큼 아는 이가 있겠습니까[知臣莫如君]?"

"그럼, 역아易牙가 어떻습니까?"

(역아는 제 아들을 삶아 임금의 병에 썼다는 사람이니 환공은 그의 충성을
믿고 있었을 것이다.)

그러자 관중은,

"아들을 죽여 임금을 모신다는 것은 인정이 아닙니다[非人情]. 그는
안 됩니다[不可]."

"그럼, 개방啓方이 어떻겠소?"

(개방은 아버지가 돌아가신 후에도 집에 돌아가지 않고 환공을 보좌했다고
한다.)

그러나 관중은,

"어버이를 등지고 임금을 모시는 것은 인정이 아닙니다. 그는 가까이
하기 힘듭니다[難近]."

"그럼, 수조竪刁는 어떻소?"

(수조는 환공을 모시기 위해 스스로 환관이 되었다고 하는데, 대단한 충성이
아닌가?)

그런데 관중은,

"스스로 성기를 잘라 임금을 섬기는 것은 인정이 아닙니다. 그는 친할
사람이 아닙니다[難親]."

한마디로 안 될 사람들이니 가까이 두지도 말고, 친해져서도 안 된다는 것이다. 그러나 관중이 죽자 환공은 이 셋에게 전권을 주었고, 역시 관중의 예측처럼 역아와 수조 등은 환공을 굶겨 죽였다고 한다. 환공의 시체가 궁중에서 썩고 있을 때 그 자식들은 권력 다툼을 했다고 하니 이 사태를 예견한 관중의 지혜는 실로 대단하다.

관중이 한 말은 간단하지만 명료하다. 인정이 아닌 짓, 즉 사람이라면 하지 못할 짓을 하면서 충성을 보이는 자는 진정 믿을 만한 사람이 아니라는 것이다. 나를 위해 인정을 거스르는 자는 충분히 나에게 대항해 인정을 거스를 수도 있다.

관중이 제시하는 기준은 인간의 보편적인 심성이다. 보편적인 심성을 거스르는 내건은 진심이라고 볼 수 없다. 자고로 사람을 쓰는 사람은 이런 종류의 내건을 조심해야 한다. 아부와 내건에는 분명히 차이가 있다. 그러면 내건의 조건은 세 가지로 정해진다. 자신을 투자할 것, 실력에 대해 확신을 할 것, 진심이 있을 것이다.

상당히 이성적인 사람들이라도 아부의 함정에 쉽게 넘어간다. 사실 칭찬을 좋아하지 않는 사람은 없다. 칭찬은 고래도 춤추게 한다지 않는가? 물론 칭찬과 아부의 경계는 쉽게 구별하기 힘들다. 그리고 진실한 칭찬이나 아부는 약이 될 수도 있다. 그러나 높은 지위에 있는 결정권자라면 인정을 거슬러 아부를 하는 사람을 반드시 멀리해야 한다. 특히 조직에서 결정권자의 어려움을 덜어준다는 명목으로 거침없이 무리한 행동을 하는 사람들은 경계해야 한다. 결국 그 부담은 제 환공처럼 결정권자 자신에게 돌아오기 때문이다.

솔선수범과 진심의 힘: 안영

이어 의사 결정권자의 위치에 있는 사람을 위한 고사를 하나 더 살펴보자. 바로 진심의 힘을 보여준 안영이다. 안영은 관중의 실력에다 솔선수범을 더하여 내건을 행했으니 실용적 윤리주의자가 아니라 '윤리적 실용주의자'다.

안영은 재상이 되어서도 식탁에 고기반찬을 두 가지 이상 올리지 않고 아내에게는 비단 옷을 입히지 않았다. 실제로 집 안에 고기와 비단이 없을 정도로 소박한 삶을 살았다고 한다. 그는 항상 조심하고 겸손한 태도로 임했기 때문에 많은 사람과 원만한 관계를 맺었다. 《논어》에서 공자는 "안평중(안영)은 사람을 잘 사귀는구나. 오랜 시간이 지나도 그에 대한 사람들의 평이 한결같으니"라고 평한 적이 있다. 《사기》의 저자 사마천司馬遷은 그의 마부가 되어도 좋다고 했을 정도다.

그가 신임을 얻는 방법은 바로 솔선수범이다. 그는 원래 뛰어난 언변가지만 과격하게 간하지 않고 항상 넌지시 비유를 들어 간한다. 그리고 묻지 않는 것에는 함부로 대답하지도 않았다고 한다. 《안자춘추晏子春秋》에 이런 고사가 나온다.

> 왕이 물었다.
>
> "나라를 다스리는 데 제일 우려해야 하는 것이 무엇이오?"
>
> (사실 제나라의 경공景公은 별 볼 일이 없는 왕이었다. 당시 제나라는 안영이 있어서 유지되는 형편이었다. 안영이 뜬금없이 말한다.)
>
> "토지묘의 집쥐입니다."

(갑자기 집쥐를 말하니, 왕은 아연실색한다.)

"아니, 집쥐라고요? 무슨 뜻이오?"

(안영이 말하는 집쥐는 바로 진심이 없는 아부꾼들이다. 이들은 위를 속이고 아래를 억눌러 조직을 질식시키지만 자신의 몸을 조직에다 교묘히 섞어놓아서 제거하기도 어렵다.)

"대왕, 토지묘는 바로 나무를 엮어서 겉에 흙을 발라 만든 것입니다. 거기에 사는 쥐는 정말 잡기가 어렵습니다. 불로 쪄 죽이려 하면 나무를 태울까 두렵고, 물로 숨을 막아버리려 하면 진흙이 쓸려 내릴까 두렵습니다. 그냥 그 속에서 살도록 내버려두는 수밖에 없으니 얼마나 무섭습니까? 군주의 주변에도 이런 쥐 같은 자들이 있습니다. 군주의 앞에서는 자신의 재능을 과시하고 말은 비할 수 없이 화려합니다. 그러면서 다른 사람을 공격하여 남의 허물을 말합니다. 이런 자들이 백성 앞으로 나가면 멋대로 전횡하고 잘난 체하며 못하는 짓이 없습니다. 이런 자들은 토지묘의 쥐 같은 자들로 없애지 않으면 국가가 망합니다."

(경공이 제대로 이해를 하는지 아닌지 확실치 않자 안영은 이어 말한다.)

"옛날에 술을 기가 막히게 만드는 사람이 있었습니다. 주점 앞에는 맑은 계곡이 있고, 뒤에는 청산이 있었습니다. 기막힌 술맛에 값마저 적당하니 사람들이 오지 않으면 이상한 주점이었습니다. 그런데 도대체 오는 사람이 없어 걱정이 깊은 주인이 마을 사람에게 달려가 물었습니다. 그러자 한 노인이 이렇게 대답했다고 합니다. '주점 문 앞에 사나운 개가 있지 않소. 그 개가 사람만 가면 짖고 위협을 하니 감히 가지 못한다오.' 그래서 이 개를 거두니 손님이 끊이지 않았다고 합니다. 이치는 이런 것입니다. 국가에도 이런 무서운 개와 같은 자들이 있는 것입니다. 이런 자들은 지혜와 덕이 있는 선비들이 나라를 다스리는 방책을 알리려고 왕을 뵙고자 하면, 그들이 중용되어 나중에 자신들이 배척당할까 봐 모조리 막아버립니다. 높은 자리에 앉아 재능 있는 사람들을 막는 자들이 이런 무서운 개와 같지 않겠습니까? 군주의 좌우에 집쥐나 무서운 개와 같은 이들이 있으면 현자를 쓰지 못하고 천하 백성의 걱정은 깊어갈 것입니다."

이 말을 들은 경공은 크게 설복되어 이후 안영을 더욱 공경하게 되었다고 한다. 결정권자가 안영의 말을 새겨듣는다면 조직이 내부 사람들 때문에 위험해지는 일은 없을 것이다. 위로는 아부하고 아래를 가볍게 여기면서 사욕을 채우지만, 말이 교묘하여 정체를 알 수 없는 자들, 혹은 자기의 지위를 보존하기 위해 더 능력 있는 이들의 길을 막는 자들을 구분할 수 있다면, 성과를 다 잃고 위험에 빠지는 일은 없을 것이다. 조직의 수장이라면 상대방이 내건을 하는 목적을 바로 간파할 필요가 있다는 뜻이다.

아래로 내건에 성공한 무장으로는 한나라의 장수 이광李廣과 이릉李陵이 있다. 이들은 아랫사람들과 항상 고락을 같이했기에 부하들이 싸움에 임해 절대 물러나지 않았다고 한다. 이런 부하들을 이끌고 있는 조직의 수장이 얼마나 될까? 아래로 내건하는 가장 좋은 방법은 역시 솔선수범이다.

결과적으로 관중은 환공을 설득하지 못했다. 안영도 제나라의 임금 3대를 섬겼지만 그 주인을 뛰어난 군주로 만들지는 못했다. 사실 아무리 뛰어난 사람도 모든 것을 다 이루기는 어렵다. 단지 전설처럼 전해오는 강태공과 문왕, 무왕의 고사만이 거의 결함 없는 내건을 보여준다.

결속하지 못하면 미련 없이 물러난다

그런데 귀곡자는 만약 내건을 하지 못하면 오히려 "물러나 자신의 몸을 안전하게 하는 것이 큰 도리"라고 말한다. 안 되는 일에 너무 많은 공력 (물론 예전의 유세객들에게는 목숨이다)을 소비할 필요는 없다는 뜻이다. 내건이 되지 않은 상황에서 무리하게 일을 추진하면 자신의 몸이 위험해지기 때문이다.

추측하건대 《귀곡자》의 내건 편은 문왕과 무왕을 보좌하여 포악한 주왕을 벌한 강태공의 고사를 염두에 두고 있는 듯하다. 강태공이 오랜 시간을 기다린 것은 그의 혁명적인 발상을 지지할 군주가 필요했기 때문이다. 왕조를 새로 세운다는 것은 위험한 일이다. 실패는 반드시 죽음이다. 일흔이 넘도록 함께할 사람을 기다린 강태공은 내건에 성공했다. 그러나 내건을 하지 못해 뜻을 접은 사람도 많았다. 심지어 어떤 사람들은 죽임을 당하기도 했다.

상나라 주왕은 강태공이 보좌한 주나라의 무왕에게 죽임을 당한 바로 그 폭군이다. 주왕은 자신의 재능을 과신한 나머지 절제를 잃었다.

날로 주지육림에 빠져 사람들을 가혹하게 다루자 신하들은 위기감에 빠진다.

신하 구후九侯에겐 행실이 방정한 딸이 있었다. 달기妲己에게 빠져 음탕해진 주왕을 교정하고자 딸을 바쳤다. 그런데 그 딸이 주의 행실을 좋아하지 않자 주는 구후를 포를 떠서 죽인다. 신하 악후鄂侯가 주의 이런 포학한 행동을 나무라자 그 역시 포를 떠서 죽인다. 이 두 신하는 주왕의 마음을 바로잡을 생각으로 충언을 올렸지만 오히려 죽임을 당하고 말았다.

이들보다 더 마음이 굳었던 사람이 왕자 비간이다. 비간은 죽음을 마다하지 않고 충언을 올린다. 그러자 주는 성인이라 추앙받는 사람의 심장을 보겠다며 비간의 심장을 꺼낸다. 이렇게 비간도 참혹하게 죽임을 당했다.

물론 비간, 구후, 악후의 고사는 너무 극단적이다. 그러나 이 고사는 내건이 되지 않았을 때 진실한 마음이 도리어 화를 초래할 수도 있다는 사실을 보여준다. 주왕의 무자비한 행태를 보던 기자는 거짓으로 남의 노비가 되었다가 감금당한다. 기자는 주왕이 충언을 받아들이지 못한다는 것을 이미 알았고, 그의 신임을 받는 게 불가능하다고 판단했던 것이다.

반면 미자微子는 주왕이 충언을 받아들이지 않자 떠나버렸다. 미자의 행동이 비겁하다고 할 수도 있다. 그러나 "충신이 아니라 양신이 되고 싶다"던 당 태종의 총신 위징의 말을 되씹어볼 필요가 있다. 양신은 자신뿐 아니라 군주의 이름도 함께 드높이지만, 충신은 희생으로 자신의 이름은 날리는 반면에 군주는 악명을 떨치게 한다는 것이다. 위징의 말은 평소 군주의 마음 깊이 들어가서 바른길로 인도하는 편이 이미 삿된 길로 들어선 군주를 목숨을 버려가며 바꾸려 하는 쪽보다 낫다는 것이다. 이것이 바로 참된 내건의 의미일 것이다.

*

원문 해석

군주와 신하의 상하관계는 멀리 있어도 친할 수가 있고 가까워도 실제로는 소원할 수가 있다. 군주 앞으로 이미 나아갔지만 쓰이지 못할 수도 있고, 떠나 있어도 오히려 부름을 받을 수가 있다. 매일 앞에 나가도 환영을 못 받을 수도 있고, 멀리서 그 소리만 들어도 생각나게 될 수도 있다. 만사에는 내건(진심으로 굳게 결합함)이 중요하다. 따라서 평소에 시작부터 잘 맺어놓아야 한다. 도덕으로써 맺거나, 당을 지어 친구가 되거나, 심지어 재물이나 여색으로써 맺을 수도 있다. 상대의 뜻을 알아 맺게 되면 들어가고 싶으면 들어가고 나가고 싶으면 나갈 수 있고, 친하고 싶으면 친하고 멀리하고 싶으면 멀리할 수 있다. 나가서 자리를 얻고 싶으면 얻고, 떠나고 싶으면 떠나며, 구하고 싶으면 구하고, 내가 생각하는 것을 상대도 똑같이 생각하게 만들 수 있다. 이것은 파랑강충이 어미가 그 자식들을 쫓아다니는 것과 같다. 그러면 나가도 그 사이가 벌어지지 않고 들어와도 그 조짐이 없어서 혼자 가고 오는 것처럼 누구도 제지할 수 없게 된다.

내라는 것은 유세하는 말이 군주의 마음 안으로 들어가는 것이고, 건이라는 것은 그 책략을 건의하면 그 건의가 군주의 뜻과 굳게 결합하는 것을 말한다. 따라서 멀리 있어도 친한 것은 음덕이 있기 때문이고, 가까이 있어도 소원한 것은 뜻이 서로 맞지 않기 때문이다. 나아갔으나 쓰임을 얻지 못하는 것은 계책이 맞아떨어지지 않았기 때문이고, 떠났으나 도리어 군주가 찾는 것은 그 책략이 나중에 옳다고 밝혀졌기 때문이다. 매일 그 앞으로 나아가도 쓰임을 얻지 못하는 것은 방책이 합당하지 않기 때문이고, 멀리서 그 소리만 들어도 서로 생각하게 되는 것은 그 책략이 맞아 들어가 일을 결정하기를 기다리는 상황이 되었기 때문이다.

상대(결정권자)가 어떤 부류의 사람인지 파악하지 못하고 일을 하면 결정권자를 거슬렀다는 죄를 뒤집어쓰고, 그의 본심을 제대로 살피지 못하고 유세를 하면 틀렸다는 비난을 받게 된다. 그러니 상대의 본심을 알아야만 방책을 맞추어 쓸 수 있다. 이렇게 방책을 쓰면 나갈 수도 있고, 들어올 수도 있고, 닫아걸 수도 있고 열 수도 있다.

따라서 성인이 일을 할 때 사전에 상황을 파악하고서 사물과 관계를 맺는 것이다. 도덕, 인의, 예악禮樂, 충신忠信, 계략 등으로 일을 하려고 하면 먼저 《시경》과 《서경》을 인용하다가 여기에 손익을 넣어서 거취를 의논하면 된다. 상대와 의기투합하면 내심을 보이며 적극적으로 들어가고, 떠나고자 하면 내심을 보이지 않고 소극적으로 밖으로 나오니, 안으로 가든 밖으로 나오든 모두 반드시 방법을 깊이 익혀서 미래의 일을 추측할 수 있어야 의심스러운 점을 민첩하게 해결할 수 있다.

계책이 계획대로 되면 공과 덕을 이룰 수 있다. 백성이 잘 다스려지고 산업이 일어나면 "계책을 내니 안에서 굳게 호응했다"라고 하고, 위는 어두워 다스리지 못하고 아래는 어지러워 깨닫지 못하면 "건의했으나 거절당했다(내건에 실패했다)"라고 한다. 군주 스스로 득의양양해 설득하는 말을 듣지 않으면 일단 칭찬하는 말로 띄워준다. 만약 채용하고자 하는 명이 내려오면 환영해서 받고, 떠나고자 하면 그저 화를 당하지 않도록 조심하는 마음으로 함께한다. 일의 변화가 심하여 어떻게 돌아갈지를 잘 알지 못할 때는 물러나 자신의 몸을 안전하게 하는 것이 큰 도리다.

君臣上下之事, 有遠而親, 近而疏, 就之不用, 去之反求, 日進前而不御, 遙聞聲而相思.

事皆有內揵, 素結本始. 或結以道德, 或結以黨友, 或結以財貨, 或結以采色. 用其意, 欲入則入, 欲出則出, 欲親則親, 欲疏則疏, 欲就則就, 欲去則去, 欲求則求, 欲思則思. 若蚨母之從其子也, 出無間, 入無朕, 獨往獨來, 莫之能止.

內者, 進說辭. 揵者, 揵所謀也. 故遠而親者, 有陰德也, 近而疏者, 志不合也. 就而不用者, 策不得也, 去而反求者, 事中來也. 日進前而不御者, 施不合也, 遙聞聲而相思者, 合於謀待決事也.

故曰不見其類而爲之者見逆, 不得其情而說之者見非. 得其情, 乃制其術. 此用可出可入, 可揵可開.

故聖人立事, 以此先知, 而揵萬物. 由夫道德仁義禮樂計謀, 先取詩書, 混說損益, 議去論就. 欲合者用內, 欲去者用外. 外內者, 必明道數, 揣策來事, 見疑訣之.

策無失計, 立功建德, 治民入產業, 曰揵而內合. 上暗不治, 下亂不寤, 揵而反之. 內自得而外不留, 說而飛之. 若命自來, 己迎而御之. 若欲去之, 因危與之. 環轉因化, 莫之所爲, 退爲大儀.

저희

틈이 생길 가능성을 미리 제거하라

"대저 일이란 터럭발처럼 작은 곳에서 시작해서
태산의 뿌리를 휘두를 만큼 커지는 것이다
[經起秋毫之末, 揮之於太山之本]."

_ 귀곡자

일을 도모하는 사람과 깊은 신뢰관계를 맺었다면 이제 일을 본격적으
로 시작해야 한다. 그런데 귀곡자는 일을 시작하기 전에 먼저 균열의 조
짐을 없애라고 한다. 실 같은 틈이 벌어져서 큰 틈이 되고, 결국은 거대
한 구조물도 붕괴되고 만다. 경우에 따라서는 프로젝트가 작은 틈에 의
해 망가질 수도 있다. 먼저 어디에서 틈이 벌어질지 알아낸다면 프로젝
트는 더욱 주도면밀해져서 많은 비용과 노력을 절약할 수 있다. 특히 '저
희抵巇' 편은 프로젝트를 총괄하는 사람이 눈여겨보아야 할 대목이다.

일을 하다 보면 모든 부분에서 틈이 생길 수 있다. 그렇다고 모든 틈을 다 막을 수는 없다. 저희는 사전 행동이기 때문에 고도의 기술이 요구된다. 그리고 실패의 위험이 있다. 그래서 귀곡자는 틈을 막을 수 있는 기술을 최고의 기술이라고 말한다. 저희에 성공하면 그만큼 자원과 노력을 절약하게 된다. 또 실패의 가능성을 미리 차단하여 프로젝트의 안정성을 높이게 된다. 그러나 효과가 큰 만큼 위험하므로 반드시 신중해야 한다.

작은 틈을 미리 막으면 수고를 줄일 수 있다

저희란 무엇인가?

> 희巇라는 것은 틈이니, 틈은 곧 아주 작은 금을 말한다. 작은 금이 커져서 큰 틈새가 된다.

틈이 커지면 막기가 아주 어렵다. 그러면 많은 자원과 인력을 희생하게 된다. 저희에 실패한 가장 큰 예는 국가가 침략당하는 것이다. 국가가 침략당하면 그 손실은 말할 수 없이 크다. 왜란과 호란을 거치고, 근세에 일본의 침략을 당한 우리는 그 의미를 뼈저리게 이해하고 있다. 그런데 큰일이 일어나기 전에는 반드시 징조가 있다. 그래서 사전에 틈을 파악하여 그 틈이 커질 가능성을 차단하라는 것이다.

한꺼번에 많은 틈을 막는 역발상: 조조

저희의 방법 중 역발상이라고 칭할 수 있는 기발한 예를 먼저 살펴보자. 귀곡자는 저희를 할 수 없다면 물러나 있는 것이 상책이라고 한다. 하지만 가끔은 물러날 수 없는 경우에 처할 수도 있다. 그럴 때 과감하게 역발상의 저희를 구사한 사람이 바로 조조다. 삼국의 판도를 바꾼 관도대전에서 조조가 행한 관용이 바로 저희를 창조적으로 활용한 예라고 할 수 있다.

알려진 대로 이 전쟁에서 조조는 원소를 대파한다. 하북의 최고 유력 가문인 원소가 쓰러지자 바야흐로 천하는 조조의 시대로 접어든다. 그런데 전쟁이 끝나고 원소의 문서고를 정리하는 과정에서 원소와 조조 진영의 인사들이 밀통한 문서가 무더기로 나온다. 사실 보통의 수장이라면 그 내용을 얼마나 보고 싶어 했을까? 그중에는 자신이 심복이라고 생각하는 이도 있었을 테니, 더욱 궁금했을 것이다. 그러나 조조는 이렇게 말한다.

"원소가 강했을 때는 나조차 항복을 생각했다. 그러니 부하들이 항복할 생각을 한 것은 당연하다. 모두 불살라라."

그런데 조조가 이 문서들을 없앤 이유는 무엇이었을까? 조조가 본래 관대한 인간이어서 그랬을까? 조조의 마음을 들여다볼 수는 없지만 역사적인 상황으로 볼 때 좀 더 현실적인 이유가 있었다. 한마디로 말해 연루된 자들을 다 벌할 수가 없었기 때문이다. 그렇다면 차라리 창조적으로 국면을 전환시키는 것이 낫다. 문제는 문서다. 이런 문서는 틈이 생기는 화근이다. 이런 문서를 그냥 둔다면 일단 항복하려고 마음먹은 장수들과 다른 장수들이 반목할 것이고, 조조의 마음에는 향후 이들에 대한 의심이 계속 남을 것이다. 이제 선택을 해야 한다.

제일 나쁜 선택은 물론 화근을 남긴 채 몰래 보는 것이다. 그러면서 마치 횡재를 한 듯이 부하들의 약점을 잡았다고 생각할 수 있다. 그러나 이렇게 되면 조직이 무너진다. 상하의 명령관계로 이루어진 주종관계에서 주군이 자신을 불신하고 있다고 생각하면 누가 주군에게 목숨을 바쳐 충성하겠는가? 결국 상호 불신에 따른 조직의 약화만 있을 뿐이다.

그래서 실제로 가능한 선택은 항복을 하려고 한 자들을 모두 밝혀 벌을 주든지, 아니면 모두 없던 일로 하든지 두 가지 중 하나다. 과연 모두 벌을 줄 수 있을까? 많은 사람이 관련된 일은 참으로 밝히기 어렵다. 게다가 그 많은 사람에게 벌을 준다면 자신의 세력이 무너질 수 있다. 당시 조조에게는 세력을 떼어내는 것보다는 모으는 것이 중요한 시기였다. 그래서 사건을 당장 심리하기는 사실상 어려웠다.

사람의 마음은 대체로 실력과 세력을 좇아간다. 승전을 통해 실력과 세력을 얻었다면 이미 충성을 확보한 것이다. 그렇다면 자신의 세력을 보존하는 것이 가장 좋다. 세력을 보존하면서 마음도 잡는다면 무엇을 더 바랄까? 이럴 때, 조조가 쓴 방법이 갈등의 씨앗을 일거에 없애버린 것이다. 밀통 문서를 불사른 것이다. 조조의 이러한 창조적인 결정 하나로 수많은 틈이 바로 없어졌다. 또 변한 것이 있으니 사람들의 마음이었다. 사람들은 탄복한다. '조조는 정말 도량이 넓구나.' 조조는 자기 마음속의 틈과 자신과 부하들 사이의 틈을 한 번에 없앤 것이다. 조조가 잃은 것은 문서 조각이었고 얻은 것은 마음이었다.

조조 정도의 도량이 되는 상사라면 한번 섬겨볼 만하지 않은가? 게다가 자신의 허물을 들어 많은 아랫사람의 허물을 덮었으니 가히 최고의 저희술이라고 할 수 있다.

상황에 따라 틈을 막는 방법은 달라진다

틈을 막는 방법은 상황에 따라 달라진다. 최선의 방책은 이를 미연에 방지하는 것이다. 틈을 미연에 막지 못했다면 '막아 물리칠 수도 있고', 그러지도 못한다면 '막아서 멈추게 할 수도 있고', 일단 '막아서 감출 수도 있고', 마지막으로 나의 힘에 의존해 '막아서 내 것으로 만들 수도 있다.'

> 천하가 혼란하고 갈라져 위로는 밝은 임금이 없고, 제후들은 도덕을 잃자, 소인배들이 도적이 되어 현인들은 쓰이지 못하고 성인들은 숨어버리고, 이익을 탐하는 자들이 거짓을 작당하니 군신이 서로 의혹을 품고, 토대가 무너지고, 이리하여 서로 쏘고 베며, 아비와 아들이 이산하여 서로 반목하게 되었는데 이를 '틈새의 싹'이라고 부른다.

귀곡자의 판단에 의하면 당시는 난세다. 그래서 오제五帝처럼 '미리 막아서 (틈이) 벌어지지 않게 한' 최상의 방법을 쓸 수가 없고, 삼왕三王(하의 우왕, 상의 탕왕, 주의 무왕)처럼 '막아서 (오히려) 자기 것으로 만들어버리기'도 쉽지 않다. 그러니 마구잡이로 싸우는 전국戰國의 상황에서는 '막을 수 있는 자', 즉 힘이 센 자가 되어 선두를 차지하는 것이 최고라고 말하는 것이다. 오제와 삼왕의 정치는 이미 기대할 수 없으니 스스로 정세를 잘 살펴서 남을 제어하면서 선두가 되라는 것이다. 춘추시대에 패권을 쥔 춘추오패春秋五霸와 전국시대라는 난세에 선두를 다투었던 전국칠웅戰國七雄이 바로 이들이었다.

결국 전국칠웅은 진秦나라로 귀결된다. 진시황은 장의를 통해 소진의 합종을 깨고, 상앙商鞅을 등용해 법가적 통치체계를 구축하여 전국을 통일한다.

작은 균열을 이용해 큰일을 성취하다: 도르곤

이번엔 근세에 동아시아에서 가장 강력한 나라였던 청나라가 어떻게 상대의 틈을 효과적으로 이용해 중원을 제패했는지 살펴보자.

1644년 산해관山海關 점령에서 1683년 삼번三藩의 난 평정까지 청의 역사는 마치 한 편의 드라마 같다. 이 짧은 시기에 농민반란군 이자성李自成의 북경 점령과 산해관을 지키던 오삼계의 투항을 틈탄 청나라의 중원 장악, 1658년 대만에 할거하던 정성공鄭成功의 북벌과 실패, 1673년에서 1682년까지 이어지는 삼번의 난, 그리고 반청운동의 완전한 실패를 장식한 1683년 대만 정씨가의 항복까지 굵직한 사건들이 일어났다. 청나라는 이런 흐름 속에서 흔들리지 않고 중심을 잡으면서 아시아 강국으로 부상했다. 현대의 중국 영토는 바로 이때 만들어졌다고 해도 과언이 아니다. 이 역사의 무대에는 좋은 의미든 나쁜 의미든 대단한 거물들이 자리하고 있다. 이 시기 40년의 역사를 보면서 저희의 의미를 이해해 보자.

우선 1644년의 일로 돌아가 당시의 정세를 간략히 살펴보자. 농민반란군을 이끄는 이자성이 북경성을 함락시키면서 명나라의 비극적인 마지막 황제 숭정제崇禎帝는 자결한다. 이자성은 십여 년간 전쟁을 하면서 명의 지배지를 서쪽에서부터 차례로 점령했기 때문에 대다수의 지방이 이자성에 귀순하는 것은 시간문제였다. 그러나 이자성은 산해관에서 청나라군을 방비하고 있던 오삼계를 귀순시키지 못했다. 당시 명나라의 최정예군을 이끌던 그를 귀순시키지 못하면 이들과의 전투는 피할 수 없는 상황이었다. 이 부대의 지휘관 오삼계는 명나라 명문가의 자제였고, 산해관에서 청나라군을 비교적 잘 막아내고 있었다. 반면 산해관 밖에는 순치제順治帝의 보정왕輔政王인 도르곤이 만주와 동몽골 연합군을 이끌고 중원 진입의 기회를 노리고 있었다. 상황은 대체로 이러했다. 한마디로 2강(이자성, 청군), 1약(오삼계)의 3파전이었다.

먼저 청나라의 형세를 보자. 북방 민족이 중국으로 들어오는 데는 기본적인 순서가 있다. 일단 초원민족들의 지지를 얻어야 한다. 그런데 동북지방에서 흥기한 만주족의 청나라는 전통적인 유목민족의 적통이 아니었다. 그래서 칭기즈 칸의 후계자인 몽골 초원의 동남부 부족들이 쉽게 복종하려 하지 않았다. 그러니 제1순위 정복 대상은 동몽골이다. 그다음은 조선인데, 조선은 명나라와의 특수한 관계를 고려할 때 뒤에 두기 껄끄러운 존재다. 게다가 청나라를 오랑캐라고 여기는 조선이 청에 심복하기를 기대하기는 어려웠다. 그래서 2순위 공격 대상으로 조선을 택한 것이다. 청 태종은 이렇게 용의주도하게 일을 처리한 후 중원 공략 준비를 하다 급사하고 만다. 1644년은 태종이 죽은 이듬해다. 뒤를 이은 실질적인 지휘관은 어린 아들 순치제가 아니라 보정왕 도르곤이었다.

마지막 단계인 명나라의 첫 번째 공략 대상은 산해관이었다. 산해관이라면 만리장성 동북방의 군사 요충지다. 물론 산해관을 넘는다고 해서 당장 북경성을 공략할 수 있는 것도 아니고, 전례를 볼 때 한인漢人 정권이 양자강 이남으로 후퇴해 방어선을 칠 가능성이 컸다. 청나라 입장에서는 한인 정권이 일단 양자강을 넘어가면 지루한 장기전을 펼쳐야 하는 부담이 있었다. 그래서 동몽골과 조선을 우선 공략해 뒤를 튼튼히 하고, 산해관을 시작으로 중원 정벌전을 개시한다.

이제 다시 산해관을 두고 청나라와 명의 농민반란군 이자성이 대치하던 상황으로 돌아가자. 그런데 산해관에서 소강상태로 대치하고 있던 표면 아래에는 몇 개의 금이 있었다. 우선 너무 커서 정리하기 어려운 틈이 하나 있었는데 바로 명 왕조와 농민반란군의 틈이다. 이자성이 무려 17년이나 전쟁을 하면서 키운 농민군 세력과 명 왕조는 같은 한족이지만 완전히 적대관계에 였다. 그다음은 명 왕조와 산해관을 지키던 오삼계의 틈이다. 명나라의 변경이 항상 허약했던 것은 국경의 군대가 커지는 것을 두려워한 정권이 변경의 군사력을 억제한 정책 때문이었다. 그래서 명 왕조는 산해관에서 막강한 군사를 지휘하는 오삼계를 끊임없이 견제하고 있었다.

또 하나는 이자성과 변경의 군대를 지휘하는 오삼계의 틈이다. 이자성이 오삼계를 토벌하려는 이유는 아마 항복을 받아내려는 심산이었을 것이다. 북경까지 함락시키고 황제까지 자살한 마당에 이자성은 변방의 수비대장에 불과한 오삼계를 인정할 리 없었고, 오삼계 또한 농민반란군 수장 이자성에게 덥석 항복할 수는 없었다. 그러나 앞으로는 청군, 뒤로는 이자성군을 두고 오삼계는 갈등했다.

이런 상황은 청에게는 좋은 기회였다. 게다가 이자성이 오삼계의 항복을 받으려고 북쪽으로 진군한다는 사실은 최고의 기회였다. 청과 이자성 사이에서 저울질을 하고 있는 오삼계를 끌어들일 수 있다면 청으로서는 어부지리를 얻을 수 있는 것이다.

여기서 그 상황의 의미를 이해할 필요가 있다. 《귀곡자》에서 말하는 틈은 '나와 남의 틈'이기도 하지만 '남과 남의 틈'이기도 하다. 난세에는 그 틈을 막는 자가 선두에 선다고 말했다. 사실 청나라는 후방에 있는 두 개의 틈(몽골과 조선)을 없앴지만 전방으로 진격하는 데는 여전히 무리가 있었다. 실제로 당시 청나라가 남으로 섣불리 내려가지 못하는 이유는 따로 있었다. 이미 차지한 요동 지방의 생산력이 장기전을 버틸 정도가 안 됐기 때문이다. 또 연합군을 구성하고 있는 몽골기병들과 투항한 한인들의 군수물자를 조달하는 것도 만만한 일이 아니었다. 그리고 연합군의 특성상 한 번의 전투 패배로 전군이 와해될 수도 있었기 때문에 신중할 필요가 있었다.

그때 오삼계가 청에 투항한다. 오삼계는 북쪽의 청의 대군을 남쪽의 농민연합군보다 훨씬 강하게 보았을 수도 있고, 또 단순히 청군을 이용해서 명의 대권을 내다볼 수 있다고 생각했을 수도 있다. 오삼계가 청군에 투항한 까닭은 인질로 잡힌 가족 때문이다, 여자 때문이다, 명 왕조를 복원하려는 충정 때문이다 등 여러 설이 있지만, 이후 그의 행실로 볼 때 충정에 근거한 것 같지는 않다. 한 가지 확실한 것은 청과는 군사를 이끌고 투항할 경우 그 수장의 지위를 보장해준다는 밀약이 있었다는 사실이다. 그 밀약을 주도한 도르곤의 태도는 명확했다. 투항할 경우 더 크게 대우한다는 것이다. 결국 오삼계는 산해관의 문을 열어 청의 적극적인 협조자로 바뀌고, 청은 그를 평서왕平西王에 봉한다.

대결에서 가장 중요한 것은 상대의 틈을 적극적으로 이용하는 것이다. 특히 새로운 영역에 진입하는 경우에는 더욱 상대의 틈을 이용할 필요가 있다. 오삼계가 투항하자 북경을 함락시킨 이자성은 그대로 도망치고 말았다. 그는 자신이 진격한 길을 거슬러 도망을 친다. 결국 상대의 틈을 적극적으로 이용하기 위해서는 그 시기를 놓쳐서는 안 된다. 도르곤은 이자성보다 먼저 오삼계에게 손을 내밀었고, 반대로 이자성은 청군보다 심하게 오삼계를 압박했다. 이것이 사실상 오삼계의 투항의 빌미가 되었다. 이자성은 오삼계가 선택을 강요받았을 때 오삼계와의 틈을 메우지 못했다. 이것이 그의 가장 큰 패인이었다. 도르곤은 유화책으로 틈을 줄였고, 이자성은 강공책으로 틈을 벌렸다. 결과적으로 청나라는 단 한 번의 승리로 북경성까지 점령한다.

여러 틈이 공존할 때 그 틈을 자신에게 유리하게 이용하기 위해서는 고도의 계산과 순발력이 필요하다. 또한 신중함이 필요하다. 도르곤의 순발력과 이자성의 실수를 다시 한 번 곱씹어 볼 필요가 있다. 무려 17년간 농민들을 이끌고 전쟁터를 누빈 이자성이 한 번의 잘못된 판단으로 그렇게 허무하게 무너지고 말았으니까.

큰 균열을 기다려 삼번의 난을 제압하다: 강희제

청나라는 오삼계의 도움으로 중원을 차지했다. 그렇다면 이제 오삼계를 비롯한 한인 사령관들을 어떻게 할 것인가? 이자성과 명나라는 동시에 붕괴했으나 한인 사령관들은 그대로 남아 있다. 중원에 들어온 청나라가 걱정하는 틈은 이제 두 가지다. 제일 큰 것은 명나라의 잔여 군사력이다. 물론 공공연히 복명復明을 주장하는 이들이 가장 큰 틈이다. 또 하나는 청에 투항을 했으나 잠재적인 위협이 되는 사령관들이다. 이 두 개의 틈을 메우는 것이 청의 과제였다.

청나라가 이 두 개의 틈을 메우려고 쓴 방법은 틈으로 틈을 메우는 것이었다. 더 큰 위험을 먼저 처리하고 작은 위험은 나중에 처리한다는 고전적인 방법이었다. 그래서 우선 투항한 한인 사령관들을 반청운동을 진압하는 앞잡이로 세웠다. 그 대표주자들이 후에 삼번의 난을 일으키는 오삼계와 경정충耿精忠, 상지신尚之信 등이었다. 결국 이 정책은 효과를 봤다.

또 하나는 투항해 작위를 받은 사령관들의 번藩을 서로 떼어놓은 것이었다. 오삼계는 운남에, 상가희尚可喜는 광동에, 경정충은 복건에 배치해 이들 세력이 쉽게 연합해 반란을 도모할 수 없도록 했다. 만약 이들이 반란을 일으키더라도 동시에 호응하지 않으면 각개격파할 수 있도록 안배한 것이다. 사실 삼번의 난은 이미 뿌려놓은 '틈새의 씨앗'에 의해 깨졌다. 삼번의 난의 발생과 종결은 틈새에서 시작해 틈새에서 깨졌다고 볼 수도 있다.

삼번의 난이 시작된 불씨는 평남왕 상가희의 후계자 계승 문제였다. 상가희는 최남단 광동에 주둔하고 있었다. 상가희는 아들 상지신과 사이가 좋지 않았다. 그래서 자신의 고향인 요동으로 돌아가고 싶어 했다. 그가 강희제에게 "저는 이제 늙고 병들었습니다. 병권은 저의 장자 지신에게 물려주고 싶습니다"라고 상소를 올린다. 실제로 당시 열일곱에 불과한 강희제를 시험한 것이다. 하지만 강희제는 자식에게 번왕藩王의 지위를 물려달라는 상소를 단호히 거부한다.

물론 두 개의 다른 번에서도 똑같은 요청을 해서 강희제를 시험하지만 모두 세습을 용인할 수 없다는 입장이었다. 이것은 사실상 반란을 일으키든지 군권을 넘기든지 하라는 최후의 통첩이었다. 이러하니 지위에 불안을 느끼고 반란을 기도할 수밖에 없었다. 그리고 중앙에서는 반란을 기다리고 있었다. 사실 중앙에서는 이 반란의 후과가 두려워 삼번을 건드리지 말자는 견해가 강했다. 그러나 강희제의 대답은 단호했다.

"난은 반드시 일어난다. 어차피 일어날 것이라면 지금 일어나는 것이 낫다."

강희제가 이렇게 자신감이 있었던 이유는 바로 상대의 결점을 잘 파악하고 있었기 때문이다. 삼번의 난은 청나라 내부에 존재하는 틈이었지만 잠시 숨겨놓은 것이 드러난 것에 불과했다. 막아서 숨겨놓은 것을 드러내서 없애려는 것이 강희제의 의도였다. 귀곡자는 말한다. '어떤 경우에는 틈을 일부러 숨겨놓을 수도 있다'고 말이다.

삼번의 난은 시작부터 몇 가지 약점이 있었다. 일단 거사 날짜를 통일시키지 못했다. 오삼계가 1673년 처음 반란을 일으켰을 때 그 세력이 순식간에 서남 일대를 덮었다. 그러나 문제는 명나라 복원의 명분으로 내세울 인물이 없었다는 것이다. 그를 위해 누가 나서기에는 반청운동을 진압한 그의 이력이 문제였다. 경정충은 다음 해 난에 가담하고, 상지신은 조정의 작위를 받고 우물쭈물하고 있던 아버지를 강제로 유폐하고 1676년에 난에 가담한다.

　삼번의 난은 거병의 적극성이나 시기로 볼 때 반란의 주장인 오삼계의 성공 여부가 관건이었다. 그런데 분열의 씨앗이 이미 내부 깊숙이 잠재하고 있었다. 그러니 청나라는 오삼계를 집중 타격하고 나머지를 적극적으로 회유하는 정책을 쓸 수 있었다. 처음부터 상대의 틈을 이용한 작전을 구사한 것이다. 반청 세력의 적극적인 도움을 받지 못하는 상황에서 오삼계가 밀리자 경정충과 상지신은 재빨리 항복한다. 오삼계는 스스로 황제를 칭했지만 결국 몇 달이 지나지 않아 죽고, 난은 완전히 와해된다.

　지리적인 틈, 시간적인 틈 등이 모두 문제였지만 이들 삼번의 수장들 사이에는 의지의 강도, 즉 하고자 하는 욕망의 강도에도 틈이 있었다. 그래서 형세에 따라 틈이 급격히 벌어지자 스스로 와해되었던 것이다. 그래서 귀곡자는 일을 추진하려면 진정으로 상대가 '내건'이 되었는지를 확인하라고 묻는다. 게다가 몇 개의 틈을 안고 일을 시작하는 것은 무척 위험한 일이다. 청나라의 입장에서 투항한 명나라 사령관들은 나라 전체의 틈이었지만, 이 투항한 사령관들과 투항하지 않는 사람들

사이에도 역시 틈이 있었으므로, 청은 이 틈을 적극 활용한 것이다. 또 반란에 가담한 각 번 사이에도 역시 틈이 있었고, 결국 이 틈이 벌어져 세력을 확대하는 데 실패했다. 내부의 틈을 없애고, 외부의 틈을 적극적으로 활용하는 '저희'의 중요성이 느껴지지 않는가? 산해관을 넘는 것도, 삼번의 난을 진압하는 것도, 모두 상대의 틈을 적극적으로 이용한 것이었다.

이제 삼번의 난을 일으킨 주인공들의 면모를 살펴보자. 오삼계는 반란의 주장인데 두 번에 걸쳐 상황에 몰린 선택을 한다. 상황에 몰린 선택을 하지 말라는 것은 귀곡자가 시종일관 강조하는 핵심 중의 핵심이다. 오삼계는 항상 상황에 몰려 선택을 했기 때문에 일을 주도하지 못했고, 행동의 기준을 정하지 못했다. 귀곡자는 기준이 없을 때는 일을 시도하지 말고 물러서라고 했다. 그가 명나라를 배반하려고 한 것은 정황상 확실하다. 그가 두려워한 것은 자신의 권력을 잃는 것이었다. 아마도 권력을 포기했다면 살아남을 수 있었을 것이다. 나머지 두 사람도 마찬가지다.

이들과 달리 청나라에 끝까지 저항을 멈추지 않았던 대만의 정鄭씨 일파는 나중에 청 왕조의 환대를 받았다. 반면 오삼계와 두 번왕藩王의 운명은 가련하다. 먹이가 없는데 사냥개가 필요하겠는가? 자신이 사냥개에 불과하다는 것을 알았다면 사냥이 끝났을 때 물러날 줄 알아야 했다.

저희를 함부로 쓰면 없는 틈도 생긴다

귀곡자는 틈이란 천지가 개벽한 후에 이미 있었던 것이라서 잘 살피면 볼 수 있다고 말한다. 그래서 "성인은 천지의 사자로, 세상의 틈을 막을 수 없으면 은일하여 때를 기다리고, 막을 수 있을 때는 지혜를 낸다"라고 하니 막을 수 있을 때 저희술을 쓰고, 막을 수 없을 때는 일단 위험한 행동을 자제해야 한다. 다음의 고사에서 보겠지만 저희는 효과가 큰 만큼 위험한 것이다. 과감해야 하고, 또 극도로 주도면밀해야 한다. 그렇지 않으면 바로 위험한 상태에 도달한다.

저희의 방법을 쓰기 위해서는 틈의 조짐을 명확하게 파악해야 한다. 상황을 잘못 판단하면 부작용이 훨씬 클 수 있다. 저희란 무척 어려운 것이다. 극도의 세밀한 관찰이 없으면 틈을 메울 실마리도 찾을 수 없을 뿐 아니라 오히려 일을 크게 그르칠 수 있다. 그래서 저희는 극히 신중하게 사용해야 한다. 저희를 하려다 오히려 해를 입거나, 작은 일을 어설프게 막으려다 문제를 더 크게 만든 경우도 수두룩하다.

그리고 툭하면 저희술을 쓰는 것도 좋은 방법이 아니다. 특히 저희술을 함부로 쓰면서 남에게 이를 드러내는 사람이라면 절대로 신임받을 수 없다. 예컨대, 누군가에게 몰래 다가가서 "저 사람은 위험합니다. 사전에 손을 쓰세요"라고 권하는 사람이 있다면 권하는 사람이 분열의 씨앗이 아닌지 고려해야 한다. 한편 저희를 잘못 이해하면 이간술의 일종으로 잘못 이해할 수 있다.

하지만 《귀곡자》에서 말하는 저희술은 아비와 아들이 서로 죽이는 것 같은 혼란을 막기 위해서지, 좋은 인재를 못 쓰게 만들고 자기의 욕심을 채우기 위한 것이 아니다. 저희는 이간이 아님을 명심할 필요가 있다. 춘추시대 노魯나라의 공자 휘揮라는 자는 은공隱功을 부추겨 공자 윤允을 죽이자고 한다. 그런데 은공이 거절하자 도리어 공자 윤을 부추겨 은공을 죽인다. 모함을 하는 자는 상대를 가리지 않는다! 자 이번에는 저희에 실패한 예를 통해 교훈을 얻어보자.

저희를 악용해 인재를 잃다: 유방, 조고, 이사, 방연

저희술로 오히려 일을 크게 만든 예가 있다. 바로 초한지의 영웅 한 고조 유방이다. 그가 한신을 무함해서 죽이자(여러 기록을 종합하건대 무함해서 죽였다는 견해가 가장 신빙성이 있는 것 같다) 개국공신인 팽월彭越도 두려워하여 유방을 경계한다. 하지만 그 역시 무함으로 죽는다. 이런 상황에서 커다란 군공을 세우고 봉읍을 받은 영포英布가 유방을 믿을 수 있겠는가? 그 또한 유방을 경계하다가 반란을 기도했다는 구실로 죽는다. 공신들이 유방을 완전히 믿지 못하고 두려워한 이유는 유방이 어떤 싹이든지 크기 전에 자르는 사람이라고 생각했기 때문이다. 이것이 사실은 더 큰 분열의 씨앗이었다. 저희를 함부로 쓰면 없는 틈도 생기는 것이다.

유방이 한신을 죽인 데는 실제 근거가 있었는지도 모르지만 영포와 팽월이 사전에 반란을 획책했다는 주장엔 근거가 없다. 영포가 유방을 경계한 이유는 상황에 몰렸기 때문이다. 저희는 결정적인 순간에 써야지 결코 남용해서는 안 된다. 유방이 한신을 죽이지 않았다면 팽월과 영포도 그를 경계하지 않았을 것이다. 한 고조 유방은 그래도 인재를 쓸 줄 아는 사람이었다.

그러나 인재를 쓰기도 전에 싹을 잘라버리는 경우가 있는데, 그러지 않기 위해서는 마음이 관대해져야 한다. 인재를 자르는 가장 큰 원인은 인재를 자신의 경쟁자로 생각하기 때문이다. 한비자韓非子를 죽인 것은 동문수학한 이사李斯였고, 귀곡자의 제자 손빈을 제거하고자 한 자 역시 동문수학한 제자 방연이었다. 이사는 한비자의 재능이 자신보다 뛰어나다는 것을 알고는 한비자가 등용되지 못하게 하려고 그를 무함했다. 손빈은 귀곡자의 제자 중 가장 뛰어난 인물이었는데 방연의 무함으로 다리가 잘린다. 방연 역시 손빈을 시기했던 것이다. 손빈은 후에 제나라의 장수가 되어 방연을 죽이고 복수한다.

이사의 말년은 또 어떠했나? 그는 환관 조고趙高와 결탁해 충신 몽염蒙恬까지 죽이지만 결국 조고에게 모함을 받아 참수당했다. 이사와 방연은 더 뛰어난 친구를 용납하지 못했다. 이렇게 그들은 저희술을 썼지만 모두 말로가 좋지 않았다. 저희를 남용하는 것은 시기심 때문이다. 저희의 방법을 쓰려고 한다면 자신이 시기심에 빠져 있지 않은지 꼭 한번 살펴야 한다.

나보다 더 뛰어난 사람을 보면 흠모하는 마음과 동시에 질투심과 견제하는 마음이 생기게 마련이다. 한 고조는 인재를 잘 등용하여 항우에게 승리했고, 이사는 진秦나라의 토대를 닦은 사람이었다. 그리고 방연은 위魏나라의 대장으로 연전연승의 명장이었다. 그토록 뛰어난 이들도 모두 같은 함정에 빠졌다. 특히 부하와 공을 다툴 마음이 있는 상사라면 책상머리에 이들의 고사를 써놓는 것도 한 방법이다.

"나보다 뛰어난 사람을 용인하라."

작은 틈을 크게 만든 무능함: 하진

다른 고사로 넘어가서 무능한 인간의 예를 보자. 후한後漢 말은 《삼국연의》의 배경이 되는 혼돈기다. 여기에 하진何進이라는 자가 등장한다. 하진은 자신과 권력을 다투던 환관을 제거하고자 지방의 제후들을 불러들인다. 그래서 결국 동탁董卓이 수도 낙양에 입성하고 바야흐로 군웅할거의 시대가 시작된다. 동탁을 끌어들인 하진은 작은 틈을 오히려 크게 만들어 후세의 웃음거리가 된 인물이다. 《삼국연의》에 나오는 장면 중에 조조의 개성을 알 수 있는 유명한 장면도 여기서 나온다.

이야기는 단순하다. 후한의 영제靈帝는 어리석어서 환관들의 손아귀에 놀아났다. 장양張讓을 비롯해 권력을 주무른 환관이 열 명이라 사람들은 '십상시十常侍'라 불렀다. 당시 하진은 누이동생이 영제의 총애를 받아 대장군이 되었는데, 결국 십상시와 권력을 다투게 된다. 그런데 하진은 능력 이상의 감투를 쓴 모양이다. 그는 십상시를 제거하려고 제후들을 끌어들이는 최하책을 쓴다. 궁정 암투의 달인인 환관을 상대로 외부의 군대를 동원하고자 한 어리석은 발상이었다. 귀곡자가 말한 저희는 이렇게 몰래 제거할 수 있는 작은 틈을 세상에 알려서 크게 하는 것이 아니다. 조조가 말하는 논리는 명쾌하다.

"환관이 없는 나라는 없습니다. 십상시가 농간을 부리면 우두머리만 죽이면 그뿐입니다. 동탁을 부르는 것은 이리를 잡으려 호랑이를 부르는 것과 같습니다. 그리고 환관들을 죽이려 하면서 일이 미리 탄로 나면 몸이 위태롭습니다."

과연 하진은 십상시에게 살해된다.

하진의 어리석음은 어디에 있는가? 우선 저희술을 쓰면서 자신을 드러냈다. 궁지에 몰린 쥐는 고양이를 무는 법이다. 또 하나는 대장군의 지위에 있으면서 지레 겁을 먹은 것이다. 쥐가 겁나서 수많은 몰이꾼을 불러 모으다가 이를 알아챈 쥐들에게 습격을 당해 죽은 꼴이다. 대장군이라는 좋은 지위를 두고 지레 겁을 먹고 남에게 의존하려 했으니 스스로 위엄이 생길 수가 없다. 오이를 자르려면 주방의 칼을 쓰면 될 뿐이지 헛간의 도끼를 휘두를 필요는 없다.

미봉책을 넘어 역발상으로: 영종, 여불위, 관중과 습붕

저희에 실패하는 또 하나의 원인은 미봉책의 유혹이다. 미봉책을 행하면 내부에서 틈이 더 커지는데 자신은 모르는 경우가 생긴다. 누구나 자신이 처한 어려운 상황에서 벗어나고 싶어 한다. 가장 쉽게 벗어나는 방법은 문제를 잊어버리는 것이다. 그러나 잊는다고 객관적인 상황이 바뀌지는 않는다. 혹은 어려운 순간에 미봉책으로 상대의 약속을 들어준 후 나중에 말을 바꾸는 경우도 있다. 오늘날과 같은 신용사회에서 이런 말바꾸기 미봉책을 자주 사용해 신뢰를 상실하면 재기가 불가능하다. 그렇다고 하더라도 미봉책의 유혹은 너무나 강하다. 당장 상황을 벗어나고자 하는 욕망이 크기 때문이다.

명나라 영종英宗이 바로 그런 잘못을 했다. 명나라는 중국 역사에서 보면 대외적으로는 미약한 국가였다. 흔히 서역이라고 불리는 지역은 일찌감치 포기했고, 북쪽의 유목민과 남쪽의 왜구를 다루는 데도 힘이 부쳤다. 어찌된 영문인지 이런 명나라가 몽골을 정벌한다고 대규모 원정을 실시한다. 이 황제가 바로 영종이다. 그런데 군사를 다룬 적이 없는 이 어리석은 황제는 역시 군사의 기본도 모르는 총애하는 환관 왕진王振의 말만 믿다가 산서성의 대동大同에서 몽골군에게 사로잡히고 만다. 몽골 수장 에센이 자신의 누이를 황제와 결혼시키려 하자 황제는 몸만 벗어날 요량으로 거짓 약속을 한다.

이런 것을 바로 미봉책이라고 한다. 그 후 명나라의 북쪽 변방은 조용한 날이 없었다. 무기력한 동시에 거짓말을 일삼는 중국 황제를 누가 신뢰하겠는가? 결국 무력으로도 당하지 못하고, 도덕적으로도 당하지 못했던 것이다. 어려움에 처했을 때 미봉책을 쓰면 오히려 틈이 더욱 커진다. 이런 것을 잔꾀라고 부른다. 저희는 치밀하게 계산된 행동이지 궁지에 몰려서 쓰는 잔꾀가 아니다.

분열의 싹을 없애는 것과 반대로 아주 크게 될 싹을 키우는 것도 일종의 적극적인 저희라고 할 수 있다. 여불위呂不韋는 진시황의 멘토였다. 훌륭한 멘토가 되어 좋은 싹을 심는 것도 저희의 한 방법이다. 여불위는 볼모로 온 진나라 왕자 정政에게서 황제의 싹을 보고 그를 키운다. 결국 진시황은 여불위라는 멘토에 기대어 탄생하게 된다.

마지막으로 귀곡자는 "저희를 잘 하기 위해서는 미세한 징후라도 살필 줄 알아야 한다"라고 강조한다. 관중과 습붕隰朋의 고사는 《한비자》에 나오는 유명한 이야기로 짧고 재미있다. 저희를 쓸 준비가 되어 있는지 알아보려면 관중과 습붕같이 세밀하게 관찰하는 능력이 있는지 살펴볼 필요가 있다.

관중과 습붕은 모두 제 환공을 보좌한 명신이다. 어느 날 환공이 관중과 습붕을 데리고 전쟁터로 나가 돌아오는 중에 길을 잃었다. 그때 관중이 늙은 말을 놓아 길을 찾고, 습붕이 개미집 옆을 파서 물을 얻었다. 이들은, 늙은 말은 자주 다닌 길을 잊지 않고, 겨울철에 개미는 물 근처에 집을 짓는다는 사실을 알고 있었던 것이다. 늙은 말과 개미까지 관찰할 수 있다면 틈도 미리 볼 수 있을 것이다. 《귀곡자》의 후편들에서도 이 세밀한 관찰을 계속 강조하는바, 세밀한 관찰이야말로 저희의 기초다.

*

원문 해석

사물에 자연이 있듯이 일에는 대세와 합치되는 것과 유리되는 것이 있다. 가까이 있어도 보지 못하는 것이 있고, 멀리 있어도 알 수 있는 경우가 있다. 가까이 있어도 보지 못하는 것은 상대방의 말을 제대로 살피지 않았기 때문이고, 멀리 있어도 알 수 있는 것은 옛일을 되돌아보아 미래를 미리 예측하기 때문이다.

희라는 것은 틈이니, 틈은 곧 아주 작은 금을 말한다. 작은 금이 커져서 큰 틈새가 된다. 틈이 시작될 때는 조짐이 있다. 이 조짐을 살펴서 틈을 미연에 막을 수도 있고, 막아 물리칠 수도 있고, 막아서 멈추게 할 수도 있고, 막아서 감출 수도 있고, 막아서 내 것으로 만들 수도 있다. 이것을 일러 틈새를 막는 방법, 즉 '저희'라고 부른다.

유독 성인이 사태의 위급함을 미리 알아채서 저희의 방법을 쓸 수 있는 이유는, 조화에 따라 일을 처리하여 지략에 통달했으므로 세밀하고 미묘한 것을 모두 알기 때문이다. 대체로 일이란 터럭발처럼 작은 곳에서 시작해서 태산의 뿌리를 휘두를 만큼 커지는 것이다. 싹을 미리 자르는 방책은 모두 저희에서 시작되니, 틈을 막는 것이 바로 최고의 술책이다. 천하가 혼란하고 갈라져 위로는 지혜로운 군주가 없고, 제후들이 도덕을 잃게 되었다. 그러자 소인배들이 도적이 되어 현인들은 쓰이지 못하고, 성인들은 숨어버리고, 모리배들이 거짓을 작당하니 군주와 신하가 서로 의혹을 품고, 국가의 기반이 와해되었다. 이리하여 서로 쏘고 베며, 아비와 아들이 갈라져 반목하게 되었다. 이것을 '틈새의 싹'이라고 부른다.

성인이 이 틈새의 싹을 보면 저희를 써서 막는데, 세상이 잘 다스려질 때는 틈을 미연에 막아 벌어지지 않게 하고, 잘 다스려지지 않으면 막아서 내 것으로 만드는데, 혹은 이렇게 막고 혹은 저렇게 막고, 혹은 막아서 되돌리고 혹은 막아서 뒤집는다. 오제의 정치는 미리 막아서 벌어지지 않게 한 것이고, 삼왕의 일은 막아서 자기 것으로 만든 것이었다. 지금 제후들이 서로 싸워대는 수를 헤아릴 수가 없는데, 이런 때에는 능히 상대를 막을 수 있는 자가 패자가 된다.

세상이 생긴 이래 반드시 틈새가 있었으니 잘 살피지 않을 수 없다. 틈을 살펴 열고 닫으며, 능히 저희의 도를 쓸 수 있는 사람이 바로 성인이다. 성인은 천지의 사자로, 세상의 틈을 막을 수 없으면 은일하여 때를 기다리고, 막을 수 있을 때는 지혜를 내니, 위로는 군주의 뜻과 합치하고, 아래로는 백성을 다스릴 수 있어서, 이치에 따라 움직이니 천지의 정신을 지킬 수 있었다.

物有自然, 事有合離. 有近而不可見, 遠而可知. 近而不可見者, 不察其辭也,
遠而可知者, 反往以驗來也.

巇者, 罅也. 罅者, 澗也. 澗者, 成大隙也. 巇始有朕, 可抵而塞, 可抵而卻, 可
抵而息, 可抵而匿, 可抵而得, 此謂抵巇之理也.

事之危也, 聖人知之. 獨保其用, 因化說事, 通達計謀, 以識細微. 經起秋毫
之末, 揮之於太山之本. 其施外, 兆萌牙蘗之謀, 皆由抵巇, 抵巇隙爲道術.

天下分錯, 上無明主, 公侯無道德, 則小人讒賊, 賢人不用, 聖人竄匿, 貪利詐
僞者作, 君臣相惑, 土崩瓦解, 而相伐射, 父子離散, 乖亂反目, 是謂萌牙巇罅.
聖人見萌牙巇罅, 則抵之以法. 世可以治, 則抵而塞之, 不可治, 則抵而得之.
或抵如此, 或抵如彼, 或抵反之, 或抵覆之. 五帝之政, 抵而塞之, 三王之事,
抵而得之. 諸侯相抵, 不可勝數, 當此之時, 能抵爲右.

自天地之合離終始, 必有巇隙, 不可不察也. 察之以捭闔, 能用此道, 聖人也.
聖人者, 天地之使也. 世無可抵, 則深隱而待時, 時有可抵, 則爲之謀. 可以上
合, 可以檢下, 能因能循, 爲天地守神.

3부

실행 단계

05

오합
대세를 살피고 방향을 결정하라

"내가 하늘에 무슨 죄를 지었기에 이 꼴이 되었는가? 아니다, 나는 죽어 마땅하다.
장평 싸움에서 조나라의 항복한 장졸 수십만을 속여서 묻어 버렸으니 죽어 마땅하다
[我何罪於天而至此哉, 我固當死. 長平之戰, 趙卒降者數十万人, 我詐而盡阬之, 是足以死]."
_ 진나라 장군 백기

귀곡자는 일을 성공시키는 다음 단계로 '오합忤合'을 내세운다. '오'는 '거
스른다', '배반한다'는 뜻이고, '합'은 '따른다', '함께한다'는 뜻이다. 오합
이라는 말에는 두 가지 의미가 있다. 하나는 어떤 사람과 함께하거나
헤어지는 것이고, 또 하나는 어떤 사태의 추이와 함께하든지 아니면 거
스르든지를 결정하는 것이다.

《귀곡자》에 대한 어떤 해설본들은 오합을 상황에 따라 합치거나 배반
하라는 말로 해석하는 경우도 있다. 그러나 이런 해석은 원문의 내용과

부합하지 않을 뿐 아니라 실제 일을 이루는 데 도움이 안 된다. 자신의 원칙과 입장에 근거해서 대세를 읽고 자신에게 유리한 판세를 만들어 방향을 결정한다는 뜻이지, 상황에 따라 기회주의적으로 입장과 방향을 바꾼다는 뜻이 아니다.

원문에 이윤伊尹과 강태공 여상呂尙이 나오는 이유도 마찬가지다. 이윤과 여상은 하나라 걸桀왕과 은나라 주왕의 폭정을 종식하고 선정을 베푼 사람들로 단지 상황에 따라 사람을 고르거나 등진 사람들이 아니다. 그들은 몇 번씩 군주를 바꾼 것이 아니라 여러 번 살펴본 후에 한 사람을 택해 자신의 뜻을 성취한 것이다.

그래서 오합이란 천시天時를 제대로 살펴 그 천시가 변하는 형세를 타고, 일단 그 형세를 탄 후에는 최선을 다하라는 내용이다. 일단 천시를 살피고, 그 천시에 자신이 부응할 수 있는지 자신의 능력을 살핀 후, 자신이 있을 때 방향을 정해서 일을 성취하라는 뜻이다. 뜻이 있고 능력도 있을 때, 또 상황을 자신에게 유리하게 끌고 갈 수 있을 때 바로 방향을 '비틀' 수 있다. 이것이 바로 거스른다는 '오'의 의미다.

반복된 관찰로 대세를 읽는다

우선 합치고 등을 돌리는 것에도 방법이 있다. 그 방법은 하늘의 큰 뜻, 즉 변화의 큰 물결을 말한다. 귀곡자는 이렇게 말한다.

성인이 세상에 나와 몸을 세우고 세상을 다스리고 교화하며 이름을 드높이는 이유는, 반드시 사물이 많이 모이는 것을 살펴서 천시가 적합한지 보고, 천시의 적합함을 근거로 일을 안 뒤에 그에 따라 자신이 변화하기 때문이다. 성인이 못 하는 것이 없고, 못 듣는 것이 없어서 일을 이루고 계책을 성공시키는 것은 천시를 따라서 함께 주인이 되었기 때문이다.

사물이 모이는 것을 살핀다는 것은 세력을 본다는 것이다. 이 말은 사실 세勢의 향방을 본다는 것으로, 귀곡자의 실리적인 계산법을 보여 준다. 천시는 어떤 도덕의 명命에 의한 것은 아니고, 실제로 벌어지고 있는 현상을 통해 관찰할 수 있는 것이라고 말한다.

자, 그렇다면 더욱 구체적으로 들어가서 대세는 어떻게 파악하는가? 물론 귀곡자는 도덕 선생이 아니라는 점을 염두에 두고 냉철하게 파악해 보자. 지금 이야기를 하고 있는 사람은 천하에 유세해서 패자를 세우려는 유세가, 부국강병을 이루기 위해 국가를 경영하는 재상, 가정을 이끌어 가문을 안녕하게 할 사람, 그리고 기량을 향상시켜 공업을 이루려는 개인이다. 귀곡자는 말한다.

오합의 방법을 천하에 쓸 때는 반드시 천하의 형세를 계량하여 이와 함께해야 하고, 나라에 적용할 때는 반드시 그 나라의 역량을 계량하여야 하며, 가정에 쓸 때는 가정의 역량을 계량하여야 하고, 자신에게 적용할 때는 스스로의 능력과 기세를 잘 재어본 후에 써야 한다.

크고 작음과 나아감과 물러섬에 그 방법은 모두 같으니, 반드시 먼저 깊이 생각한 후에 계략을 정하고, 계략을 정한 후에 비겸飛箝의 술을 이용하여 실행한다.

무슨 말인가? 귀곡자의 제자인 장의는 진나라가 육국을 병합할 능력이 있다고 보아 진을 위해 유세했고, 결국 진은 육국을 병합했다. 장의가 천하통일의 대세를 제대로 읽은 것은 분명하다.

반면 초楚나라 재상 굴원屈原은 장의를 물리치고 진나라에 대항해야 한다고 주장하다가 결국 축출되어 멱라수에 몸을 던져 죽는다. 그는 오합에 실패한 사람이라고 할 수도 있다. 그러나 초나라는 굴원을 버리고 장의를 택하면서 멸망했다. 전국시대 한때 제후들의 패자로 군림했던 초나라가 멸망한 이유는 오합의 방법을 나라에 제대로 적용하지 못했기 때문이다. 굴원은 나라가 존립하기 위해서는 진을 멀리하고[忤] 제나라와 힘을 합쳐야[合] 한다고 주장했다. 초나라와 육국의 생존이라는 면에서 보면 굴원도 오합을 제대로 아는 사람이었다.

여기서 짚어볼 점은 굴원과 장의는 서로 다른 목적을 가지고 있었지만 둘 다 천하의 정세를 제대로 파악하고 있었다는 점이다. 단지 굴원은 초나라의 왕족과 같은 성을 쓰는 명망가로서 초나라와 운명을 함께할 수밖에 없었지만 장의는 달랐다. 장의는 천하의 대세를 읽는 동시에 자신을 써줄 사람을 찾아다니는 이른바 유세객으로 오합을 자신의 출세와 잘 연결시켰다. 장의가 조국의 명운보다 개인의 영욕을 앞세웠다는 면에서 후세 사람들로부터 굴원만 한 평가를 못 받는 이유는 이해할 만하지만, 장의는 굴원과 같은 배경이 없는 사람으로서 오직 자신의 능력에만 의존했다는 점을 감안할 필요가 있다. 이 점이 오늘날 자신의 능력으로 일을 성취하려는 대다수의 사람과 닮았다.

"가정에 쓸 때는 가정의 역량을 잘 계량해야 한다"라는 말은 무엇인가? 이 말은 난세를 거친 중국의 독특한 경험을 집약한 말이다. 땅이 넓은 중국에서는 지방 세력인 호족과 중앙의 정부 세력이 항상 공존할 수밖에 없었다. 호족이란 간단히 말해 지방의 대가문을 말하는데, 특히 왕조 교체기에는 어느 줄에 서느냐에 따라 가문의 운명이 좌우되었다. 까딱 줄을 잘못 서면 집안이 송두리째 망할 수도 있었다. 그래서 가정의 역량을 살피라는 것이다.

이제 난마처럼 얽혀 있는 오합의 바다와 같은 진秦과 조趙의 장평長平 대전의 현장으로 가보자. 진에 대항한 육국의 대표주자인 조나라의 명장 염파廉頗의 운명을 보면 오합의 깊은 의미를 되새길 수 있다. 개인사의 오합과 국가의 오합, 또 국제관계의 오합은 참으로 일치하기 어렵다. 개인이든 국가든 대세를 거스르기는 쉽지 않다. 만약 어쩔 수 없이 대세에 저항해야 한다면 상대보다 몇 배의 노력이 필요하다.

가라앉는 배를 탄 명장: 염파

천시와 함께하여 주인이 된 예는 이미 앞 장에서 강태공과 명재상 이윤의 이야기를 통해 간단히 살펴보았다. 이제 오합의 의미를 더 구체적으로 살펴보기 위해 전국시대의 싸움터로 들어가 보자.

진나라가 전국을 통일하기 전까지 열국 간에 얼마나 잔인한 싸움이 있었는지는 상상조차 할 수 없다. 역사 유적 발굴이 본격적으로 진행되기 전까지 역사가들도 수십만이 죽었다는 전쟁 기록을 믿지 않았다. 그러나 전국시대 말기에는 진나라가 주도하는 섬멸전이 공공연히 자행되었음이 유적 발굴을 통해 고스란히 드러나고 있다. 그 싸움들 중 전국시대 최대의 싸움이자 진나라의 통일을 결정짓는 싸움이 있었으니, 바로 당시 중원의 양대 세력이었던 진과 조의 장평대전이다. 이 싸움은 정말 끔찍한 대살육전이었다. 어리석은 주인을 섬긴 사람들이 얼마나 불쌍한 운명을 맞게 되는지 죽음으로 알려준 예이고, 신의 없는 자들의 말에 속은 사람들이 얼마나 불쌍한 결말을 맞는지 알려주는 사례다. 큰 흐름을 잘못 탄다는 것은 그토록 위험한 것이다.

강태공과 이윤은 뛰어난 주인을 만나 왕도를 이루었으나, 명재상 인상여藺相如와 불세출의 명장 염파는 어리석은 주인이 국가를 버리는 것을 막지 못했다. 이윤과 강태공은 귀의함에 추호의 의심도 없었고, 문왕과 탕왕은 인재를 쓰는 데 역시 추호의 의심을 두지 않았다. 그러나 염파의 주군인 조나라의 효성왕孝成王은 그런 안목이 없었던 것 같다.

장평대전은 기원전 260년에 벌어진 전쟁이다. 그 후 40년도 안 되어 진이 천하를 통일하는데, 정사의 기록에 의하면 진나라 장군 백기白起는 항복한 조나라의 45만 장병을 생매장했다고 한다. 정확한 기록인지 알 수는 없지만 중국에서 최근에 발굴된 전쟁터의 유해 더미를 보면 완전히 틀린 말은 아닌 것 같다. 45만의 대군이 어떻게 해서 몰살을 당하고 말았는지, 그리고 그 몰살이 오합과 무슨 관계가 있는지 파헤쳐보자.

장평대전은 아주 고전적인 포위 전술을 사용했다. 사건의 경위는 이렇다. 기원전 3세기 중엽, 진의 강병들은 이웃한 나라들을 연일 강타하고 있었다. 진이 한韓을 공격하여 나라를 남북으로 두 동강 내자, 북쪽 한나라의 상당군上黨郡 태수는 진나라에 항복하지 않고 오히려 진의 맞수인 조나라에 성을 바친다. 육국이 힘을 합쳐 진에 대항한다는 합종의 기본 전략을 지킨 것이다. 그런데 이것이 빌미가 되어 상당군을 차지하기 위해 진과 조가 대군을 장평에 배치한다.

그림 〈장평대전〉에서 알 수 있듯이 장평은 남북으로 뻗은 하나의 계곡인데 동쪽으로는 태행산이 있고, 서쪽에도 그에 못지않은 산맥이 뻗

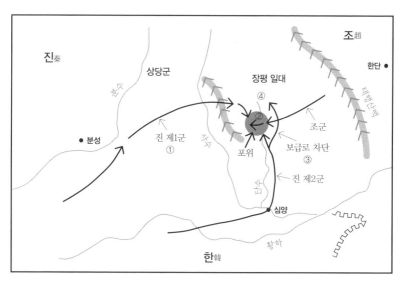

〈장평대전〉
① 진 제1군과 조군 대치(염파 지휘 시기)
② 조군이 거짓으로 패한 진군 추격, 단수를 넘음(조괄 지휘 시기)
③ 진 제2군의 일부가 보급로 차단, 진1·2군이 조군을 포위
④ 진군의 기병이 조군을 대패, 45만의 대군이 생매장을 당함

어 있다. 일단 염파는 진군의 예봉에 놀라 수비 작전을 벌인다. 두 나라의 군대가 단수를 사이에 두고 대치하고 있는데, 단수를 건너는 쪽이 패배할 가능성이 높아진다. 사실 이 전투는 태행산을 넘어온 조군에게 처음부터 불리하게 되어 있었다. 진군은 계곡을 통해 들어왔기 때문에 산을 넘어 양식을 보급하는 조군보다 유리했다. 그러나 진군의 주력이 먼저 단수를 넘는다면 조군이 유리할 수도 있었다. 낮은 곳에서 높은 곳을 공격해야 할 뿐 아니라, 물을 건너는 순간 보급선이 끊어지기 쉽기 때문이다. 진나라의 장군 백기는 용병의 명수라 절대 악수를 쓰지 않는다.

조나라의 명장 염파도 자신의 위치에서 보루를 지킬 뿐 앞으로 나오지 않았다. 염파의 상대인 백기는 무패의 용장이고, 진나라 병사들은 군공에 물불을 가리지 않기 때문에 적진으로 뛰어들어 정면대결을 하기는 어려웠다. 그런데 진나라는 염파를 실각시키는 것이 이러한 대치 상황을 타개할 수 있는 방안이라 생각하고 조나라에 첩자를 파견하여 이런 소문을 퍼트린다.

"진나라는 오직 조사趙奢의 아들 조괄趙括이 대장에 오르는 것을 두려워한다."

조사라면 이전에 진군을 대패시킨 대장인데 그는 이미 죽고 없었다. 그런데 그 아들이 아버지의 명성을 등에 업고 이름이 좀 나 있었던 것이다. 효성왕은 이 소문만을 믿고 염파를 불러들이고 조괄에게 대군을 지휘하게 한다.

이에 명재상 인상여는 극구 반대한다. 인상여는 병으로 누워 있으면서도, "조괄은 부친이 남겨놓은 병서만 읽었을 뿐 실전은 전혀 모르는 자입니다"라고 극력 만류했다. 그리고 조괄의 어머니 또한 조사가 생전에 조괄은 대장이 될 그릇이 아니라고 말한 사실을 들어 반대한다. 조사는 생전에 "군사의 일은 수많은 사람의 목숨이 달린 것이다. 괄은 군사를 너무 쉽게 생각한다. 괄이 조나라의 군사를 지휘하면 꼭 패배하게 될 것이다"라고 말했다고 한다. 어머니는 괄이 탐욕스럽고 사람을 부리지 못함을 누차 강조하지만 효성왕은 진나라에서 퍼트린 거짓 소문만을 믿고 조괄을 대장군으로 등용한다.

백기는 조괄이 대장군으로 임명되자 작은 싸움에서 거짓으로 패해 조나라 군대를 유인한다. 조나라 군대가 단수를 건너 추격하자 이미 준비한 별동대가 조군의 보급로를 끊어버린다. 태행산의 계곡을 따라 난 좁은 보급로가 끊기고 계곡의 앞뒤가 막히자 조나라의 대군은 독 안에 든 쥐가 되고 만다. 조괄은 결전을 위해 진격하지만 진군은 유리한 위치에서 기다리다 조괄을 죽인다. 그러자 나머지 조군은 모두 항복하고 만다. 그러나 진의 장수 백기는 조나라의 수많은 병력이 반란을 일으킬까 두려웠다. 그래서 그들을 속여서 모두 생매장하고 말았다. 사서에는 그 수가 무려 40만이 넘는다고 하는데, 장평 싸움터에서 실제로 대규모의 전사자 유골이 발굴되고 있다.

그 후 염파는 재등용되지만 효성왕이 죽고 도양왕悼襄王이 즉위하자 다시 실권하고 위魏나라와 초나라를 떠돌다 죽었다. 염파는 진나라에 대항하여 육국을 방비할 능력이 있는 유일한 사람이었지만, 주군에게 버림받아 타향에서 불귀의 객이 된 것이다.

역사가들은 천하의 대세가 장평대전에서 갈렸다고 한다. 그런데 그 주인공들은 승자든 패자든 모두 말로가 좋지 않았다. 그들은 왜 그런 선택을 했으며, 오합의 도리는 어떻게 적용되었는가?

당시 조나라에는 인상여, 염파, 조사 등 뛰어난 신하들이 있어서 진나라가 감히 들어오지 못하고 있었다. 조나라는 동으로 제濟나라, 남으로 위나라를 압박했으며 대장군 조사는 연여閼與에서 당시 최강인 진나라 군대를 대파했다.

염파와 인상여의 문경지교刎頸之交의 고사도 바로 이 시기를 배경으로 한다. 일생을 전장에서 보낸 염파다. 그런데 인상여가 '화씨의 옥'을 그야말로 완벽하게 가지고 온 것을 기화로 승승장구하자 염파는 부아가 끓어 오른다. 그래서 그를 욕보이려 한다. 그러나 인상여는 두 마리의 호랑이가 싸우면 모두 온전할 수 없으니 진나라에 의해 국가가 망하게 된다고 의연하게 대답하며 염파를 피한다. 염파는 인상여의 도량에 감동하여 가시를 어깨에 지고 가서 사죄를 하는데, 이로 인해 두 사람이 죽음을 함께해도 변하지 않는 우정을 쌓았다는 이야기다.

하지만 염파는 처세에는 서툰 사람이었다. 한때 장평의 싸움에서 병권을 잃자 식객이 모두 떠났다. 그런데 병권을 되찾자 그의 집에 식객들이 다시 찾아들었다. 염파는 분개하여 식객을 모두 물리치라고 말한다. 그때 한 식객이 말한다.

"아! 장군께서는 어찌 그리 세속의 일에 느리십니까? 대저 천하는 시장처럼 교제를 합니다. 장군께서 권세가 있을 때는 내가 와서 따랐고, 권세를 잃으니 떠났습니다. 이것은 세상의 정한 이치인데 어찌 그것을 원망하시나요?"

용병에서는 인정을 받았던 염파지만 세상 인정의 돌아감에는 무감했던 모양이다. 군권을 빼앗기고 위나라로 망명을 하는데 위나라가 그를 쓸 이유는 없었다. 자고로 밀려나서 재기하기는 어려운 법이다. 그는 결국 초나라에서 쓸쓸하게 죽는데, 그가 죽은 지 얼마 안 되어 진나라는 육국을 병합하고 천하를 통일한다.

전국시대에 뛰어난 장수들의 운명은 비슷하다. 지나치게 공이 뛰어나고, 세력이 커지면 제거되는 것이다. 일 년이 채 못 가 배신이 난무하는 전국의 혼란 속에서 안이든 밖이든 세력이 커지는 것을 용납하지 못하는 것이 당시 군주들의 속성이었다. 그 가운데서도 하수下手들이 바로 조나라의 군주들로, 부하 장수가 전장에서 공을 세우면 오히려 그를 내치는 방법을 썼으니 군주와 신하들의 마음이 이반될 수밖에 없었다. 이런 군주에게 출사를 하면 결과가 좋지 않은 것은 어찌 보면 당연하다.

다시 귀곡자의 말로 돌아가서 천하의 형세와 조나라가 어떻게 오합에 실패했는지 살펴보자. 조나라는 진나라에 대항하면서 항상 인접한 위魏, 제濟, 연燕나라와 싸움을 벌였다. 조나라는 흉노와 접경하고 있기에 흉노의 남진 또한 막아야 했다. 그런데도 진나라와 싸우다가 틈만 있으면 인접국들과 싸움을 벌인 것은 이미 합종의 큰 계책이 깨졌기 때문이다. 합종의 틀을 복원하지 않고 군사강국 진에 대항한다는 것은 거의 불가능했다. 힘을 합치려면 오랜 신뢰가 필요한데, 무려 여섯 개의 동상이몽을 가진 나라가 어떻게 힘을 합칠 수 있었겠는가?

진은 남쪽으로 초, 동쪽으로 위, 한, 조를 모두 적으로 두고도 전쟁에서 연승했다. 그 이유는 진의 군대는 육국을 병탄할 목적을 명확히 가지고 있었으나, 육국은 서로 눈치를 보면서 당할 때만 서로 돕는 수동적인 위치에 있었기 때문이다. 그래서 육국은 강력한 진에 맞서 강화를 할 것인가, 대항을 할 것인가만을 매번 고민했다. 싸움에 지면 고민이 깊어져 강화파가 득세하고, 싸움에 이기면 대항파가 득세하는 것이 육국의 형편이었다.

육국의 입장에서 수성을 하려면 장평대전을 이렇게 끌고 나가야 했다. 우선 태행산을 경계로 진나라가 상당군을 공략하지 못하도록 경계하고, 진나라의 주력 부대를 묶어둔다. 그런 후 한과 위의 연합군이 진군의 동진을 막으면서 태행산의 남서면에서 북상을 하면 진군은 상당군을 포기했을 것이다. 당시에 한나라는 진에 패배해서 대항할 힘이 없었고, 위나라와 조나라의 연합군도 진나라에 패배를 거듭했기 때문에 세 나라 중 두 나라의 힘만으로는 진에 대항할 수가 없었다. 그래서 세 나라가 힘을 합쳐야 진나라를 저지하는 것이 가능했다. 이때 초나라가 진나라의 중심지인 함양으로 군대를 이동시킨다면 진의 주력군은 장평에 갇혀서 꼼짝 못했을 것이다. 그러면 조나라가 상당군을 차지하게 되고 진나라는 동진을 멈출 수밖에 없게 된다.

그러나 당시 일을 이렇게 복잡하게 꾸미기는 사실상 불가능했다. 애초에 조나라가 사해四海와 협력하고 제후들을 끌어안는 행동을 보여주지 못했기 때문이다. 조나라는 서쪽의 진에 대항하기에 앞서 항상 먼저 연나라와 제나라를 견제하고 틈만 나면 영토를 병합하려고 했다. 그리고 초나라가 진나라를 견제하기 위해서는 제나라와 강화를 해야 하는

데, 굴원이 멱라수에 빠져 죽은 이유는 제나라와의 강화파가 실각했기 때문이 아닌가? 강한 초나라도 진나라 혼자서 주변국을 그렇게 무서운 속도로 병탄할 수 있다고는 미리 예측하지 못한 것이다. 그런 상황에서 초나라가 조나라의 도움이 될 수가 없었다.

전국시대는 마치 난마처럼 얽혀 있는데, 그 관계를 분석하다 보면 정신이 어지러울 지경이다. 그 틈바구니에서 오직 진나라만이 강국의 일념으로 진격의 고삐를 늦추지 않았다. 소진으로 대표되는 합종의 대계는 이미 빛을 잃은 것이다. 장평대전은 그 결과다. 이런 것이 천하의 대세가 아닐까? 그리고 염파는 그 최후의 희생자다. 염파가 죽은 것은 크게는 육국이 오합의 기본을 무시했기 때문이고, 작게는 조나라의 어리석은 군주가 오합의 기본을 몰랐기 때문이다. 결국 염파는 가라앉는 배를 탄 셈이다. 최선을 다한 고지식한 염파를 나무랄 수는 없지만, 오합의 기초를 망각한 조나라와 그 군주들은 45만 명의 몰살에 대해 책임을 져야 하지 않을까?

원칙과 명분이 중요하다

귀곡자는 천시라는 말을 쓴다. 강태공과 이윤은 천시를 탄 사람이다. 대세는 무엇이고 천시는 무엇인가? 귀곡자는 말한다.

성인의 수준에 도달하지 않으면 세상을 다스릴 수 없고, 각고로 노심초사하지 않으면 일의 근본을 알 수가 없고, 상대의 본심을 전력해서 살피지 못하면 이름을 이룰 수 없으며, 나의 자질이 지혜롭지 않으면 군대를 쓸 수 없고, 진정으로 충실하지 못하면 상대방을 알 수가 없다.

위의 말은 오합을 할 때의 개인적 윤리를 말한 것이다. 각고로 노력하여 일이 진행되는 방향을 파악하고, 전심을 다해 사람과 일에 임하라는 것이다. 그래서 임했으면 함께하는 사람, 그리고 하고 있는 일과 한 몸이 되라는 말이다. 한마디로 일을 이루는 것은 결국 자신의 기량과 성실함에 달려 있다는 말이기도 하다.

오합은 가장 큰 일, 즉 천하를 통합한 사람들에 관한 이야기다. 천하를 통일한 사람들은 일단 많은 사람을 끌어안은 뒤, 그 세력으로 형세에 따라 움직였다. 다시 귀곡자는 말한다.

그러니 이윤이 탕왕에게 다섯 번 나가고 걸왕에게 다섯 번 나간 후 탕왕을 섬기고, 여상(강태공)이 문왕에게 세 번 나가고 은나라를 세 번 들어간 후에 은나라를 밝게 할 수 없음을 알고, 연후에 주 문왕을 섬겼는데, 이는 천명이 명확히 정해준 것을 알고 한 것이니, 상대와 합침에 추호의 의심도 없었던 것이다.

이윤과 강태공이 상황만 보고 입장과 태도를 바꾼 기회주의자였을까? 많은 이설이 있지만 사서에 의하면 이윤은 그를 등용한 탕왕이 하나라의 폭군 걸에게 보낸 현자다. 그러나 걸왕이 이윤의 말에 관심이 없었기 때문에 할 수 없이 말을 접고 되돌아와야 했다. 이윤과 강태공은 하나라와 은나라를 밝게 할 수 없다는 것, 즉 교화할 수 없다는 것을 깨닫고 희망을 버린 것이다. 그래서 이윤이 탕왕을 도와 하나라를 멸하고, 강태공이 문왕과 무왕을 도와 은나라를 멸했던 것이다. 오합은 세력과 연관이 있지만 또한 천하 사람들이 바르다고 생각하는 것, 즉 윤리성과 깊은 관련이 있다. 이윤과 강태공이 하나라와 은나라를 바로잡기 위해 노력하지 않고 역성혁명을 주도했다면 그만큼 큰 세를 규합하지 못했을 것이다.

즉 천시는 대세와 윤리가 합쳐진 것이다. 오합이란 이렇게 큰 흐름을 읽는 눈, 개인의 명철한 기준, 그리고 자신의 능력에 대한 정확한 인식이 어우러진 것으로 결코 시류에 기회주의적으로 영합하라는 뜻이 아니다. 보통 천시와 대비되는 뜻으로 시류라는 말을 쓴다. 시류야 아침저녁이 다르지만 천시는 그런 것이 아니다.

이윤이 당시 탕왕의 부탁을 세 번이나 거절한 것은 '오합'의 시기가 무르익었는지 다시 숙고하고, 또 자신의 실력이 하나라를 거슬러 새 세상을 만들 정도에 미치는지 걱정했기 때문이다. 결국 이윤은 천시를 파악하여 천도天道를 거스르는 걸왕에 대항하기로 마음을 먹고 탕왕과 합하여 은나라를 건국하는 대업을 이루게 되는데, 이 둘은 한 번 합하자 서로 흩어지는 일이 없었다.

결국 천시를 안다는 말은 최종의 승자가 누가 되는지를 예상한다는 말이지 강해 보이는 세력에 빌붙는다는 뜻이 아니다. 짐승도 세력이 무엇인지 아는데 아무리 우둔한 사람이라도 세력의 강약을 모르겠는가?

그냥 세력의 강약을 따라간다면 열심히 계획을 세우고, 지혜를 갈고닦을 필요도 없다. 귀곡자가 경계하는 인간이 그렇게 주동하지 못하고 따라가는 인간이다. 반면 주동하는 인간은 원칙과 명분을 갖고 보이는 것과 보이지 않는 것을 함께 보면서 세력을 자신에게 유리하도록 일을 만드는 사람이다.

천륜을 어긴 자의 운명: 백기

그럼 육국과 무려 수십여 회를 싸워 무패의 전적을 자랑하며, 진나라 천하통일의 기틀을 닦은 명장 백기의 운명은 어떻게 되었을까?

전장에서 무패를 자랑한 그도 조나라의 이간계에 걸려 결국 죽임을 당한다. 장평대전에서 수많은 장병을 잃은 조나라와 백기에게 전국을 유린당하고 황하 이북 땅을 빼앗긴 한나라는 진나라 재상 응후應侯에게 소대蘇代라는 첩자를 보내서 그를 매수하고 백기를 모함했다. 그는 이렇게 말한다.

"백기는 70여 성을 함락시키고 조나라 40만 대군을 전멸시켰습니다. 그의 공이 주공周公, 소공召公, 강태공보다 크니 곧 삼공三公에 오를 것입니다."

이에 재상 응후는 백기를 제거할 마음을 먹고 백기에게 조나라 수도 한단을 당장 공략하라는 왕명을 내린다. 하지만 한단은 태행산맥을 왼쪽에 두고 남으로는 황하를 둔 요충으로 승세를 타고 있지 않으면 공략하기 어려웠다. 고지식한 야전 사령관이 부하들을 죽음으로 내몰 게 뻔한 공격 명령을 따를 수는 없었다. 그는 병을 핑계로 왕명을 듣지 않는다. 결국 그는 군권을 빼앗기고 자결하라는 명을 받는다. 사실 백기의 죄라면 공이 너무 커서 진왕을 넘어선 것뿐이다.

백기가 죽을 때 이렇게 말했다고 한다.

"내가 하늘에 무슨 죄를 지었기에 이 꼴이 되었는가?"

한참을 기다린 후 스스로 대답하기를, "나는 당연히 죽어야 한다. 장평 싸움에서 조나라의 항복한 장졸 수십만을 속여서 묻어버렸으니 이로 인해 죽어 마땅하다"라고 말하고는 자결했다고 한다. 백기를 죽인 것은 바로 인상여를 속여 옥을 가로채려던 진나라 소왕昭王이었다. 당시 진 소왕은 자신을 위해 전장을 누비며 대살육극을 펼친 명장을 죽인 것이다.

그럼 백기는 오합에 성공했다고 할 수 있을까? 그것은 보는 사람에 따라 다르다. 진나라의 천하통일 전쟁의 입장에서는 오합에 성공했다. 그러나 개인사의 입장에서는 실패했다. 그러나 한 가지는 명확하다. 천륜은 천시의 근본이다. 이윤과 강태공이 무왕과 탕왕을 도운 것에는 대의가 있었다. 백기가 전쟁을 승리로 이끈 것은 장수로서 당연한 일이었지만, 육국의 장졸들을 무참하게 도륙한 것은 적을 궤멸시키기 위한 것이지 대의가 있었던 것은 아니다. 그토록 많은 사람을 죽인 것은 천지의 바른 도리를 거스른[忤] 것이었으니 그 또한 무사할 수 없었다. 백기에 의해 도륙당한 사람들이 원한을 이기지 못해 저승사자를 보냈으니, 큰 도리를 거스른 죄를 하늘이 물어 백기를 죽였다고 해도 과언이 아니다.

염파와 백기는 모두 죽었다. 염파는 어리석은 군주를 섬겼고, 백기는 잔인한 군주를 섬겼다. 염파는 전쟁의 흐름을 알았지만 주위 사람들과

쓸데없이 부딪쳐서[叶] 몸을 보존하지 못했고, 백기는 천하의 대세를 탔지만[合] 천륜을 거슬러[叶] 비극적인 최후를 맞았다. 오합이란 이런 것이다.

주도하는 판세를 만들어라

이제 오합의 의미는 분명해졌다. 그래도 조심스러운 귀곡자는 오합의 전제를 덧붙인다. 바로 "너 자신을 알라"는 것이다. 자신이 주도하여 일을 하라는 뜻이다.

그래서 오합의 도는 반드시 자신의 재능과 지예智叡를 먼저 알고, 누가 능력이 나보다 못한지 알아야 한다. 이런 후에 나아갈 수도 물러설 수도 있으며, 종으로 갈 수도 있고 횡으로 갈 수도 있는 것이다.

오합의 진짜 목적은 일을 마음대로 제어해서 일을 성공시키는 것이다. 자신과 주변의 상황을 먼저 파악하여 상황에 휘둘리지 않고, 동서남북으로 자유롭게 움직이며 일을 주도하는 것이 오합이다. 내부적으로 오합을 잘 해야 하는 이유는 앞서 이야기한 육국의 예처럼 서로 뜻이 다른 상황에서 함께 무언가를 도모하면 결국 일은 틀어지기 때문이다. 나의 뜻과 그의 뜻이 다른데 어디까지 함께할 수 있겠는가? 형세와 대세를 거스르면 너무 힘이 들어서 종국에는 꺾이기 십상이다. 귀곡자는 말한다.

옛날에 대세를 잘 읽어 방향을 잘 잡는 사람은 우선 온 세상과 협력하고, 제후들을 끌어안고, 등을 돌리고 합칠 곳의 형세에 따라 상대의 변화를 시도한 후, 그런 연후에 합쳤다.

대세는 누가 읽는가? 바로 내가 주도적으로 읽는 것이다. 누가 제후들을 끌어안는가? 내가 제후들을 규합하는 것이다. 누가 상대의 변화를 시도하는가? 내가 상대를 바꾸려고 노력하는 것이다. 그런 후에 내가 방향을 바꾼다고 하더라도 누가 나를 비난할 수 있을 것인가? 온 세상과 협력한다는 것은 천하의 여론을 수렴한다는 뜻이고, 제후들을 끌어안는다는 것은 일을 이룰 세력을 넓혀가는 것이고, 형세에 따라 상대의 변화를 시도한다는 것은 올바른 방향 제시를 통해 도덕적인 명분을 쌓는다는 것이다. 그런 후에 오합을 하는 것이다.

다시 말해 내가 판을 짠 후에 도덕적인 명분까지 갖추고서야 비로소 일을 시작하는 것이 귀곡자가 말하는 오합이다. 흔히 '철새 정치인'이라는 말을 많이 한다. 그런 사람이 오합을 잘 하는 사람처럼 보이지만 사실은 그 반대다. 온 세상의 여론이 그 사람과 같이하는가? 또 그 사람이 주위의 세력을 포용했는가? 또 그 사람이 명분을 축적했는가? 그렇지 않다면 그는 오합에 실패한 것이다.

먼저 자신의 역량을 알라는 것도 마찬가지다. 역량을 과대평가하면 위험에 빠지고, 과소평가하면 아무 일도 할 수 없다. 귀곡자는 끊임없이 자신을 먼저 알라고 한다. 자신을 먼저 아는 것이 일을 주도하는 기본이기 때문이다. 자신의 능력을 알고 또 도덕적인 명분을 갖춘 상태라면 천하의 형세를 거스를 때도 생긴다. 그럴 경우에는 자신이 처한 한계 내에서 최대한 오합을 적용하면 될 것이다.

예컨대 당신이 조직의 책임자라고 하자. 당신의 실력은 이미 검증돼서 경쟁 기업들의 스카우트 대상이다. 그런데 시장 상황이 점점 나빠져 조직이 어려움에 처해 있다. 그럴 때 당신은 어떻게 할 것인가? 자신이 이끌고 있는 조직을 빠져나가 경쟁사로 갈 것인가, 아니면 조직을 위해 최선을 다할 것인가? 대부분의 사람은 이런 한계조건 속에서 오합을 결정한다. 약 1,800년 전의 뛰어난 CEO 제갈량이 처한 환경이 바로 그랬다.

수세에서 공세로 전환하기 위한 노력: 제갈량

전국시대 이래 천하의 대세는 황하 중하류와 장강 중하류 두 세력의 각축이었다. 이 두 세력을 대표하는 것이 바로 조조의 위나라와 손권의 오나라다. 거기에 어렵사리 낀 세력이 바로 제갈량과 유비의 촉이었다. 촉나라는 시작부터 약했다. 천하삼분지계로 유비가 촉 땅에 들어온 이유는 촉 땅이 안전했기 때문이지 천하의 중심이기 때문은 아니었다. 제갈량이 본 오합의 형세는 이렇다.

> 하나, 촉나라는 가장 약하기 때문에 오나라와 손을 잡고[合] 위나라에 대항[忤]한다.
> 둘, 화북으로 나가는 길은 한중漢中이고 황하와 장강 사이의 곡창으로 나가는 길은 형주荊州이기 때문에 형주와 한중은 절대 사수한다.

셋, 근거지인 촉을 강하게 하기 위해 운남의 곡창을 선점한다.

그런데 실제 상황은 어떻게 돌아갔는가? 관우는 형주에서 자신의 무력을 과신해 오나라와 화해하지 못하고 결국 오나라에 패한다. 그리하여 제갈량의 천하경영의 두 번째 전제조건이 무너졌다. 바로 장강을 통해 중원으로 나가는 길목을 차단당한 것이다. 관우가 죽자 유비는 오와 완전히 단절하고 대규모 전쟁을 벌여 국력을 소진시킨다. 그래서 오와 연합해 위를 친다는 첫 번째 전제조건이 위협을 받는다. 성공한 것은 맹획孟獲을 일곱 번 잡았다 일곱 번 놓아주었다는 칠종칠금七縱七擒의 고사를 남긴 제갈량의 운남 평정뿐이다.

대체로 강한 나라는 수도에 군대가 집중되어 있다. 진나라가 육국을 병합했던 근거지는 함양咸陽(오늘날 서안 부근)이다. 함양은 동서남북에서 모두 공격을 받을 수 있지만 또한 동서남북을 모두 공략할 수도 있다. 그런데 사천은 북쪽의 검각과 동쪽으로 장강의 물길을 따라 난 길만 막으면 된다고 생각했기 때문에 수도의 황제는 유약해지기 쉬웠다. 결국 나오지 못하면 왕조는 반드시 질식할 형국이었다. 천하는 급변하고 있는데 촉나라만 정체되었던 것이다.

이제 제갈량이 촉 땅을 벗어나려 했던 이유가 명확해진다. 이미 천하경영의 조건이 바뀐 상황에서 촉 땅에서 힘을 키워 장기전으로 중원을 공략한다는 것은 거의 불가능하다. 한 고조 유방이 촉 땅으로 도피를 하면서도 재빨리 역습을 감행한 것은 촉에 들어가면 신하와 군사들의 마음이 바뀔 것이라는 점을 잘 알고 있었기 때문이다.

이제 〈후출사표後出師表〉의 명문장을 요약하면서 수세적인 상황에서 공세로 전환하기 위한 제갈량의 노력을 살펴보자. 이것이 일반적인 형세를 거스르면서도 역사에 이름을 남긴 제갈량식의 오합이다.

• 천하의 객관적 정세: 적은 강하고 우리는 약하다

"선제께서 신에게 역적을 칠 것을 당부하셨습니다. 밝으신 선제께서는 저의 재주를 헤아리시어 제가 적을 치려 하나 제 능력은 부족하고 적은 강함을 익히 알고 계셨습니다."

• 촉의 흥망의 정세: 공세로 전환하지 않으면 망한다

"그러나 적을 치지 않으면 왕업이 망하는데 어찌 일어나 치지 않고 가만히 망하기를 기다리겠습니까? 이것이 선제께서 적을 치라고 부탁한 이유입니다."

• 공세를 위한 사전 작업: 후방을 안정시켰다

"북을 치려면 의당 남쪽을 먼저 평정해야 하기에 지난 5월에는 노수를 건너 불모의 땅으로 깊이 들어갔습니다."

• 기다릴 수 없는 이유

1. 시기:
"이제 적은 서쪽에서 지친데다 동쪽에다 힘을 쏟아붓고 있습니다. 병법에 적의 고됨을 이용하라 했으니 지금이 밀고 나갈 때입니다."

2. 인력과 전투력:

"지금 폐하의 능력은 고제(유방)에 미치지 못하고 신하의 지략도 장량張良, 진평만 못합니다. 그런데 장책長策(장기전)으로 이기고, 앉아서 천하를 평정하고자 합니다. 이것은 신이 이해할 수 없는 첫 번째 일입니다."

"신이 한중에 온 지 한 해가 안 되어 뛰어난 각 지위의 장수 70명을 잃었습니다. 다시 몇 년을 보내면 셋 중 둘은 잃을 것인데 그때는 어떻게 적을 도모하겠습니까."

3. 가능성:

"그토록 뛰어난 조조도 남양, 오소, 여양, 북산, 동관, 기련에서 패배한 후에 가까스로 잠시 거짓 평정을 이루었을 뿐입니다."

"(조조가 유비를 패주시킨 후 이미 천하를 얻었다고 득의양양할 때) 선제께서는 오와 동맹을 맺고 서쪽으로 파촉을 취한 후 병사를 일으켜 북쪽을 정벌하여 하후연을 베었습니다. 이것은 조조의 실계로 이로 인해 한의 대업이 장차 일어나게 되었습니다."

결국 제갈량은 북벌을 감행한다. 그는 수비를 하나 공격을 하나 드는 비용이 같다면 비용이 들지 않도록 일을 마무리하자고 주장한다.

"세상일은 미리 헤아려 살피기란 실로 어렵습니다. 다만, 신은 몸을 굽혀 모든 힘을 다하여 죽은 후에 그만둘 것입니다[凡事如是, 難可逆見, 臣鞠躬盡力, 死而後已]."

제갈량의 북벌은 실패했다. 그러나 지금도 제갈량은 진심을 다하는 사람의 표본으로 남아 있다. 전쟁에 졌지만 개인사의 오합에는 성공했기 때문에 염파와 백기 같은 운명을 맞지 않았다. 다시 강조하지만 우선 자신의 재능과 지예를 먼저 알아야 한다. 제갈량이 무리해서 북정을 감행한 까닭은 자신이 속한 조직인 촉나라의 실력과 속성을 잘 알았기 때문이다. 촉나라는 창업 1세대가 물러나면 토착 세력들에게 자리를 넘겨줄 수밖에 없었던 곳이다. 과연 제갈량 사후에 촉은 곧 투항파와 저항파로 나뉘고 등애鄧艾가 성도를 공략하자 후주 유선劉禪은 저항한 번 하지 않고 항복하고 만다.

원문 해석

추세를 따라 합치고 등을 돌리는 것에도 모두 적합한 계책이 있다. 일이 서로 맞물려 돌아가는 것이 사슬이 서로 방향을 바꾸며 엮여 있는 것처럼 서로 맞물려 돌아가니 모두 일의 상황에 따라 처리해야 한다. 그래서 성인이 세상에 나와 몸을 세우고 세상을 다스리고 교화하며 이름을 드높이는 이유는, 반드시 사물이 많이 모이는 것을 살펴서 천시가 적합한지 보고, 천시의 적합함을 근거로 일을 안 뒤에 그에 따라 자신이 변화하기 때문이다.

세상에는 항상 귀한 것도, 항상 배울 수 있는 스승도 없다. 그럼에도 성인이 못 하는 것이 없고, 못 듣는 것이 없어서, 일을 이루고 계책을 성공시키는 것은, 천시를 따라서 함께 주인이 되었기 때문이다. 계략이 이쪽에 합당하나 상대에게 합당하지 않으면 반드시 배반하는 일이 생기게 된다.

오합의 방법을 천하에 쓸 때는 반드시 천하의 형세를 계량하여 이와 함께해야 하고, 나라에 적용할 때는 반드시 그 나라의 역량을 계량하여야 하며, 가정에 쓸 때는 가정의 역량을 계량하여야 하고, 자신에게 적용할 때는 스스로의 능력과 기세를 잘 재어본 후에 써야 한다. 크고 작음과 나아감과 물러섬에 그 방법은 모두 같으니, 반드시 먼저 깊이 생각한 후에 계략을 정하고, 계략을 정한 후에 비겸의 술을 이용하여 실행한다.

옛날에 대세를 잘 읽어 방향을 잘 잡는 사람은 우선 온 세상과 협력하고, 제후들을 끌어안고, 등을 돌리고 합칠 곳의 형세에 따라 상대의 변화를 시도한 후, 그런 연후에 합쳤다. 그러니 이윤이 탕왕에게 다섯 번 나가고 걸왕에게 다섯 번 나간 후 탕왕을 섬기고, 여상(강태공)이 문왕에게 세 번 나가고 은나라를 세 번 들어간 후에 은나라를 밝게 할 수 없음을 알고, 연후에 주 문왕을 섬겼는데, 이는 천명이 명확히 정해준 것을 알고 한 것이니, 상대와 합침에 추호의 의심도 없었던 것이다.

성인의 수준에 도달하지 않으면 세상을 다스릴 수 없고, 각고로 노심초사하지 않으면 일의 근본을 알 수가 없고, 상대의 본심을 전력해서 살피지 못하면 이름을 이룰 수 없으며, 나의 자질이 지혜롭지 않으면 군대를 쓸 수가 없고, 진정으로 충실하지 못하면 상대방을 알 수가 없다.

그래서 오합의 도는 반드시 자신의 재능과 지예를 먼저 알고, 누가 나보다 능력이 못한지 알아야 한다. 이런 후에 나아갈 수도 물러설 수도 있으며, 종으로 갈 수도 있고 횡으로 갈 수도 있는 것이다.

凡趨合背反, 計有適合. 化轉環屬, 各有形勢, 反覆相求, 因事爲制. 是以聖人居天地之間, 立身, 御世, 施敎, 揚聲, 明名也, 必因事物之會, 觀天時之宜, 因之所多所少, 以此先知之, 與之轉化.

世無常貴, 事無常師. 聖人常爲, 無不爲, 所聽, 無不聽, 成於事而合於計謀, 與之爲主. 合於彼而離於此, 計謀不兩忠, 必有反忤, 反於是, 忤於彼, 忤於此, 反於彼.

其術也, 用之於天下, 必量天下而與之, 用之於國, 必量國而與之, 用之於家, 必量家而與之, 用之於身, 必量身材能氣勢而與之. 大小進退, 其用一也. 必先謀慮計定, 而後行之以飛箝之術.

古之善背向者, 乃協四海, 包諸侯忤合之地而化轉之, 然後以之求合. 故伊尹五就湯, 五就桀, 而不能有所明, 然後合於湯. 呂尙三就文王, 三入殷, 而不能有所明, 然後合於文王. 此知天命之箝, 故歸之不疑也.

非至聖達奧, 不能御世, (非)勞心苦思, 不能原事, 不悉心見情, 不能成名, 材質不惠, 不能用兵, 忠實無眞, 不能知人.

故忤合之道, 己必自度材能智睿, 量長短遠近孰不如. 乃可以進, 乃可以退, 乃可以縱, 乃可以橫.

06

췌마
정보에 우위를 차지하라

앞에서 우리는 큰 추세를 읽고 거기에 대응하는 방법에 대해 이야기했
다. 이제 적극적으로 능력을 쓸 단계에 다다랐다. 그런데 이 단계에서
꼭 해야 할 일이 있는데 바로 상대를 제대로 파악하는 일이다. 귀곡자
는 상대를 제대로 파악하는 방법을 설명하는 데 무려 두 개의 장을 활
용했다. 지금껏 전체적인 정황을 파악하는 데 집중했다면 이제는 내가
공략하려는 상대를 직접 파악해야 할 차례다.

간단히 말해 상대가 처한 객관적인 정황과 그의 의지를 파악하는 테크닉이 췌揣와 마摩다. '췌'란 헤아린다, 즉 추측한다는 뜻이다. 물론 추측을 하기 위해서는 근거가 필요하다. '마'란 추측을 하기 위한 방법인데, 그 본뜻은 만져본다는 것이다. 이 장은 마치 귀곡자가 옆에서 이야기를 속삭이듯이 생동감이 넘치고, 같은 내용이 정도를 더해가며 반복된다. 상대에게 지혜를 쓰기 전에 상대를 면밀하게 탐색하는 것이 이 장의 핵심이다.

한때 정치학, 경제학에서 게임이론이 유행이었다. 내가 이런 행동을 하면 상대는 어떤 행동을 할 것인가, 혹은 상대가 어떤 행동을 할 때 나는 어떻게 대응할 수 있는가 등을 분석하는 것이다. 기업 활동이든, 외교 정책이든 협상 전 사전 정보의 중요성이 점점 커지고 있다. 상대방이 나를 예측하지 못하고, 내가 상대방을 예측한 상태라면 게임의 결과는 명백하지 않겠는가? 상대가 게임을 주도하는 사람이라면 나는 피해를 최소화할 수 있고, 내가 주도하는 게임이라면 수익을 극대화할 수 있다. 이게 바로 현대 게임이론의 핵심이다. 췌마는 정보의 우위를 확보하기 위해 수행하는 테크닉이다.

그래서 귀곡자는 말한다. 상대의 패를 미리 알고 술책을 사용하라는 것이다. 고전적이지만 당연하고도 중요한 일이다. 《귀곡자》 원문에는 '췌'와 '마'가 나뉘어 있으나 두 편을 같이 보는 것이 의미를 파악하는 데 도움이 되므로 한데 묶었다.

상대의 힘의 크기와 방향을 파악한다

상대를 파악하려면 일단 힘이 어떻게 배치되어 있는지 알아야 한다. 귀곡자는 말한다.

> 옛날에 천하를 잘 쓰는 사람은 반드시 천하의 권세를 재어보고, 제후들의 진심을 알아냈다. 권세를 제대로 살펴보지 못하면 누가 강하고 누가 약한지 정황을 알지 못하고, 진심을 면밀하게 보지 못하면 숨어 있는 변화의 양상을 파악하지 못한다.

귀곡자는 묻는다. 권세를 잰다고 하는 것은 무엇인가? 권세를 잰다는 것은 객관적인 세력 관계를 살핀다는 것이다. 예컨대 나라의 국력을 잴 때는 다음과 같은 방법을 쓸 수 있다.

> 권세를 잰다는 것은 무슨 뜻인가? 나라의 땅이 얼마나 크고 작은지, 백성과 생산품의 총량은 어느 나라가 큰지, 백성들은 어느 쪽이 부유한지, 지형의 험난함과 평탄함은 누구에게 유리한지, 군주들의 지혜는 누가 더 뛰어난지, 군신 간의 사이는 얼마나 친한지, 누가 현명하고 못났는지, 실력 있는 빈객은 누가 더 많은지, 천시의 화복을 보면 누구에게 길하고 흉한지, 제후 사이의 친밀함을 보아 누구를 쓰고 말지, 민심의 향배를 볼 때 누가 위험하고 안전한지, 백성들은 누구를 좋아하고 증오하는지, 누가 상황에 따라 몸을 재빨리 움직여 변신을

꾀할지를 알아야 한다는 뜻이다.

즉 재화, 지리, 인력과 민심의 향배를 통해 상대의 총체적인 역량을 저인망식으로 알아보는 것이다. 상대방을 안다는 것은 상대방의 실력을 계량화하는 것이다. 2,500년 전에도 상대방의 힘을 파악하는 방식은 지금 못지않았다. 특히 군신 사이, 제후 사이, 신하들의 능력과 민심의 향배까지 알아내려 했던 것을 보면 현대의 정보전을 무색하게 한다. 결국 췌마의 첫걸음은 상대 힘의 크기를 수치화하는 것이다.

췌마의 두 번째 단계는 상대의 힘의 방향을 파악하는 것이다. 객관적인 세력을 파악하는 것으로는 상대를 다 파악했다고 할 수 없다. 상대의 힘의 크기는 알았지만 힘의 방향은 모르기 때문이다. 그래서 상대의 숨겨진 마음을 추측해야 한다.

귀곡자는 상대의 진심을 추측하는 것을 "계모의 큰 기본이자 유세의 대법"이라고 말한다. 능력이 아무리 뛰어나더라도 상대의 본심을 제대로 읽지 못하면 그 능력을 발휘할 수 없다. 그런데 상대가 자진해서 보여주지 않는데 상대의 본심을 다 헤아리기란 무척 어렵다. 그래서 정밀한 방법을 써야 하는데 이때 쓰는 것이 '마'라고 하는 기술이다.

허상을 버려야 실상이 보인다: 췌마에 실패한 조선통신사

이제 췌마에 실패한 이야기를 한 번 들어보자. 잠시 중국을 떠나 임진왜란 직전의 조선으로 가보자. 임진왜란이 발생한 이유야 많이 있지만 결과가 그토록 처참했던 이유는 당시의 위정자들이 췌마를 제대로 하지 못했기 때문이다. 췌마의 기본을 모른 대가는 너무나 끔찍했다. 왜란 한 번에 국가가 산산조각 난 것이다.

때는 1590년이다. 1592년 임진년에 왜란이 발변했으니 꼭 두 해 전이다. 잘 알려진 대로 당시에 전란의 조짐이 이미 있었고 일본 쪽에서도 친한파들이 전쟁의 징후를 속속 알리는 중이었다. 대한해협 가운데 있는 대마도에서는 전란에 휩싸일 것을 두려워해 계속 통신사 파견을 요청하고 있었다. 그래서 조선왕조는 정사 황윤길黃允吉, 부사 김성일金誠一을 통신사로 파견한다. 이들은 무려 열 달이나 일본에 머물며 적정을 정탐한다.

귀곡자는 세밀한 부분까지 살펴서 계량화하고 상대, 즉 결정권자의 욕망과 두려움을 최대한 부채질해서 상대가 본심을 드러내게 하라고 한다. 한마디로 췌마를 하기 위해서 상대의 감정을 최고조로 올리라는 것이다. 반면 자신은 냉정을 유지해야 한다. 그런데 조선의 통신사는 반대로 행동했다. 한 사람은 자신의 의기를 누르지 못해서 혼자 분노했고, 한 사람은 두려움을 이기지 못해 상대와 감히 정면으로 맞서지 못했다. 상대방인 도요토미 히데요시豊臣秀吉는 이들을 보고 한심해서 코웃음만 쳤을 것이다.

조선으로 돌아온 정사 황윤길은 왜군의 침략을 진언했고, 부사 김성일은 그 반대를 진언했다. 내용이 분분한데 《징비록懲毖錄》에 따르면 김성일은 왜란을 말하면 민심이 동요할까 걱정해 이야기하지 못했다고 한다. 《조선왕조실록朝鮮王朝實錄》과 《국조보감國朝寶鑑》 등의 자료만 추린다면 황윤길은 선조宣祖에게 도요토미 히데요시가 야망이 크고, 또 침략을 위한 병선을 준비하고 있으니 전란이 있을 거라고 보고했다. 반면 김성일은 도요토미 히데요시가 쥐처럼 초라하고 천한 용모라서 큰일을 벌일 리가 없고, 전란의 징조도 뚜렷하지 않다고 보고했다고 한다.

여러 기록에 따르면 김성일은 매우 강직한 사람이었다. 선조는 통신사를 파견하면서 체통을 유난히 강조했는데 김성일은 그 이상으로 예를 중시했다. 도요토미 히데요시를 대할 때 관내로 들어가서 예를 올리고, 또 답서의 내용을 수차례 '예禮'에 맞게 수정했으며, 항상 고고한 자세를 유지했다. 반면 《조선왕조실록》을 보면 황윤길은 겁에 질려 비겁한 행동을 한 것처럼 묘사되어 있다. 김성일은 이런 점에서 정사 황윤길과 달랐다고 한다. 그러나 황윤길은 김성일이 예에 집착해서 실정을 제대로 파악하지 못했다고 비난한다. 그 예라는 것이 췌마를 방해했으니 예란 바로 김성일의 '허상'이다. 또 겁에 질려 가까이 다가갈 생각도 못 한 황윤길 역시 도요토미 히데요시에 대해 허상을 가지고 있기는 마찬가지였다.

췌마는 진취적인 행동이다. 상대방보다 먼저 상대방을 정탐하는 것이 췌마의 본질이다. 《귀곡자》에 따라 당시 조선왕조를 평가하자면 다음과 같다.

조선왕조는 '내건(함께하는 자의 마음을 얻어 결속하는 것)'이 되어 있지 않았다. 군주와 신하는 완전히 이격되어서 군주는 그저 신하를 견제하기 위해 신하들이 서로 싸우도록 하고 있었다. 선조는 조선왕조를 통틀어 가장 용렬하고 어리석은 군주였다. 《조선왕조실록》을 보면 그가 얼마나 말이 많고 의심이 많은 사람인지 잘 알 수 있다. 또한 생존본능이 엄청나게 강해서 위급한 상황이 되면 의리고 도덕이고 모두 버릴 수 있는 자였다. 한번은 서인西人을 몰아세우고, 한번은 동인東人을 몰아세워서 서로 원수처럼 만들다가 의심이 나면 사람들을 몰아 죽였다. 정여립鄭汝立 모반사건과 같이 의혹만 있고 실체는 없는 것들이 다 그의 생존본능에 의한 것들이다.

'내건'이 안 되어 있으니 '저희(틈이 생길 가능성을 미리 제거하는 것)'의 술을 쓸 수 없다. 왜와 전쟁을 피하려면 미세한 징후를 미리 알아내야 하는데 알려줘도 대응 못 할 정도가 되었으니 '저희'는 기대할 수 없었고, '오합(대세를 읽어 방향을 결정하는 것)' 또한 상상할 수 없었다.

당시 서구 문물을 받아들인 일본은 강력한 군사대국이었다. 도요토미 히데요시는 무려 200만 석의 영지를 가진 봉건왕조의 실질적인 수장이고 수하에 바로 부릴 수 있는 정예병이 10만을 넘었다. 그는 자신 못지않게 용맹한 적수들을 차례로 무릎 꿇리고 그 자리에 앉았다. 봉건국가에서 전쟁 공신들을 어떻게 처리하는지는 공식처럼 나와 있다. 군주가 평화를 보장하려면 신하들에게 봉토를 주어야 한다. 봉토를 보장할 수 없으면 새로운 정복사업이라도 벌여야 한다. 장수들의 불만을 잠재우기 위해 밖으로 내보내야 하는 것이다.

게다가 북쪽에서는 1588년 누르하치가 여진족을 통일했다. 17세기 중국 중원을 차지할 강력한 정치 세력이 만주에서 성장하고 있었다. 그런데 당시 사대부들은 오로지 명나라만 부모의 나라로 섬기고, 북쪽은 오랑캐라고 멸시했다. 이것이 당시의 정세였다.

결론부터 말하면 도요토미 히데요시는 조선을 칠 생각이 있었던 반면, 조선은 이를 대응할 기본적인 준비조차 되지 않았다. 당시 세계는 변하고 있었으나 조선은 '내건' '오합' '저희'는 고사하고 '췌마'도 할 능력이 없었던 것이다.

이유가 어떠하든 모두가 예측하는 전쟁을 앞두고 전쟁이 일어나지 않는다고 보고하는 행위는 용서받을 수 없다. 사실 당시 조선 사대부 모두 전쟁의 가능성을 알고 있었다. 그런데 전쟁이 일어나자마자 왕과 사대부들이 도성을 팽개치고 줄행랑을 친 사실을 보면 이들의 태도는 무책임 그 자체였다.

그렇다면 어떻게 상대를 췌마했어야 하는가? 시간을 1590년으로 돌려 새로운 통신사를 파견해서 어떻게 췌마했어야 하는지 알아보자. (가상의 인물인) 정사 '박윤길'과 부사 '공성일'이 통신사로 왜에 간다. 그들은 귀곡자의 가르침을 통해 췌마의 기본을 아는 사람들이었으니 행동이 김성일, 황윤길과는 판이하게 달랐다. 그들의 행동은 사실 새로울 것이 없다. 전국시대의 책사들이 했던 방식을 그대로 따르는 것이었다.

귀곡자는 어떻게 가르쳤는가? 나라의 크기, 인민과 재화의 다소, 지형의 험함과 평탄함, 상대방 진영의 지혜, 빈객의 수, 천시의 화복, 제후 간의 친소 관계, 민심의 향배, 배반의 징조를 차례대로 살피라고 했다. 그렇다면 통신사는 어떻게 해야 하는가? 부사 공성일은 이런 구체적인 정황을 파악해야 한다. 조선의 보물을 관리들에게 주어서 일본의 지도를 얻고, 많은 통역관을 데리고 가서 하급 관리들과 교류하게 한다. 그리고 도요토미 히데요시의 돈줄은 어느 정도 되는지 살펴보고, 토지대장을 몇 부라도 얻어서 사회의 생산력을 파악해야 할 것이다. 히데요시

진영의 인사 중 명망 있는 자들의 마음을 사고, 또 쓰임을 받지 못하는 사람들에게는 선물이라도 안겨서 정황을 파악해야 한다. 또 전쟁에서 잃을 것이 많은 사람들을 먼저 찾아서 그들과 교류하는 것이다. 데리고 간 하급 관리들에게 여염이나 술집에서 돈을 쓰며 민심을 읽게 한다. 물론 돌아오는 길은 조선과 가장 가까운 항구를 택해 선박 건조 상황을 미리 살피고, 현지 어부들을 만나 북쪽으로 배를 띄우기 좋은 시기를 묻고, 조선으로 가는 물길을 아는 사람이 얼마나 많은지, 또 일본 배의 특징이 어떤지도 알아내야 한다. 이런 일은 임진왜란보다 2,000년이나 앞서 소진과 장의도 했던 일이다. 전혀 새로운 것도 아니요, 기본 중의 기본이다.

그러면 정사 박윤길은 무슨 일을 해야 하는가? 당시 도요토미 히데요시는 겉으로는 명나라를 치려 한다고 주장했다. 우선 박윤길은 그가 조선을 치려고 하는지 운을 띄워봐야 한다. 도요토미 히데요시를 만나면 대담하게 말을 걸어야 한다. 만나서는 말 한마디 제대로 못하고 뒤에서만 흉본들 정세가 바뀌지 않는다. 그에게 최소한 이런 질문을 던졌어야 했다.

"전하의 직할지를 보니 재화가 넘치고 없는 것이 없습니다. 일본이 크게 흥할 것 같습니다. 그런데 그 많은 병선은 어디에 쓰실 요량이십니까? 명나라의 병선도 이에는 미치지 못할 것 같습니다."

이렇게 비겸(상대를 높여 장악하는 것으로 다음 장에서 설명한다)의 술을 쓸 정도의 담력이 있어야 일을 할 수 있다. 그런 후 스스로 자신을 낮출 수도 있다. 이렇게 하면 도요토미 히데요시처럼 오만하고 패기 있는 사

156

람은 반드시 자신을 자랑하게 된다. 그는 공공연하게 다음과 같이 말할 것이다.

"나는 명나라를 쳐서 봉국으로 삼으려 한다. 그러니 조선은 길만 열면 된다. 길을 막는다면 한 달 안에 황무지로 만들겠다."

그럴 때 이렇게 말하는 것이다.

"조선은 사실 보잘것없습니다. 땅은 황폐하고 먹을 것도 없습니다. 그런데도 사람들은 예와 의를 찾아서 참으로 부리기가 어렵습니다. 조선은 원래 힘으로 다스리기 어려워 지금처럼 예와 의를 강조하는 것입니다. 조선은 누대로 중국에 근접해 있는데 왜 한 번도 중국에 복속되지 않았겠습니까? 이기더라도 뒤에 바로 화가 따르기 때문입니다. 이를 얻어 무얼 하겠습니까?"

그러면 히데요시는 이전에 공언했듯이 명나라를 핑계 댈 것이다.

"나의 목적은 명나라다. 조선은 그냥 길만 열어주면 된다."

그러면 이렇게 훈수를 둔다.

"육로로 명나라를 치는 것은 참으로 어리석은 생각입니다. 우선 조선은 길이 나쁜데 어떻게 군대를 이동시키겠습니까? 명나라로 가기 위해서는 요동을 통과해야 하는데 요동에는 여진족을 막기 위한 강력한 명나라 군사들이 주둔하고 있습니다. 짧은 시간에 요동에서 명군을 이기는 것은 거의 불가능합니다. 요동의 겨울은 일본의 병사들이 상상도 못할 정도로 가혹합니다. 만약 압록강을 건너지도 못하고 명군에게 막힌다면 군대는 바로 독 안에 든 쥐와 같습니다. 조선은 오직 남쪽만 비옥한데, 남쪽의 물자를 옮기는 길을 명군이 먼저 막는다고 생각해 보십시오. 그러면 대군은 좁은 땅에 갇혀 굶어 죽을 수밖에 없습니다. 명나라를 친다고 하면 차라리 방어선이 약한 명나라 남부 해안에 직접 군대를 주둔시키는 편이 낫습니다."

명나라에 사대하던 당시에 이런 말을 실제로 했다가는 목숨을 부지하기 어려웠을 것이다. 물론 조선왕과 신하 사이의 내건이 훌륭했다면 가능할 수도 있었을 것이다.

그런 후에 도쿠가와 이에야스德川家康를 찾아간다. 직접 찾아갈 수 없다면 선물이라도 많이 보낼 일이다. 그 능력을 살피고, 그냥 한없이 치켜세운다. 그리고 한마디 던진다. "관백(도요토미 히데요시의 직책)이 조선까지 넘겨다보는 것 같습니다. 장군께서는 심려가 크시겠습니다."

원래 도쿠가와 이에야스는 전쟁에 떨떠름할 수밖에 없는 입장이다. 그러니 떨떠름한 결에 내부의 문제를 은연중에 드러낼 것이다.

도요토미 히데요시는 무사다. 무사는 무를 말하기를 즐긴다. 힘으로 전국을 통일한 자에게 통신사가 예를 말하니 좋아할 리가 없다. 또 조선의 문약함을 뻔히 아는데 그렇게 고자세로 나간들 무슨 소용이 있겠는가? 그가 정말 침략을 할 것인지, 또 침략을 한다면 언제인지, 동원되는 병력의 규모는 어느 정도인지, 또 얼마만큼 오래 전쟁을 수행할 수 있는지만 알면 된다. 만약 그가 결심을 굳히지 않았다면 전쟁을 하지 못하게 해야 할 것이고, 그가 결심을 했다면 공격 방법을 파악해야 한다.

앞에서 살펴보았듯이 췌마는 무척 진취적인 행동이다. 진취적이라는 것은 먼저 나아가서 살핀다는 뜻이다. 상대보다 먼저 상대를 알지 못하면 절대로 쓸 수 없는 일이다. 칭기즈 칸은 항상 먼저 사신을 보내고 공격을 했다. 사전에 상대의 실정을 알아보는 췌마를 한 것이다. 만약 당신이 상대를 만나 그의 진심을 파악할 수 있다면 일은 70퍼센트 이상 성공한 것이다. 췌마는 사실 가장 어렵고, 또 가장 중요하다. 그래서 귀곡자는 상대방의 마음을 알아내기가 가장 어렵다고 했다. 조선통신사가 췌마에 실패한 것은 췌마가 주관적인 허상을 잡는 것이 아니라 객관적인 실상을 잡는 것이라는 명백한 원리를 처음부터 잊어버렸기 때문이다.

뛰는 자 위에 나는 자 있다: 흉노에게 포위당한 유방

흔히 상대를 잘 파악해야 한다고 하지만 실제 상황에서 이를 적용하여 수행하기란 말처럼 쉽지 않다. 누구나 자신감에 도취되면 상대를 정확하게 파악하는 것이 어렵기 때문이다. 지피지기 백전불태知彼知己 百戰不殆라는 말이 오늘날처럼 정보가 풍부한 시대에도 여전히 유효한 것은 이 때문이다. 그렇다고 적수에게 "당신은 누구십니까?" 하고 물어볼 수도 없는 노릇이다.

한나라 고조 이야기 한 가지만 더 보탠다. 기원전 202년 유방이 드디어 중원을 통일했다. 유방은 기고만장했다. 난적 항우를 제압했으니 과연 전쟁을 승리로 이끄는 데는 자신의 적수가 없다고 생각할 만도 했다. 그런데 통일 직후에 흉노가 산서성을 공격하자 믿었던 한왕韓王이 흉노에게 항복하고, 흉노는 내친김에 태원을 공략한다. 이에 유방은 친히 대군을 이끌고 출정하는데 흉노는 후퇴하는 척하며 유방을 유인해서 평성에서 둘러싼다. 빠져나갈 방법이 없자, 유방은 흉노의 수장 선우單于의 부인에게 많은 돈을 써서 유세를 한 끝에 겨우 포위에서 벗어날 수 있었다.

왜 그런 상황이 일어났을까? 유방은 지금의 강소성 사람이다. 강소성은 대표적인 농경 지역이다. 그 역시 원래 말을 타고 달리던 지방 사람이 아닌데다 그의 모사들도 거의 마찬가지였다. 그러니 흉노의 실력을 제대로 알 기회가 없었다.

한나라에 앞서 중원을 통일했던 서북의 진나라는 항상 흉노와 전쟁을 벌였기에 그들의 위력을 잘 알고 기병을 주력으로 썼다. 그런데도 그들을 몰아내지 못한 이유는 중원과 북방의 조건이 너무나 달랐기 때문이다. 초한전을 승리로 이끈 백전의 용사 유방도 기동전에서는 흉노의 노리갯감에 불과했던 것이다.

흉노에 패한 이후 한의 정책은 극단적인 화친으로 돌변한다. 제위에 오르자마자 결딴이 날 뻔한 충격이 너무나 커서 이후 대흉노 정책은 극단적인 저자세로 나갈 수밖에 없었다. 대체로 큰일에서 상대방을 모르면 이런 결과를 낳는다.

상대의 본심을 알려면 은밀히 욕망을 자극해라

귀곡자는 "마는 췌를 하는 방법이다"라고 말하면서 "반드시 은밀하게 쓰라"고 한다. 왜 그런가? 상대가 나의 의도를 안다면 자진해서 자신의 정보를 알려줄 까닭이 없지 않겠는가? 이것이 바로 게임의 법칙이다. 상대도 나와 똑같은 조건에서 췌마를 하고 있다면 나는 매우 은밀해야 한다. 그래서 귀곡자는 "조용히 은밀하게 상대방의 욕망을 건드리면서 본심을 탐지해 나가면, 반드시 안에서 반응이 오게 마련이다"라고 말한다. 반응을 보면 상대방의 진의를 알 수 있다. 그 방법으로 귀곡자는 상대가 평정을 잃은 상황에서 자신의 속뜻을 흘리게 해야 한다고 말한다.

> 본심을 측량(췌정揣情)할 때는 반드시 상대가 가장 기뻐할 때 욕망을 최대한 부채질하는데, 욕망이 있으면 본심을 숨길 수 없다. 또 가장 두려워할 때에 두려움을 극대화시켜야 하는데, 두려움이 있으면 역시 본심을 숨길 수 없다. 결국 가슴속에 욕망이 있으면 그 욕망의 변화를 드러낼 수밖에 없다.

극도의 희로애락 상태에서는 자신을 숨길 수가 없다. 전부가 아니면 최소한 일부라도 드러나게 마련이다. 그래서 '항상 밖으로 드러난 것을 보아 숨겨진 본심을 아는 것'이 중요하다.

상대의 진의를 파악하는 것은 사실 누구나 할 수 있다. 우선 '상대의 말을 성실하게 다 듣는 것'이 가장 중요하다. 그리고 일을 시작하면 '반드시 주도면밀해야 하며' 함께하는 사람과 틈이 벌어지지 않도록 '반드시 서로 뜻이 통할 수 있는 자를 골라서 유세를 해야 한다.' 그런 후, '상대와 비슷한 부류가 되어서 은근슬쩍 본심을 추측해 보는데 어떻게 반응하지 않을 수 있겠는가? 또 상대의 욕망을 건드려서 추측해 보는데 어떻게 내 말을 듣지 않을 수 있겠는가?' 황금을 원하는 사람에게 황금을 보여주고, 목마른 사람에게 물바가지를 내주는데 누가 거부할 수 있겠는가? 그가 원하는 것으로 건드리면 본심은 반드시 드러나게 되어 있다. 그렇게 해서 상대를 알았다면 이제 마음대로 지혜를 쓸 일만 남았다.

그런데 귀곡자는 한 가지 중요한 단서를 붙인다. 내가 지혜를 쓰는 것을 상대와 제3자까지도 몰라야 한다고 말한다. 유방의 모사들 중 진평陳平이 기발한 계략을 내는 데는 으뜸이었나 보다. 《사기》〈진승상세가陳丞相世家〉에 "나는 음모를 많이 썼는데 이는 도가道家에서 꺼리는 바다. 내 작위를 잃으면 그걸로 끝이고, 후손들은 다시 재기하지 못할 것이다. 이는 내가 음모를 많이 쓴 후과다"라고 씌어 있다. 진평은 기발한 책략을 많이 냈지만 문제는 다른 사람이 진평이 꾀를 낸다는 사실을 알았다는 점이다. 그는 한신을 실권하게 했고, 번쾌樊噲를 잡았고, 유씨劉氏의 권력을 위협하던 여씨呂氏들을 끝장냈다. 그러나 그가 질박한 맛이 없었던 것은 그가 계략을 잘 쓴다는 것을 다른 사람들이 알았기 때문이다. 다른 사람들이 알게 되면 그 계책이 성공하더라도 위험해지거나 가벼워진다. 음모를 자주 쓰면 덕망을 잃을 수밖에 없다. 과연 진평의 후대는 그의 작위를 계승하지 못했다.

귀곡자는 지혜를 쓰더라도 남들에게 위화감을 주어서는 안 된다고 말한다. 낚싯대를 들고 깊은 연못가에 가만히 앉아 있는 듯 보여도 미끼를 던지면 큰 고기를 낚게 되듯이, 가만히 있는 것처럼 보이지만 실제로는 큰일을 이룰 수 있게 은밀하게 일해야 한다는 것이다.

성인은 남들이 모르게 지략을 세우므로 사람들은 계책이 오묘하다고 하고, 드러내서 일을 완성하니 사람들은 밝고 지혜롭다고 하는 것이다.

백성들이 성인의 길을 따르나 왜 따르는지도 모르는 것을 보고 세상에서는 신명에 비유하는 것이다. 군사를 이끌고 매일 승리하는 자는 '항상 싸우지 않고, 비용도 들지 않은 전쟁'을 이끄는 것이니, 백성들은 그에게 복종해야 하는 이유도 모르고 굳이 두려워하지도 않는다.

일을 이루었으면 자랑하고 싶은 것이 사람의 마음이다. 그러나 귀곡자는 오히려 일을 이루고도 남이 모르는 것을 최고로 평가한다. 공자의 제자 자공子貢을 보면 그 이유를 잘 알 수 있다. 자공은 경박하게 자신을 드러내지 않았기 때문에 단 몇 마디의 말로 다섯 나라(노, 제, 오, 월, 진)의 운명을 바꾸었던 것이다.

욕망을 건드려 다섯 나라의 운명을 바꾸다: 자공

상대의 본심을 명확하게 밝혀내고 이를 이용하는 것으로 유명한 사람이 바로 귀곡자의 제자인 소진과 장의다. 그러나 소진과 장의도 자공의 힘차면서도 노련한 유세에 비하면 몇 수 아래라는 느낌이 든다. 형세를 잘 살핀 후 단 몇 마디의 말로 상대의 의중을 파악하는 능력은 가히 공자의 대제자답다. 대화를 잘 살펴보면 자공은 항상 상대의 입을 빌리고 있다는 것을 알 수 있다. 사실 자공은 상대의 의지를 대강만 파악하고 있었지만 과감한 반어와 역설로 상대가 바로 자신의 의지를 드러내도록 유도한다.

상대의 의중을 제대로 파악하는 사람은 많다. 그러나 상대에게 자신의 본심을 쉽게 간파당하지 않은 사람은 적다. 자공이 바로 그런 사람이다. 자공이 유세한 군주들은 모두 자공의 본뜻을 명확하게 알지 못했다. 자공이야말로 귀곡자가 말한 췌마의 의미를 완벽히 터득한 유세가다. 자공의 유세를 살펴보자.

때는 기원전 5세기, 춘추시대 말기다. 당시 제齊나라는 전田씨가 가장 큰 세력을 이루고 고高씨니, 포鮑씨니, 국國씨니 하는 가문들이 뒤를 잇고 있었다. 전씨가의 전상田常은 최고의 권문으로 다른 권세가들의 힘을 약화시켜 자신의 세력을 강화하려고 했다. 그 방법이 바로 다른 권세가들을 노魯나라와의 전쟁에 동원하는 것이었다. 그런데 노나라는 바로 공자의 고향이다. 이 소식을 듣고 공자의 근심이 더해간다. 그래서 제자들에게 말한다.

"노나라는 조상의 묘소가 있는 부모의 나라다. 지금 나라가 위험하니 자식으로서 어떻게 가만히 있을 수 있겠느냐?"

그러자 제자들이 서로 가겠다고 나서지만 공자는 자공의 요청만 들어준다. 자공의 임무는 전상이 노나라를 공격하지 못하게 하는 것이다. 먼저 제나라에 도착한 자공이 전상에게 말했다.

"군이 노나라를 치는 것은 잘못된 일입니다. 노나라는 정벌하기 어려운 나라입니다. 성곽은 낮고 볼품없고, 땅은 좁고 메말랐으며, 임금은 어리석고 어질지 못하며, 신하들이란 거짓된 자들이고 쓸모가 없습니다. 게다가 그 인민들이란 군사의 일을 싫어합니다. 그러니 더불어 전쟁을 할 수가 없습니다. 차라리 군께서 오(吳)나라를 치는 것만 못하십니다. 오나라는 성이 높고 두꺼우며, 땅은 넓고 기름지고, 갑옷은 견고하고 새로우며, 선비들은 넘치고, 제대로 무장한 병사들은 명을 받으면 목숨을 버릴 각오가 되어 있습니다. 이러니 쉽게 정벌할 수 있습니다."

사실 위의 말은 상식에 어긋나는 황당한 이야기다. 그러니 전상은 화를 내며 얼굴색을 싹 바꾸고 말한다.

"선생께서는 말씀을 거꾸로 하십니다. 어려운 것을 쉽다 하고 쉬운 것을 어렵다 하시다니요?"

그러자 자공이 과감하게 전상을 떠본다.

"제가 듣건대 내부에 우환이 있을 때는 강한 상대를 공략하고, 우환이 밖에 있을 때는 상대가 약할 때 공략한다고 합니다. 지금 군의 걱정은 안에 있습니다. 제가 듣건대 군께서 세 번이나 봉해지려다 세 번 다 실패한 것은 대신 중에 찬성하지 않는 자가 있었기 때문이라고 합니다. ('한마디로 그대의 목적은 말 안 듣는 자들을 전쟁터로 보내 제거하려는 것이 아니오?') 그런데 지금 군께서는 노나라를 쳐서 제나라의 영토를 넓히는 일을 하려고 합니다. 만약 그들이 싸움에서 이기면 어떻게 되겠습니까? 임금은 교만하게 되고, 전쟁에 나간 신하들도 존귀하게 되어 그 공이 군보다 커지지 않겠습니까? 결국 위로는 임금의 지위만 공고하게 하고, 아래로 신하들만 으스대게 하지 않겠습니까? 반대로 만약 진다고 생각해 보십시오. 그 책임은 모두 싸움을 일으킨 군께 돌아가서 지위를 보존하기도 어렵게 됩니다. 그런데 오나라와 전쟁을 해서 지면 (적수들의) 백성(군사)은 밖에서 싸우다 죽고, 안에는 대신들이 비어버릴 것이니, 위로는 적수가 될 강력한 대신이 없고 아래로는 백성들의 화를 걱정할 필요가 없습니다. 그러면 제나라의 주인은 바로 군이 되지 않겠습니까?"

사실 자공은 전상의 사람됨을 알고 떠본 것이다. 전상은 탐욕스럽기로 유명한 인간이다. 그런 인간에게 인의도덕 따위를 이야기해 봐야 통하지도 않는다. 그래서 자공은 단도직입적으로 말한 것이다. '당신의 목적은 구실을 붙여 상대방을 사지로 몰려는 것이 아닌가? 그렇다면 좀 더 확실한 방법을 써라'라고 충고하는 것이다. 그러자 이 욕심쟁이는 희색을 띠며 바로 대답한다.

"좋습니다. (참으로 적나라한 인간이다.') 그런데 나는 이미 군대를 노나라 쪽으로 배치했소. 군사를 오나라로 돌린다면 딴마음이 있다고 의심받지 않겠소?"

그러자 자공이 구실을 제공한다.

"제가 오나라로 가서 노나라를 구원한다는 명분으로 제나라를 공격하게 하겠습니다. 그때 군께서 오나라로 군대를 돌리면 됩니다."

여기에서 자공이 쓴 췌마의 방법을 살펴보자. 전상은 자신의 권세를 이용해 임금이 되려는 욕심을 갖고 있었다. 예전에 제왕齊王은 전상의 힘에 위협을 느껴 왕위를 넘겨주려던 적이 세 번 있었다. 그때마다 그는 반대 세력에 부딪혔다. 그러니 세 번이나 임금이 되려다 못 된 것이 분해서 전쟁을 일으키려는 것이 아니냐고 묻는 것이다. 그러자 전상이 바로 반응을 한다. 욕심에다 기름을 부으니 앞뒤를 가리지 않고 자신의 본심을 드러낸다. 사실 전상이 자공의 숨은 의도를 제대로 꿰뚫고 있었다고 해도 자신의 욕심 때문에 자공의 제안을 받아들일 수밖에 없었을 것이다.

이제 자공은 오나라로 간다. 그리고 오왕吳王 부차夫差에게 말한다.

"제가 듣건대, 왕자王者(왕도를 실천하는 사람)는 남의 대를 끊지 않고, 패자霸者는 강한 적을 허용하지 않는다고 합니다. 아주 무거운 것도 미세한 무게를 더하면 움직일 수 있습니다. 지금 제나라는 만승의 나라인데 천승에 불과한 노나라를 병합해 오나라와 힘을 겨루어 결국 오나라의 지위를 위태롭게 하려고 합니다. 이에 왕께서 노나라를 구한다는 명분을 내걸고 제나라를 벌하면 얻는 것이 클 것입니다. 제후들을 끌어안고 광폭한 제나라를 치고 강한 진晉나라를 복속한다면 이보다 더 좋을 수는 없습니다. 명분은 노나라를 구하는 것이지만 실제로는 강한 제나라를 어렵게 하는 일이니, 지혜로운 자라면 다시 생각할 것도 없습니다."

오나라의 군주 부차는 당시 가장 강한 군대를 가지고 있었다. 또한 패자가 되려는 욕망과 명성을 얻으려는 허영이 대단했다. 그래서 자공이 왕도와 패도를 동시에 이야기한 것이다. 다시 말해 노나라를 구한다는 명분을 살려 이름을 세우고, 그 구실로 제나라를 쳐서 적수를 제거하라는 것이다. 그러면 왕도를 아는 자[王者]이자, 가장 강한 자[霸者]가 된다. 강자끼리 싸울 때는 조그마한 힘의 차이가 승부를 결정하는데, 제나라가 노나라를 합병해서 힘을 얻도록 놓아둔다면 지혜로운 자[智者]가 아니라는 것이다. 자공은 이 짧은 문장 속에 왕자, 패자, 지자를 다 넣고 부차의 본심을 떠본다. 물론 이익을 중간에 이야기하는 것을 잊지 않았다. 그러자 부차는 이렇게 대답한다. 물론 자공을 완전히 신뢰하고 본심을 말한다.

"좋은 생각입니다. 그런데 월왕越王이 절치부심하여 보복할 마음을 가지고 있으니, 공께서는 내가 월越나라를 정벌하기를 기다리시오. 그런후 공의 의견을 듣겠소."

부차는 자신의 심중의 우환을 모두 말한다. 월나라를 정벌할 때까지 기다리라는 것이다. 이제 자공은 부차의 본심을 알았다. 그럼 어떻게 말하는지 보자.

"월나라는 노나라보다 강하고, 오나라는 제나라보다 강하지 못합니다. 왕께서 제나라를 두고 월나라를 친다면 강한 제나라는 이미 노나라를 평정했을 때입니다. 지금 왕께서 명이 끊어지는 나라를 그대로 두고, 강한 제나라를 두려워하여 약한 월나라를 공격한다면 용감한 행동이 아닙니다. 용감한 자는 어려움을 두려워하지 않고, 어진 자는 곤궁하게 하지 않고, 지혜로운 자는 시기를 잃지 않고, 왕도를 아는 자는 남의 후대를 끊지 않음으로써 의를 세운다고 합니다. 지금 월나라를 보존하여 제후들에게 인을 보이시고, 노나라를 구하고 제나라를 벌하여 진나라를 위협하면 제후들은 반드시 오나라에 입조하여 패업을 이룰 것입니다. 지금 그렇게 월나라가 걱정되시면 제가 월나라로 가서 병사를 이끌고 대왕을 돕게 하겠습니다. 그러면 월나라가 텅 빌 터이니 뒤는 더 걱정할 것이 없습니다."

그러자 오왕은 크게 기뻐하며 자공을 월나라에 사신으로 보낸다.

자공은 패자가 되려고 하는 부차의 욕망을 알기에 패자가 되는 방법을 말함으로써 부차를 끌어들인 것이다. 더불어 심중의 우환이 월왕 구천句踐이라는 것을 알아냈다. 전상이 오나라와 전쟁을 할 조건을 요청했듯이, 오왕은 월나라의 침입을 막을 방법을 요청한 것이다. 이제 자공이 할 일은 월나라로 가는 것이다. 그럼 월왕에게는 무슨 이야기를 할까?

당시 월왕 구천은 오왕 부차에게 대패한 후 오로지 복수만 생각하고 있었다. 그래서 자공을 보자 바로 비뚤어진 한마디를 툭 던진다.

"이런 오랑캐 땅에 선생께서 어쩐 일로 몸소 오시었소?"

구천은 전쟁에 패한 후 패배의 아픔을 깊이 새기고 있는 중이었다. 자공은 바로 그 두려움을 최대화하여 월왕의 걱정을 바로 읽어낸다. 자공은 말한다.

"지금 제가 오왕을 설득해서 제나라를 공격하여 노나라를 구하라고 했습니다. 오나라는 그렇게 하고 싶지만 월나라를 두려워하고 있었습니다. 그래서 저더러 '월나라를 정벌할 때까지 기다리라'고 합니다. 이렇게 되면 월나라를 공격할 것이 확실합니다."

구천은 자공이 왜 왔는지 의구심을 가지고 있었는데, 아나나 다를까 역시 무서운 소식을 가지고 온 것이다. 지금 오나라의 공격을 받으면 월나라는 바로 붕괴될 상황이다. 자공은 월나라의 사정을 대충 알고 있으므로 넘겨짚어 말한다. 기록만 보면 자공은 정확히 구천의 마음을 알고 있지는 않다.

"대저, 원수를 갚을 마음이 없는데 의심을 산다면 이는 어리석은 일입니다. 원수를 갚을 마음이 있는데 상대가 먼저 알게 되면 위태롭게 됩니다. 일을 시작하지도 않았는데 상대가 이를 듣는다면 위험하게 됩니다. 이 세 가지는 일을 하는 데 반드시 꺼릴 바입니다."

복수를 할 마음이 없으면 의심을 사지 말고, 하려면 몰래 하라는 이 야기인데, 구천은 어떻게 대답할까? 구천은 복수를 하겠다는 의지를 바로 밝힌다.

"내가 내 힘을 믿고 오나라와 전쟁을 하여 치욕을 받은 뒤, 고통이 뼈에 사무쳐 이를 갈고 있었소. 나는 오왕과 싸워 그를 따라 죽는 것이 소원이오. 선생의 의견을 듣고 싶소."

전상, 부차에 이어 구천도 자공을 완전히 신뢰한다. 자공이 말한다.

"오왕은 성격이 난폭하고, 신하들의 말을 듣지 않습니다. 국가는 전쟁에 지쳐 피폐해졌고, 병사들이 견디지 못할 지경에 이르렀습니다. 백성이 위를 원망하고 대신들은 안에서 변란을 생각하고 있습니다. 오자서伍子胥가 죽음으로 간하지만 왕을 보좌하는 백비伯嚭는 임금에게 아부하여 사욕을 채우기에 여념이 없습니다. 이는 망해가는 나라의 정치 상황입니다."

이게 무슨 소리인가? 오나라가 망해가는 상황이라니? 처음에는 구천에게 겁을 주고 다시 구천의 복수심에 불을 지른다. 물론 지금은 강하지만 조금만 참으면 오나라를 결딴낼 수 있다고 말한다. 자공은 계속한다.

"지금 대왕께서 사졸들을 보내 오왕을 돕고, 보물로 그 마음을 사십시오. 그리고 비굴한 말로 예를 보이면 오나라는 반드시 머리를 돌려 제나라를 칠 것입니다. 오나라가 지면 이보다 더 좋은 일이 없고, 이기면 반드시 기고만장해 군대를 진나라로 돌릴 것입니다. 이제 제가 북쪽으로 가서 진왕을 만나 오군을 반격하게 하겠습니다. 이렇게 되면 오나라는 반드시 약해집니다. 정예병은 제나라에서 다 쓰고 중갑병은 진나라와 싸우면서 피폐해질 것입니다. 이때 피폐한 오나라를 공격하면 반드시 멸할 수 있을 것입니다."

물론 구천은 기뻐서 그렇게 하기로 하고 자공에게 크게 사례하는데 자공은 받지 않고 태연함을 잃지 않는다. 그러니 그에 대한 신임은 더 깊어간다. 희대의 유세객인 소진, 장의 등은 자공처럼 재물에 초연하지 못했다.

자공의 말에 따라 구천은 오왕에게 온갖 비굴한 언사를 써서 몸소 원병을 거느리고 가겠다고 말한다. 그러자 자공은 제나라를 공격하는데 월왕까지 오게 하면 제후들의 비웃음을 살 거라고 부차를 설득한다. 그렇게 하여 구천은 계속 월나라에서 오나라를 공격할 준비를 할 수 있었다. 그다음에 자공이 진나라로 가서 진왕을 설득한 것은 당연한 수순이다. 진왕은 자공의 말을 듣자마자 크게 두려워하여 전쟁 준비를 단단히 한다.

과연 강력한 오나라 군대는 제나라를 대파하고 내친김에 진나라를 압박한다. 그러나 준비가 잘된 진나라와의 싸움에서는 고전을 면치 못하고 오히려 크게 반격당한다. 게다가 구천이 이를 틈타 오나라를 공격하니 오나라는 크게 당황했다. 오왕은 어쩔 수 없이 진나라를 포기하고 돌아와야 했다.

《사기》는 자공의 유세 한 번으로 노, 제, 오, 월, 진의 운명이 바뀌었다고 기술하고 있다. 원래 목적은 노나라를 구하는 것이었지만, 제, 오, 월, 진의 권력자들의 마음을 정확히 읽지 못했다면 불가능한 일이었다.

자공이 한 일은 객관적인 정세를 정확히 파악한 후, 상대방의 욕망을 건드려 그 의도를 파악한 것이다. 그런 후 각자의 욕망을 채워주는 방법으로 유세를 관철했다.

그런데 자공이 유세에 성공한 가장 큰 이유는 무엇일까? 이것이 귀곡자가 강조하는 핵심이다. 바로 각 국가의 군주들이 자공을 유세객으로 보지 않았기 때문이다. 대유학자의 제자답게 처신을 하면서, 간결하게 맥을 짚어주자 만만치 않은 권모술수의 달인인 전상, 부차, 구천이 모두 진심을 토로했다. 상대방 스스로 마음을 연 것이다. 소진이나 장의처럼 야비한 말로 위협한 것도 아니고, 거짓말을 한 것도 아니다. 사람들은 소진, 장의를 '유세객'이라고 공공연히 말했는데 그 말로가 모두 좋지 않았다. 일설에 귀곡자는 소진, 장의가 출사할 때 말렸다고 한다. 그 이유가 바로 이런 것이다. 유세객으로 유세를 하면 스스로 위험해지는 것이다. 자공은 큰 유세를 하고도 위험하지 않았으니, 이것이 바로 은밀하고 유유悠悠한 유세였던 것이다. 자공이 크게 깨닫고 있었던 것이 바로 췌마법이다.

원문 해석

〈췌〉 편 옛날에 천하를 잘 쓰는 사람은 반드시 천하의 권세를 재어보고, 제후들의 진심을 알아냈다. 권세를 제대로 살펴보지 못하면 누가 강하고 누가 약한지 정황을 알지 못하고, 진심을 면밀하게 보지 못하면 숨어 있는 변화의 양상을 파악하지 못한다.

권세를 잰다는 것은 무슨 뜻인가? 나라의 땅이 얼마나 크고 작은지, 백성과 생산품의 총량은 어느 나라가 큰지, 백성들은 어느 쪽이 부유한지, 지형의 험난함과 평탄함은 누구에게 유리한지, 군주들의 지혜는 누가 더 뛰어난지, 군신 간의 사이는 얼마나 친한지, 누가 현명하고 모자라는지, 실력 있는 빈객은 누가 많은지, 천시의 화복을 보면 누구에게 길하고 흉한지, 제후 사이의 친밀함을 보아 누구를 쓰고 말지, 민심의 향배를 볼 때 누가 위험하고 안전한지, 백성들은 누구를 좋아하고 증오하는지, 누가 상황에 따라 몸을 재빨리 움직여 변신을 꾀할지를 알아야 한다는 뜻이다. 이것을 바로 권세를 잰다고 한다.

(제후나 군주의) 본심을 측량할 때는 반드시 상대가 가장 기뻐할 때 욕망을 최대한 부채질하는데, 욕망이 있으면 본심을 숨길 수 없다. 또 가장 두려워할 때에 두려움을 극대화시켜야 하는데, 두려움이 있으면 역시 본심을 숨길 수 없다. 결국 가슴속에 욕망이 있으면 그 욕망의 변화를 드러낼 수밖에 없다. 상대의 마음을 움직여 보아도 욕망의 변화를 알 수 없다면 일단 그대로 두고, 그와 가까운 사람에게 물어서 그가 원하는 바가 무엇인지 알아낸다. 본심이 안에서 움직이면 밖으로 드러날 수밖에 없다. 그래서 밖으로 드러난 것으로 숨겨진 본심을 알아내는 것을 '깊은 곳을 살피고 본심을 밝힌다[測深揣情]'라고 한다.

따라서 나라의 일을 도모할 때는 항상 권력의 향방을 잘 가늠하고, 군주에게 유세하는 사람은 그 본심을 잘 추정해 내야 한다. 숨겨진 진심과 욕망을 살피는 것에도 모두 이 췌정의 방법을 쓴다. 이렇게 하면 귀하고 천하게 되는 것, 중하게 쓰이거나 가볍게 쓰이는 것, 이익과 손해, 실패와 성공을 모두 스스로 결정할 수 있게 된다.

따라서 선왕의 도와 성인, 지자의 지혜가 있더라도 상대의 본심을 측정하지 못하면 숨겨진 것을 찾아낼 수가 없다. 이는 지략의 큰 기본이자 유세의 기본 법칙이다. 일은 예고 없이 발생하므로 사전에 알아낸다는 것은 극히 어려운 것이다. 그래서 췌정이야말로 가장 장악하기 어렵고, 말은 반드시 상대방의 본심을 측정한 것에 맞추어야 한다고 하는 것이다. 그러니 작은 곤충이 날고 기는 것을 보아도 나에게 유리하고 불리한 점이 반드시 있나니, 일이 생겨나는 것이다. 대체로 일이라는 것은 미세한 징후가 커져서 세를 형성하여 일어난다. 이러하니, 췌정은 말을 꾸며서 그럴듯한 문장으로 만든 다음에 시작해야 한다.

〈마〉편 마는 췌, 즉 상대방의 본심을 추정하는 방법이다. 상대방 내부에 있는 신호는 바로 추정을 하는 대상이다. 마의 방법을 쓰는 데도 법칙이 있다. 즉 반드시 상대방이 알지 못하도록 은밀하게 하라는 것이다.

조용히 은밀하게 상대방의 욕망을 건드리면서 본심을 탐지해 나가면, 반드시 안에서 반응이 오게 마련이다. 반응이 오면 상대는 반드시 그것을 한다. 그때는 은밀히 거리를 두는데, 이는 구멍을 막아 꼬리를 숨기고, 외양을 숨겨 본심을 감추니 다른 사람들이 나의 행위를 눈치 채지 못하도록 하는 것이다. 이렇게 하면 일을 이루어도 후환이 없다. 이쪽에서 건드려서 시험하면 저쪽에서 신호가 오니, 그 신호에 응하여 일을 하면 못 할 것이 없다.

옛날에 상대를 슬슬 건드리면서 본심을 추정하는 마의 방법을 잘 쓰는 사람은 낚싯대를 들고 깊은 연못가에 앉아 있는 것처럼 미끼를 던지면 반드시 큰 고기를 낚았던 것이다. 그래서 일을 성취해도 사람들은 누가 했는지 모르고, 군대를 지휘하면 매번 승리해도 남들은 누가 했는지 모르므로 두려워하지 않게 된다고 말하는 것이다.

성인은 남들이 모르게 지략을 세우므로 사람들은 계책이 오묘하다고 하고, 드러내서 일을 완성하니 사람들은 밝고 지혜롭다고 하는 것이다.

매번 일을 이루는 것은 몰래 덕을 쌓았기 때문이고, 백성들이 편안함을 누리면서도 이익을 굳이 느끼지 못하는 것은 선을 쌓았기 때문이다. 백성들이 성인의 길을 따르나 왜 따르는지도 모르는 것을 보고 세상에서는 신명에 비유하는 것이다. 군사를 이끌고 매일 승리하는 자는 '항상 싸우지 않고, 비용도 들지 않는 전쟁'을 이끄는 것이니, 백성들은 그에게 복종해야 하는 이유도 모르고 굳이 두려워하지도 않는다. 그러니 세상 사람들은 이를 신명에 비유하는 것이다.

마를 쓸 때는 상황에 따라 평平, 정正, 희喜, 노怒, 명名, 행行, 렴廉, 신信, 리利, 비卑 등을 이용할 수 있다. 즉 평정을 유지하든지, 혹은 방정한 태도로 상대의 진심을 유도하든지, 스스로 기쁨을 내비치거나 상대를 기쁨에 들뜨도록 만들든지, 나의 이름을 내세우거나 상대의 이름을 높여서 분발하게 만들든지, 힘써서 일을 성취하도록 북돋는 말을 하든지, 자신의 깨끗함을 내보이거나 상대가 추구하도록 하든지, 먼저 신의를 보이거나 상대가 지키라고 하든지, 이익을 보여서 좇도록 하든지, 아첨을 하든지 등 상대가 내부에 숨겨진 본심을 은연중에 드러내도록 상황에 맞는 방법을 쓴다는 뜻이다.

그런데 성인만이 마를 자유자재로 쓸 수 있고 보통 사람은 이런 방법을 갖추고 있으나 성공할 수 없는 것은 사용법이 틀렸기 때문이다. 그러니 계책을 만들 때는 주도면밀하게 하는 것이 제일 어렵고, 유세를 할 때는 상대의 말을 성실하게 다 듣는 것이 가장 어렵고, 일은 반드시 이루는 것이 가장 어렵다. 이 세 가지를 갖춘 후에야 성인처럼 성공할 수 있다.

따라서 계책을 쓸 때는 반드시 주도면밀해야 하며, 반드시 서로 뜻이 통할 수 있는 상대를 골라서 유세를 해야 한다. 이렇게 해야 서로 맺어도 틈이 없게 된다. 대체로 일을 성공시키려면 반드시 방법이 합당해야 하는데, 이것을 전체적인 전략과 구체적인 전술, 그리고 시기가 서로 맞아떨어졌다고 한다. 유세를 할 때는 상대의 본심을 제대로 들어야 한다. 이것을 "본심이 서로 통하면 듣는다"라고 하는 것이다. 장작 묶음에 불을 지피면 잘 마른 곳부터 타고, 땅에 물을 부으면 낮은 곳부터 고이는 것처럼, 사물은 서로 어울리는 부류가 있어서 비슷한 세력끼리 호응한다. 따라서 내부의 신호가 외부의 자극에 반응하는 것도 마찬가지다. 상대와 비슷한 부류가 되어서 은근슬쩍 본심을 추측해 보는데 어떻게 반응하지 않을 수 있겠는가? 또 상대의 욕망을 건드려서 추측해 보는데 어떻게 내 말을 듣지 않을 수 있겠는가? 따라서 이것을 유일무이한 최고의 방법[獨行之道]이라고 하는 것이다.

대체로 미묘한 기회를 보고도 지체해서 놓쳐서는 안 되고, 이것을 파악해서 성공했다고 하더라도 일을 그대로 끌어안고 있어서도 안 된다. 이렇게 하다 보면 최고의 경지에 이르게 된다.

古之善用天下者, 必量天下之權, 而揣諸侯之情. 量權不審, 不知強弱輕重之稱, 揣情不審, 不知隱匿變化之動靜.

何謂量權, 曰, 度於大小, 謀於眾寡, 稱貨財有無之數, 料人民多少饒乏, 有餘不足幾何, 辨地形之險易, 孰利孰害, 謀慮孰長孰短, 揆君臣之親疏, 孰賢孰不肖, 與賓客之智慧, 孰少孰多, 觀天時之禍福, 孰吉孰凶, 諸侯之交, 孰用孰不用, 百姓之心, 去就變化, 孰安孰危, 孰好孰憎, 反側孰辯. 能知如此者, 是謂量權.

揣情者, 必以其甚喜之時, 往而極其欲也. 其有欲也, 不能隱其情. 必以其甚懼之時, 往而極其惡也. 其有惡也, 不能隱其情. 情欲必失其變. 感動而不知其變者, 乃且錯其人勿與語, 而更問其所親, 知其所安. 夫情變於內者, 形見於外, 故常必以其見者而知其隱者, 此所謂測深揣情.

故計國事者, 則當審權量, 說人主, 則當審揣情. 謀慮情欲, 必出於此. 乃可貴, 乃可賤, 乃可重, 乃可輕, 乃可利, 乃可害, 乃可成, 乃可敗, 其數一也.

故雖有先王之道, 聖智之謀, 非揣情隱匿, 無可索之. 此謀之大本也, 而說之法也. 常有事於人, 人莫(能先), 先事而至, 此最難爲. 故曰, 揣情最難守司, 言必時其謀慮. 故觀蜎飛蠕動, 無不有利害, 可以生事變美. 生事者, 幾之勢也. 此揣情飾言, 成文章而後論之也.

摩者, 揣之術也, 內符者, 揣之主也. ("摩者, 揣之術也"가 원문에는 "摩之符也"로 되어 있으나 의미가 통하지 않으므로 후대의 주에 근거하여 수정한 문장) 用之有道, 其道必隱.

微摩之以其所欲, 測而探之, 內符必應, 其所應也, 必有爲之. 故微而去之, 是謂塞窈匿端, 隱貌逃情, 而人不知, 故能成其事而無患. 摩之在此, 符應在彼, 從而應之, 事無不可.

古之善摩者, 如操鉤而臨深淵, 餌而投之, 必得魚焉. 故曰, 主事日成, 而人不知, 主兵日勝, 而人不畏也.

聖人謀之於陰, 故曰神, 成之於陽, 故曰明. 所謂主事日成者, 積德也, 而民安之, 不知其所以利, 積善也, 而民道之, 不知其所以然, 而天下比之神明也.

主兵日勝者, 常戰於不爭國不費, 而民不知所以服, 不知所以畏, 而天下比之神明.

其摩者, 有以平, 有以正, 有以喜, 有以怒, 有以名, 有以行, 有以廉, 有以信, 有以利, 有以卑. 平者, 靜也. 正者, 直也. 喜者, 悅也. 怒者, 動也. 名者, 發也. 行者, 成也. 廉者, 潔也. 信者, 明也. 利者, 求也. 卑者, 諂也.

故聖人所以獨用者, 眾人皆有之, 然無成功者, 其用之非也. 故謀莫難於周密, 說莫難於悉聽, 事莫難於必成. 此三者, 唯聖人然後能任之.

故謀必欲周密, 必擇其所與通者說也. 故曰, 或結而無隙也. 夫事成必合於數, 故曰, 道數與時相偶者也. 說則聽必合於情, 故曰, 情合者聽. 故物歸類, 抱薪趨火, 燥者先燃, 平地注水, 濕者先濡, 此物類相應, 於勢譬猶是也. 此言內符之應外摩也如是, 故曰, 摩之以其類, 焉有不相應者, 乃摩之以其欲, 焉有不聽者. 故曰, 獨行之道.

夫幾者不晚, 成而不拘, 久而化成.

07

비겸
상대를 높여 장악하라

"그도 장부요, 나도 장부인데
내가 어찌 그를 두려워하겠는가
[彼丈夫也, 我丈夫也, 吾何畏彼哉]?"

_ 맹자

이제 우리의 프로젝트는 달리고 있다. 귀곡자는 다음에 어떤 수를 제공할까? 바로 '비겸飛箝'이다. '비'란 띄운다, 즉 칭찬한다는 뜻이다. '겸'은 무슨 뜻인가? 겸은 쇠사슬로 묶는다, 혹은 집게 따위로 꽉 잡는다는 뜻을 지니고 있다. 그러니 한마디로 꼼짝 못하게 '잡는다'는 뜻이다.

결국 비겸은 띄워서 꽉 잡는다는 뜻인데 그 의미가 무척 강렬하다. 그래서 이 장은 예부터 유학자들의 비난을 받았다. 말을 조금만 바꾸면, 상대의 입에 맞는 말을 하고 추켜세워서 마음을 사로잡는다는 뜻이 아닌가?

이 비겸술을 맹렬하게 비난한 사람이 유가의 대부 맹자孟子다. 맹자는 대장부다운 처신을 하지 않고 말의 위력을 믿는 종횡가들을 못마땅하게 생각했다. 대장부가 어떻게 남의 입에 맞는 말을 한다는 것인가? 대장부가 어떻게 목적을 가지고 칭찬을 한다는 것인가? 이건 간신배들이 하는 짓이 아닌가?

맞다. 이런 말은 간신배들이나 하는 짓이다. 그렇다고 우리가 귀곡자의 말을 실천하기 위해 간신배가 될 수는 없다. 고전을 읽을 때는 그 전체를 항상 염두에 두어야지 작은 부분에 집착해서는 안 된다. 우리는 맹자가 말하는 대장부처럼 비겸을 쓸 수도 있다.

비겸은 상대를 앞에 두고 설득이나 협상을 벌이는 첫 번째 초식이라고 할 수 있다. 비겸을 현대적인 의미로 해석하면 이렇다. "상대를 높이는 것이 상대를 장악하는 것이다." 얼마나 멋진 고수의 풍모인가? 상대를 높인다는 의미는 내가 비루해진다는 의미가 아니다. 내가 높은 지위에 있다면 상대를 겸손하게 대해서 마음을 얻고, 내가 지식이 뛰어나면 상대의 지식을 인정하여 그의 경계심을 없애고, 내가 부유하면 상대가 더 부유해질 수 있음을 알게 해서 계층의 거리감을 없앤다는 의미다. 그런데 만약 내가 지위도 없고, 지식도 없고, 부유하지도 않으나 정직하게 살면서 상대의 깨끗함을 존중해 그가 나를 더 인격적으로 대하게 한다면, 이것이 바로 비飛, 즉 상대를 띄운다는 말의 현대적 의미다.

중요한 점은 내가 어느 지점에 서 있는가이다. 어떤 방면에서 자신보다 못한 사람이 있다면 그를 높여서 긍지를 심어주고, 어떤 방면에서 자신보다 더 나은 사람은 그 점을 인정해서 마음의 벽을 넘어서는 것이 바로 띄운다는 것이다.

띄운 다음에는 어떻게 하는가? 이미 높이 올라갔다면 장악당한 것이다. 높이 올라가면 안정감이 없어지기 때문이다.

상대를 높이기 전 그의 진심을 파악한다

귀곡자는 다음과 같이 말한다.

> 천하에 비겸의 방법을 쓸 때는 천하의 권세와 능력을 파악한 후, 천시의 흥망과 성쇠, 땅의 넓음과 좁음, 지형의 험준함과 평탄함, 인민과 재화의 다소, 제후들 간의 친함과 소원함, 애정과 증오, 군주(제후)가 마음에 품고 있는 바를 함께 꿰뚫어야 한다. 군주의 뜻을 잘 살펴 좋아하고 싫어하는 바를 파악한 후, 그가 중시하는 것을 집중적으로 유세하는데, 비겸의 말을 써서 그 좋아하는 바를 낚아챈 후, 꼼짝 못하게 그를 잡는다.

여기에서 가장 중요한 것이 결정권자의 마음인데, 자신의 몸을 잘 보존하기 위해 비겸술을 쓴 사람도 있다. 바로 한나라 때 흉노 원정으로 이름을 떨친 대장군 위청衛靑이다. 위청의 예에서 비겸을 쓸 때 객관적인 상황과 군주의 마음을 파악하는 것이 얼마나 중요한지 알 수 있다.

위청은 한 무제漢武帝의 처남이자 대장군으로 흉노 정벌전에서 혁혁한 공을 세운 무장이다. 한 무제는 그 이름처럼 전쟁에 관해서는 물러서지 않는 사람이다. 그래서 외척인 위청과 곽거병霍去病 등은 계속된 흉노 원정에서 무장으로 크게 입신하게 된다.

그런데 위청은 당시의 호걸들에게는 별로 인기가 없었던 모양이다. 그를 따르는 호걸이 많지 않았다고 한다. 대체로 군권을 잡은 사람에게는 가객들이 모이는 것이 당시의 풍경이었다. 게다가 외척은 인사에 깊이 관여할 수 있었기 때문에 벼슬을 바라는 사람들이 모여들기에 딱 맞았다. 그런데 모든 조건을 갖춘 위청에게 사람이 몰리지 않은 까닭은 무엇일까?

《사기》를 보면 소건蘇建이란 사람이 위청에게 이렇게 충고한다.

"대장군은 지극히 존귀한 위치에 있습니다. 그런데 천하의 어진 사대부들 중 대장군을 칭찬하는 사람이 드뭅니다. 당연히 옛 사람들이 어진 사람들을 모으는 일을 살펴 그 일에 힘쓰십시오."

그러자 위청이 안색을 바꾸며 이렇게 대답한다.

"위기후魏其侯와 무안후武安侯가 빈객들을 후하게 대했기 때문에 천자가 항상 이를 갈았소. 그들처럼 사대부를 친하게 대하고, 현명한 사람은 부르고 못난 자들을 내치는 것은 주인(천자)의 권한이오. 신하는 그저 법을 받들어 직무를 잘 이행하면 그만이오. 그런데 내가 어떻게 사대부들을 부르겠소."

위기후 두영竇嬰과 무안후 전분田蚡은 두태후와 왕태후를 배경으로 둔 외척으로 서로 앙숙이었다. 성격은 달랐지만 이들은 빈객을 모아 세력을 과시했다. 두영은 오초칠국의 난을 제압한 공이 있었지만 두태후가 죽자 세력을 잃었고, 결국 전분과의 다툼이 화근이 되어 무제에 의해 일족이 죽임을 당하고 만다. 당시 외척의 운명은 항상 위험했다.

또 무제 시대에 군공이 있는 사람치고 무사히 일생을 마친 사람이 거의 없을 정도다. 무제는 이렇게 자신의 권위에 도전하는 사람들을 무조건 싫어했다. 그러니 위청이 할 수 있는 방법은 무엇인가? 무제의 권위를 절대적으로 높여서 자신에 대한 신임이 흔들리지 않게 하는 것뿐이었다.

위청이 무제에게 아부를 했다고 비난하는 사람들도 있지만, 위청의 말을 잘 살펴보면 무제에게서 화를 당하지 않기 위해 '방어적'으로 비겸술을 쓴 것임을 알 수 있다. 과연 위청은 무제의 의심을 받지 않았다. 무제와 같은 사람과 어쩔 수 없이 함께 일할 때에는 방어적으로 비겸술을 써야 할 때도 있는 것이다. 그래서 귀곡자는 일단 결정권자의 마음을 안 다음에야 비로소 비겸을 쓸 수 있다고 한 것이다.

상대에게 필요한 칭찬을 한다

귀곡자에 의하면 비겸의 목적도 세력을 형성하여 일을 성사시키기 위함이다. 그러자면 능력 있는 사람들을 모아야 한다. 그래서 귀곡자는 "그 능력을 살펴보아 일을 바로잡을 능력이 있으면 쓴다"고 말한다.

나와 함께할 수 있고 또 능력 있는 인물이라면 반드시 잡아야 한다.

어떻게 잡는가? 귀곡자는 "낚아서 꼼짝 못하게 하는 말[鉤箝之辭]을 써서 띄워준 후 묶는다"라고 이야기한다. 이것이 바로 비겸이다. 구겸지사가 쉽게 통하지 않는 사람한테는 물건으로 유혹하든지, 세력으로 위협하든지, 약점을 잡는 등의 방법을 쓴다고 하는데, 이런 것은 전국시대의 군주나 책사들이 사람을 얻거나 상대방을 공략할 때 종종 쓰던 방법이다.

비겸의 핵심은 사람을 끌어들이는 것이고, 결국 어떻게 설득할 것인가 하는 질문에 대한 대답이다. 귀곡자는 설득을 하려면 상대를 높여주라고 한다. 상대를 높이면 상대는 은연중에 안정을 잃고 마음이 동요한다. 마음이 동요하면 상대는 자신의 본심을 토로하는데 바로 그때 장악하라는 것이다. 상대방을 높이기와 높인 후 장악하기라는 두 가지 요점을 이야기하고 있다. 귀곡자는 말한다.

> 일단 상대를 칭찬하는 말로 띄워서 환영하고 따르다가 기회를 봐서 꼼짝 못하게 장악하고, 뜻으로써 친하게 된다. 남에게 쓸 때는 내가 칭찬하는 빈말을 던지면 상대는 본심을 드러내서 자신의 행동을 스스로 제약하는 말을 한다. 이를 놓치지 말고 상대의 말을 자세히 탐구하면 자기 마음대로 사람을 이끌 수 있다.

말보다 사람이 중요하다: 공자

눈을 돌려 종횡가들의 세계와 거리가 먼 듯 보이는 공자의 세계로 들어가 보자. 《논어》에 이런 이야기가 나온다. 하루는 공자가 정무를 보고 돌아오니 마구간에 불이 나서 다 탔다. 그때 공자가 "사람이 다쳤느냐 [子退朝曰傷人乎]"라고 묻고 "말에 대해서는 묻지 않았다[不問馬]"고 한다.

사람이 말보다 귀하므로 사람이 다쳤는지 물어보는 것은 당연하다. 그러나 실제 이런 상황에 닥치면 누가 이렇게 행동할 수 있겠는가? 왜 불이 났는지, 말은 얼마나 상했는지를 따지는 것이 일반적이다. 금품을 잃었다고 하면, 얼마를 잃었는지부터 묻고 사람이 상했는지를 묻지 않는 것이 요즘 세태가 아닌가? 공자의 "사람이 다쳤느냐"라는 말은 비겸의 최고 수준을 말해준다.

공자는 마구간지기에게 이렇게 말한 것이다. "무슨 일이 벌어졌는지 모르겠지만, 그대가 말 따위보다 더 중요하다." 사마천이 훌륭한 인격을 지닌 안영의 말고삐라도 잡겠다고 한 것처럼, 사람은 누구나 마음을 주면 어떻게든 돕고 싶은 것이다. 이렇게 실제로 남을 칭찬하는 말이 아니더라도 비겸을 성공시킬 수 있다.

공자의 비겸은 윗사람이 아랫사람에게 하는 최상급의 비겸이며, 자연스런 비겸으로 인의(仁義)라는 대의와 맞닿아 있다. 물론 일상에서는 이런 비겸 외에 더 많은 비겸이 있다. 요지는 비겸을 그렇게 폄훼하지 말고 창조적으로, 더 높은 수준에서 활용해야 한다는 것이다.

비겸술을 사용할 때 잊지 말아야 할 것은 사람마다 모두 다르기 때문에 그 사람에 맞게 비겸을 사용해야 한다는 점이다. 그래서 그 사람이 원하는 핵심을 파악하고 유세해야 한다고 귀곡자는 강조한다. 그 사람 마음에 있는 것이 내가 실력을 발휘할 수 있는 분야라면 그 스스로 나를 찾을 것이다. 주 문왕이 강태공을 찾은 것은 어찌 보면 당연하다.

강태공이 건국의 혜안을 가지고 있었다는 사실을 알았기 때문이다. 바로 상대방이 원하는 핵심으로 꽉 잡으라는 것이다.

또 다른 비겸의 예를 한번 들어보자.

칭찬에는 장사가 없다: 상앙

전국시대 말기에 상앙이란 사람이 있었다. 이 사람은 법가사상을 실제로 통치에 응용한 위인이다. 상앙의 법가는 진나라 통일의 초석을 낳았다는 평가를 받기도 하고, 상앙의 법치가 너무 가혹했기 때문에 진나라가 2대를 못 넘기고 멸망했다는 비난도 듣는다.

상앙은 원래 위衛나라 사람으로, 위魏나라의 상국 공숙좌公叔痤의 가신이 되었다. 공숙좌가 죽으면서 위 혜왕魏惠王에게, 상앙에게 국사를 물으라고 했다. 물론 혜왕은 어린 상앙에게 나라를 맡기라는 공숙좌의 말을 허튼소리로 흘린다. 그러나 그가 얼마나 뛰어났던지 공숙좌는 이어 이렇게 말한다.

"그를 쓰지 않으려면 죽이십시오. 나라 밖으로 나가게 해서는 안 됩니다."

그러고는 상앙에게는 도망가라고 한다.

"위왕에게 너를 쓰라고 했다. 너를 쓰지 않으려면 네가 다른 곳에서 벼슬하지 못하게 죽이라고 했다. 너를 쓰지 않을 것 같으니 빨리 달아나거라."

그런데 그가 한 대답이 걸작이다.

"스승께서는 걱정하지 마십시오. 저를 쓰라는 스승의 말씀을 듣지 않았는데, 저를 죽이라는 말씀을 듣겠습니까?"

상앙은 이렇게 찔러도 피 한 방울 안 날 것 같은 냉정한 인물이다.

공숙좌가 죽고 진秦나라의 효공孝公이 널리 인재를 모은다는 영을 내린다. 그러자 상앙은 등용될 기회를 찾아 진나라로 유세하러 떠난다. 효공이 아끼는 사람 중 경감景監이라는 자가 있었다. 상앙은 경감을 통해 왕을 알현했다.

그런데 그 첫날 왕을 접견하자 왕은 상앙의 말을 듣지도 않고 졸았던 모양이다. 효공이 경감을 책망하면서 말한다. "그대의 객은 망령된 자다. 어디다 쓰겠는가[子之客妄人耳, 安足用邪]." 그러니 경감이 상앙을 책망한다.

"아니 공이 어떻게 처신했기에 왕이 이렇게 역정을 내시오?"

상앙은 이렇게 대답한다.

"제가 제도帝道(최고의 도)를 말했더니 임금이 깨닫지 못하더이다." 그래서 며칠 지나 다시 왕 앞에 나갔던 모양이다. 이번에도 효공은 심드렁했다. 상앙이 말하길, "제가 왕도로 유세했더니 여전히 받아들이지 않는군요. 다시 한 번 뵙지요"라고 했다.

그리고 다시 효공을 만났다. 이제서야 효공은 만족을 했던 모양이다.

"그대의 손님은 훌륭하오. 같이 이야기할 수는 있겠소[汝客善, 可與語矣]."

상앙이 경감에게 말한다.

"제가 패도를 말하니 받아들이려 하시네요. 그 뜻을 알았습니다."

그래서 다시 만나 이야기를 하니 효공은 이야기를 듣느라 정신이 없었다. 그때 상앙이 말한 패도는 강국지술彊國之術, 즉 좋게 말하면 부국 강병이고 나쁘게 말하면 다른 나라들을 무력으로 굴복시키는 것이었다. 그다음부터 상앙은 신분이 수직 상승하여 재상이 되고 그 유명한 '상앙변법'을 시행하게 된다.

상앙변법의 핵심은 백성을 강하게 구속하고, 생산을 독려해 군사력과 세금으로 국가를 튼튼하게 한다는 것이다. 과연 그가 추진한 변법이 효과를 보아서 진은 강국이 되었고, 위나라를 쳐서 동쪽으로 쫓아내고 그 땅을 얻었다.

그런데 상앙이 효공을 꼼짝 못하게 잡은 술책은 무엇이었을까? 귀곡자의 가르침처럼 효공이 제일 좋아하는 것을 제시한 것이다.

상앙이 진 효공에게 두 번이나 딴소리를 한 것은 상대를 완전히 파악하려고 했기 때문이다. 그는 제도나 왕도에 관심 있는 군주에게 법가류의 주장을 하면 결코 기회가 주어지지 않는다는 걸 알았을 것이다. 그러나 효공과 같이 패도를 찾는 사람에게 제도와 왕도를 이야기하면 실행할 수 없다며 멀리할지는 몰라도, 내쳐지지는 않는다는 것도 알았을 것이다. 아무리 패도에 관심이 있어도 제도와 왕도를 드러내고 무시할 수는 없기 때문이다. 그래서 서서히 정도를 더해 상대를 떠보면서 상대를 파악하고, 자신과 비슷한 부류라는 확신이 들자 마음먹고 실력을 발휘한 것이다. 앞서 배운 귀곡자의 '반응'을 실행한 셈이다. 이제 다음 대화를 통해 상앙의 능수능란한 비겸술을 감상해 보자.

상앙이 엄격한 형벌에 근거한 변법을 제시하자, 효공은 좋다고 한다. 그러나 당연히 조정 내부의 강한 반대에 부딪혔다. 조정에서는 변법을 두고 갑론을박이 벌어진다. 그러자 상앙은 성인聖人은 국가에 도움이 된다면 구례를 따르지 않는다고 주장한다.

"성인은 예를 만들지 무턱대고 구례를 따르지 않습니다. 변법으로 국가를 강성하게 해야 합니다."

이에 대항하여 감룡甘龍이라는 신하가 말한다.

"그렇지 않습니다. 성인은 백성을 바꾸지 않고 교화합니다. 지자智子는 법을 바꾸지 않고 다스립니다. 백성들을 (그 풍속을 따라) 교화하면 고되지 않게 성공할 수 있고, 옛 법으로 다스리면 관리들이 익숙하고 백성들은 편안하게 느끼게 됩니다."

그러자 상앙이 말한다.

"감룡의 말은 세속의 말입니다. 보통 사람은 옛것에 안주하고, 학자들은 이미 들은 것에만 빠져들게 마련입니다. 이 두 가지 부류는 다만 관에 거하며 법을 지킬 수 있을 뿐이니, 법을 벗어난 일을 함께 논할 바가 못 됩니다. 하은주 삼대는 서로 다른 예법으로 왕이 되었고, 춘추시대 패업을 이룬 다섯 제후는 다른 법으로 패자가 되었습니다. 지혜로운 자는 법을 만들고 어리석은 자는 법의 지배를 받습니다. 현명한 자는 예를 바꾸고 못난 자는 예의 구애를 받습니다."

상앙은 변법을 시행하려는 효공이 지혜롭고 현명하다고 띄우고 있는 것이다. 그런데 반대하는 사람들은 옛날 사람들이 현명하고 지혜롭다고 말한다. 상앙은 대담하게도 효공을 옛 현자와 지자의 위치로 올리고 반대파를 못나고 어리석은 사람으로 말하고 있으니 효공은 내심 상앙 쪽으로 기운다.

그러자 두지杜摯가 말한다.

"이로움이 백 배가 되지 않으면 법을 바꾸지 않고, 공로가 열 배가 되지 않으면 예법에 따른 그릇을 바꾸지 않습니다. 옛 법을 따르면 과오가 없고, 옛날의 예법을 따르면 사악함이 없을 것입니다."

이 이야기는 대단한 혜안 없이 법을 바꾸지 말라는 것인데, 역시 현재의 군주가 옛 성인의 제도를 바꿀 정도의 능력을 갖추지 않고 있다고 말하는 것과 다름없다. 그러자 상앙이 말한다.

"세상을 다스리는 데 한 가지 방법만 있는 것이 아니고, 나라를 편하게(강하게) 한다면 구태여 옛 법을 따를 필요가 없습니다. 그래서 은나라의 탕왕과 주나라의 무왕이 옛 법을 따르지 않고도 왕이 되었고, 하나라와 은나라는 예법을 바꾸지 않았는데도 멸망했습니다. 옛 법을 거스르는 것이 (반드시) 틀린 것도 아니요, 옛 예법을 따른다고 반드시 옳다고 할 수도 없습니다."

그러자 효공이 "좋다[善]"고 말한다. 변법은 재가를 받은 것이다.

이상의 대화에서 효공은 성인이 되고, 현자가 되고, 지자가 된다. 그러니 어떻게 좋다고 하지 않겠는가? 게다가 최고의 군주로 알려진 탕왕과 무왕의 반열에까지 올라간다.

역사에 관심이 좀 있는 사람이라면 상앙의 말에 약간의 속임수가 있다는 걸 알 수 있을 것이다. 공자도 말한 적이 있지만 주의 예법은 화려했던 모양이다. 그러나 탕왕과 무왕이 새로운 법을 시행한 것은 걸왕과 주왕의 포악한 정치를 '예禮'라는 도구를 통해 수정하려는 것이었다. 탕왕과 무왕의 변법은 폭정을 덕치로 바꾸고자 하는 제도적 개혁이었다.

반면 상앙은 백성을 통제하기 위해 탕왕과 무왕과는 반대 방향의 법치, 즉 변법을 시행하려 하고 있다. 그러면서도 성인, 현자, 지자 그리고 탕왕과 무왕을 모두 이용한 것은 사실상 효공을 띄우기 위한 것이다. 최소한 이 논쟁에서 상앙은 유세할 사람이 누구인지 명확히 알고 있었기 때문에 비겸의 방법을 성공할 수 있었다.

그리고 변법을 시행하고 왕권과 군사를 강하게 하는 면에서는 상앙을 따를 사람이 없었다. 상앙은 자기가 유세하는 사람이 원하는 것을 정확히 알고 있었을 뿐 아니라 그 방면에 관해서는 최고의 전문가였다. 그래서 성공한 것이다.

상앙에게서 귀곡자가 말한 비겸의 기본 기술을 모두 배웠다. 상대의 마음을 정확히 알아서 핵심을 찌른 후, 상대를 높여서 자신감을 주고, 마지막으로 꼼짝없이 일을 하게 만든다는 것이다. 물론 상앙의 변법에 대한 열정은 최고였고, 실력도 최고였다는 사실을 당연히 기억해야 한다. 효공은 실제로 상앙의 변법을 시행하는 꼭두각시에 지나지 않았지만 상앙으로서는 그가 꼭 필요했던 것이다.

* 원문 해석

일반적으로 계략과 능력을 측정하는 것은 멀리 있는 사람을 가까이 불러 세력을 형성하여 일을 장악하기 위해서다. 이를 위해서는 반드시 우선 그 사람과 나의 같은 점과 다른 점을 살피고, 말을 들어 옳고 그른 것을 알아내고, 마음에 있는 말과 밖에 드러난 말을 비교해 보고, 일을 할 방책이 있는지 없는지 보고, 그런 후 안위의 계책을 정하고 가까이 할지 말지를 결정한다. 이런 후에 능력을 살펴보아 일을 바로잡을 능력이 있으면 부를 수도 있고, 구할 수도 있고, 쓸 수도 있다.

사람을 쓸 때는 낚시로 채듯이 유도해서 꼼짝 못하게 하는 말[鉤箝之辭]을 쓰는데 우선 상대를 띄워준 후 기회를 봐서 낚아챈다. 구겸지사는 남을 유세하는 말로 상황에 따라 다르게 쓴다. 상대가 쉽게 비겸술에 걸려들지 않을 경우 먼저 부른 후 점점 피로하게 만들거나, 일을 잔뜩 쌓아서 피로하게 만든 후 허물어버리는 방법이 있으니, 혹은 먼저 피로하게 만들어 상대를 넘기고, 혹은 먼저 타격을 가한 후 피로하게 만든다. 이 방법을 쓸 때는 재화, 각종 옥과 구슬, 여자를 줘서 마음을 사거나, 능력을 살펴본 후 위세로 위협해서 꼼짝 못 하게 하거나, 혹은 약점을 잡아 꼼짝 못 하게 할 수도 있는데 이때는 저희술을 사용한다.

천하에 비겸의 방법을 쓸 때는 천하의 권세와 능력을 파악한 후, 천시의 흥망과 성쇠, 땅의 넓음과 좁음, 지형의 험준함과 평탄함, 인민과 재화의 다소, 제후들 간의 친함과 소원함, 애정과 증오, 군주(제후)가 마음에 품고 있는 바를 함께 꿰뚫어야 한다. 군주의 뜻을 잘 살펴 좋아하고 싫어하는 바를 파악한 후, 그가 중시하는 것을 집중적으로 유세하는데, 비겸의 말을 써서 그 좋아하는 바를 낚아챈 후, 꼼짝 못 하게 그를 잡는다. 남에게 비겸을 쓸 때는 그 사람의 지능과 재능, 기세를 파악한 후 그의 측근이 되어 따른다. 일단 상대를 칭찬하는 말로 띄워서 환영하고 따르다가 기회를 봐서 꼼짝 못하게 장악하고, 뜻으로써 친하게 된다. 이것이 바로 비겸술을 써서 할 수 있는 일이다. 남에게 쓸 때는 내가 빈 것을 보내도(칭찬하는 빈말을 던져도) 실질적인 것이 돌아오니(상대는 본심을 드러내서 자신의 행동을 스스로 제약하는 말을 한다), 이를 놓치지 말고 상대의 말을 자세히 탐구하면, (그 마음을) 꼼짝 못하게 묶어서 세로로 갈 수도 있고 가로로 갈 수도 있고, 동으로 서로 북으로 남으로 끌고 다닐 수도 있고, 되돌아갈 수도 있고 다시 돌이킬 수도 있다. 이렇게 하면 비록 실패하더라도 회복할 수 있으므로 여전히 상대를 제어할 수 있다.

凡度權量能, 所以徵遠來近, 立勢而制事. 必先察同異, 別是非之語, 見內外之辭, 知有無之數, 決安危之計, 定親疏之事, 然後乃權量之. 其有隱括, 乃可徵, 乃可求, 乃可用.

引鉤箝之辭, 飛而箝之. 鉤箝之語, 其說辭也, 乍同乍異. 其不可善者, 或先徵之, 而後重累, 或先重以累, 而後毀之, 或以重累爲毀, 或以毀爲重累. 其用或稱財貨琦瑋珠玉璧帛采邑以事之, 或量能立勢以鉤之, 或伺候見 而箝之, 其事用抵巇.

將欲用之於天下, 必度權量能, 見天時之盛衰, 制地形之廣狹, 阻險之難易, 人民貨財之多少, 諸侯之交孰親孰疏, 孰愛孰憎. 心意之慮懷, 審其意, 知其所好惡, 乃就說其所重, 以飛箝之辭, 鉤其所好, 乃以箝求之.

用之於人, 則量智能, 權材力, 料氣勢, 爲之樞機, 以迎之隨之, 以箝和之, 以意宣之, 此飛箝之綴也. 用之於人, 則空往而實來, 綴而不失, 以究其辭. 可箝而縱, 可箝而橫, 可引而東, 可引而西, 可引而南, 可引而北, 可引而反, 可引而覆. 雖覆能復, 不失其度.

권

말의 힘으로 상황을 주도하라

> "지혜로운 사람은 자신의 단점을 쓰지 않고, 어리석은 사람의 장점을 사용하며,
> 자신의 못난 부분을 쓰지 않고 어리석은 사람이 잘 하는 부분을 이용한다
> [智者不用其所短, 而用愚人之所長, 不用所拙, 而用愚人之所工]."
>
> _ 귀곡자

드디어 《귀곡자》라는 책을 유세가들의 경전으로 만든 필살기가 등장한
다. 바로 상대를 꺾지 말고 넘어서라는 것이다. 앞에서 상대의 실력과
본심을 파악했다면 이제 상대의 힘을 이용해야 한다.

'권權'이란 원래 저울추를 뜻한다. 권의 가장 원시적인 의미는 나와 주
위 사람들이 처한 상황을 판단하는 것이었는데 의미가 확장되어 상황
에 따른 임기응변이라는 뜻이 추가되었다. 그래서 '권모權謀'라고 하면
상황에 따라 꾀를 낸다는 뜻이다. 이 장에서 말하는 권이란 상황에 따

른 말의 변화를 뜻한다.

그런데 상황에 따른 말의 변화란 무엇인가? 상황에 따라 말을 바꾸는 것과 거짓말을 하는 것의 차이는 또 무엇인가? 이것이 프로젝트를 완성시키는 것과는 무슨 관련이 있는가? 귀곡자가 항상 강조하는 것은 주도권이다. 우리가 흔히 말하는 거짓말은 수동적인 위치에서 하는 선택이다. 거짓말이 어떻게 생기는지 한번 보라. 악의적으로 거짓말을 하는 경우를 제외하면 대체로 상황에 몰렸을 때 거짓말을 한다. 하지만 거짓말을 함으로써 상황은 더 악화된다. 왜냐하면 거짓말을 하는 순간 심기가 흔들려 논리를 잃어버리기 때문이다. 반면 상황에 따라 말을 변화시킨다는 것은 상황을 먼저 파악하여 핵심을 찌르는 말만 사용한다는 것이다. 말의 힘으로 상황을 주도적으로 끌어가는 것이 바로 말을 변화시킨다는 의미다.

요즈음은 프레젠테이션이 의사소통의 큰 부분을 차지하고 있다. 재미있는 프레젠테이션을 본 적이 있는가? 솔직히 재미있는 프레젠테이션은 거의 없다. 발표를 하는 사람에게는 모든 것이 중요해 보이지만, 듣는 사람에게는 별로 중요하지 않게 보이는 것이 프레젠테이션이다. 서로 얻고자 하는 것이 다르기 때문에 이런 상황은 오히려 당연하다. 아무리 강조하고 반복해도 상대방의 흥미를 끌지 못하면 소용이 없다. 그래서 말의 변화가 필요한 것이다. 말은 의도한 목적지에 최소한 80퍼센트까지 끌고 가는 역할을 한다.

귀곡자가 강조하는 말의 핵심은 상대방의 말을 꺾으려 해서 힘을 낭비하지 말라는 것이다. 말을 할 때는 일단 상대방을 피로하게 해서는 안 된다. 상대방은 말하는 나 못지않게 바쁘다. 일단 그 사람이 필요로 하는 것을 주어야 한다. 정말로 원하는 것을 준다면 상대방은 피로를 잊는다. 그때 더 많은 말을 해도 늦지 않다.

귀곡자는 말의 힘을 믿으라고 말한다. 프로젝트를 완성하기 위해 우리는 말의 힘을 믿어야 한다. 말의 힘을 빌리지 않고 이룰 수 있는 것은 하나도 없다. 이번 장은 설득의 모든 요소를 세밀하게 설파하고 있다. 문구 하나 하나가 폐부를 찌르는 예리한 문장들이다. 정밀하게 취사해서 읽어보자.

말의 힘을 믿어라

귀곡자는 상대를 설득하기 위해서는 말의 힘을 빌려야 하는데 그 힘이란 바로 말의 변화라고 말한다.

> 세說라는 것은 상대를 설득하는 것인데, 상대를 설득하는 것은 그를 이용한다는 뜻이다. 말을 꾸미는 것은 말의 힘을 빌리는 것이고, 말의 힘을 빌린다는 것은 어떤 것은 빼고 어떤 것은 늘려서 말을 만든다는 뜻이다.

그래서 남을 설득하려는 사람은 최소한 '거침없이 말에 능해야' 한다. 아첨하는 말도 그 화려함을 이용해서 진실한 말로 둔갑하고, 별 내용이 없는 말도 잡다한 지식을 더해서 지혜로운 것으로 변하고, 평범한 말도 결단의 순간을 잃지 않으면 용기 있는 말이 된다. 대체로 이런 것이 말의 변화가 이루어내는 일들이다.

거침없이 말에 능해야 한다고 해서 굳이 아첨하고, 잡다한 지식으로 본심을 숨기는 일까지 할 필요는 없다. 다만 그런 말을 골라낼 능력이 있으면 된다. 말을 할 때 결단을 보여주는 것과 말을 통해 스스로를 보완하는 것 또한 반드시 배워야 할 점이다. 귀곡자는 결단은 의심을 하지 않는 것이라고 했다. 결정이 있은 후 의심하지 않는 것을 결단이라고 한다. 그러면 말에 힘이 생긴다. 결정이 오락가락하면 말이 힘을 잃는다. 그리고 결점을 보완한다고 하는 것은 상대방의 말에서 보충할 것을 얻는다는 뜻이다. 그러면 말이 정밀해져서 쉽게 무너지지 않는다. 팽팽한 긴장 상황에서 내가 무너지지 않으면 상대가 먼저 무너진다. 상대를 이기기 위해 달려들지 않더라도 스스로의 결점을 보완하면 승리를 얻을 수 있다는 말이다.

말을 잘하고, 잘 들어야 하는 이유는 말은 쓰이는 상황에 따라 변화하기 때문이다. 《전국책戰國策》에 '증삼살인曾參殺人'이라는 고사성어가 나온다. 공자의 대제자인 증자曾子(증삼)와 이름이 같은 사람이 살인을 했다고 한다. 그러자 어떤 사람이 증자의 어머니에게 달려가 "증삼이 사람을 죽였습니다"라고 했다. 어머니는 증자의 사람됨을 알기에 처음에는 그 말을 무시했다. 그런데 조금 있다가 또 한 사람이 뛰어와 말했다. "증삼이 사람을 죽였습니다." 이번에도 어머니는 동요하지 않았다. 그런데 세 번째 사람이 달려와 증삼이 사람을 죽였다고 하니 어머니도 놀라 뛰쳐나갔다고 한다. 말은 변화를 하고 그 속에 본의 아닌 거짓이나 오해가 들어 있을 수 있다. 그래서 말은 귀한 물건임과 동시에 위험한 물건이다.

말을 제대로 쓰고, 말이 진실로 힘을 지니려면 어떻게 해야 하는가? 귀곡자는 입과 귀와 눈을 유기적으로 쓰라고 말한다. 말은 변화가 있어서 아첨하는 말도 충언으로 둔갑한다고 한다. 그래서 마음의 또 다른 문인 귀와 눈을 잘 활용해야 한다. 귀곡자는 귀와 눈으로 숨겨진 것을 찾아낸다고 한다.

입은 말이 드나드는 문이니 본심을 숨기는 역할을 한다. 귀와 눈은 마음을 보조하는 것들이어서 말로 살피지 못하는 틈을 살피고, 간사한 것을 가려내는 역할을 한다. 따라서 입, 귀, 눈이 조화롭게 응해야 방도에 맞게 움직일 수 있다.

상대의 말을 들을 때는 말 자체와 함께 눈과 귀를 통해 상대의 마음을 읽어야 한다. 말이란 정말 무서운 것이다. 한 사람이 말을 왜곡할 수도 있고 여러 사람이 말을 왜곡할 수도 있다. 그래서 귀곡자는 "여러 사람의 입은 쇠도 녹일 수가 있으니 삿된 마음으로 바른 것도 왜곡할 수 있음을 말함이다"라고 경계한다. 따라서 귀를 열어 상대의 말을 정밀하게 듣고 눈으로는 상대의 마음을 읽어야 한다.

내가 말을 할 때도 마찬가지다. 말은 상대의 귀와 눈을 동시에 만족시켜야 한다. 말 자체가 상대의 흥미를 끄는 것은 상대의 입, 즉 구미를 맞추는 것이고, 논리가 빈틈이 없는 것은 상대의 귀를 만족시키는 것이고, 거짓을 버리는 것이 상대의 눈을 맞추는 것이다. 눈이 평온하고 흔들리지 않되, 그 빛깔이 맑은 사람은 대체로 진심을 이야기하고 있는 것이다. 진심으로 말을 하면서도 두려움에 떨거나 자신감을 잃으면 눈이 흔들린다. 말을 할 때 자신감을 가지면 눈이 흔들리지 않는다.

핵심을 찔러 말의 힘을 보여주다: 서희

우리 역사에도 말의 힘을 극명히 보여준 예가 있다. 바로 한 번의 담판으로 요遼나라의 수십만 대군을 물리친 고려의 명신 서희徐熙다. 서희의 한 마디 한 마디는 말의 힘을 극대화하는 법칙을 제시한다. 흔히 요나라의 소손녕蕭遜寧이 서희의 막힘없는 언변에 대답하지 못해 군대를 돌렸다고 하는데 그건 사실이 아니다. 말을 성공시키기 전에 이미 상당한 사전 작업이 있었다.

서희의 성공을 귀곡자의 논리로 재해석하면 다음과 같다. 우선 상대가 처한 입장을 이해했다. 또 협상에 나선 상대의 본심도 파악했다. 바로 췌마에 성공한 것이다. 두 번째는 말의 힘을 극대화하기 위해 상대를 적극적으로 파악하는 동시에 자신의 심기를 안정시켜 위엄 있게 대처했다. 그리고 평범한 말 속에 쌍방의 이득을 함께 고려한 결단을 담아 상대의 마음을 열게 했다. 모두 말의 힘을 믿었기 때문에 가능한 것이었다.

우선 서희의 췌마술을 살펴보자. 소손녕이 대군을 몰고 압록강을 건너자 투항파와 저항파의 고전적인 설전이 시작된다. 투항파들이 서경이북을 할양하고 화친하자고 할 때 서희가 말한다.

거란의 동경에서 우리의 안북부에 이르는 수백 리는 모두 생여진生女
眞이 차지하고 있던 것을 광종光宗께서 이를 취하고 가주, 송성 등을
쌓았습니다.

거란이 온 이유는 고작 이 두 개 성을 뺏으려는 것으로 고구려의 옛
땅을 뺏겠다는 말은 사실 우리를 겁주려는 것입니다. _《고려사高麗
史》〈서희열전徐熙列傳〉

이 말은 단순한 것처럼 보이지만 대단한 통찰을 담고 있다. 잠시 당
시의 중국으로 돌아가 보자. 우선 거란이 세운 요는 어떤 나라였는가?
907년 야율아보기耶律阿保機가 거란을 건국한 지 30년 만에 화북의 연
운16주를 획득하고 국호를 '요'로 고친다. 거란은 유목민족으로서 최초
로 장성 이남의 중국 본토를 정복한 민족이다. 이들은 몽골계와 만주
퉁구스계 사이에 위치한 민족으로, 이 두 유목민을 동시에 통제하면서
화북을 지배할 정도로 통치 기술도 정교했다. 우리가 흔히 생각하는 야
만인이 아니라 유목민족 중 가장 뛰어난 문화를 자랑한 민족이었다. 당
시 이들의 주적이 송宋나라였으니 친송 정책을 펴는 고려를 달갑게 보
지 않았다.

그러면 당시 송과 요의 관계는 어떠했는지 살펴보자. 송 태종은 북방
의 유목민에 대항해 979년과 986년 두 차례에 걸쳐 대대적인 북벌 전
쟁을 벌인다. 하지만 전쟁은 요의 승리로 끝난다. 공격을 받은 요나라가
가만히 있을 리 없었다. 대반격을 준비한다.

그런데 요나라가 중원으로 나가기 위해서는 후방에 있던 여진과 고려

가 문제였다. 그래서 993년 고려에 침입한 것이다. 요의 목표는 원래 송이었고, 여진과 고려를 먼저 공격한 것은 후방을 안전하게 확보하기 위한 사전 작업이었다.

소손녕은 요하 바로 동쪽에 있는 동경의 유수留守로 여진과 고려의 향방을 면밀히 살피고 있었다. 11세기 초부터는 여진이 서서히 세력을 모으기 시작하는데 요로서는 불안할 수밖에 없었다. 고려보다는 같은 유목민인 여진이 더 두려웠던 것이다. 요에게 최선의 길은 고려와 여진이 서로 견제를 하는 것이었다. 고려가 쉽사리 항복한다면 좋겠지만, 그렇지 않다면 고려와 여진이 서로 견제하는 것이 요로서는 최선책이다. 11세기 말 여진의 완안부가 세력을 확장하자 요나라가 압록강 유역의 내원성 등을 고려에 주고 공동으로 여진에 대응한 것을 봐도 요의 본심을 알 수 있다.

이미 송에 사절로 파견되어 활약한 적이 있는 서희는 이러한 국제 정세를 간파하고 있었다. 강하게 저항하면 요는 깊이 들어오기 힘들다. 과연 고려군도 안융진을 효과적으로 방비해서 거란군은 더는 진격할 수 없는 상황이었다. 소손녕은 만약 고려가 강경하게 저항한다면 상당히 난처한 입장에 처할 수밖에 없었다. 이제 서희가 담판에 나선다. 서희는 상대의 약점을 간파하고 있었다. 그들의 대화를 들어보자. 소손녕이 말한다.

"그대의 나라는 신라 땅에서 일어섰고 고구려의 옛 땅은 우리 것인데 어찌 침범하는 것이오? 또 우리와 국경을 접하고도 바다 건너 송을 섬기니 이번에 출병하게 되었소. 만일 할양하고 화친을 한다면 무사할 수 있을 것이오."

결국 북진과 친송 정책을 모두 포기하라는 것이다. 이에 서희가 답
한다.

"그렇지 않습니다. 우리의 국호는 고려로 고구려를 이어받고 평양을
수도로 정했습니다. 경계를 따지자면 귀국의 동경도 우리 땅인데 어찌
침범을 말하십니까?"

여기까지는 사실 의례적인 말이다. 이제 본론이 나온다.

"압록강 내외도 우리 땅인데 여진이 차지하고는 교통을 막아서 바다
를 건너 통교하는 것보다 어렵습니다. 지금 여진으로 하여금 우리 땅
을 돌려주게 하고 거기다 성과 보를 쌓으면 어떻게 감히 통교하지 않겠
습니까? 장군께서 천자께 이렇게 말씀드리면 어찌 허락하지 않겠습니
까?"

고려사에 나오는 대화는 단 두 마디다. 그렇지만 그 안에 모든 내용
이 들어 있다. 서희는 요의 우환이 고려뿐 아니라 여진이기도 하다는
점을 잘 알고 있었다. 그래서 애초에 상대의 위세에 눌리지 않고 겸손
하지만 높은 자세를 유지한 것이다.

그리고 또 여진을 견제하겠다는 뜻을 은연중에 명확히 함으로써 요
와 고려의 실리를 강조했다. 물론 소손녕은 고려가 만약 압록강 이남의
땅을 요에게 준다면 좋다고 받았을 것이다. 그래서 일단 위협을 한 것
이다. 그러나 주지 않는다고 해도 별 도리가 없었다. 이미 남진이 쉽지
않은 상황에서 전쟁을 오래 끌 수는 없기 때문이다. 그렇다면 고려가
여진을 견제하게 하는 것이 요로서는 최선책이다. 서희는 이 모든 것을

단 몇 마디 안에 녹였다.

지금까지는 대체로 객관적인 정세에 관해 말했다. 그러나 객관적인 정세 이상의 것이 있었으니 바로 말을 하는 서희의 태도였다. 소손녕은 도요토미 히데요시와 달리 위신을 잘 아는 자였다. 또 서희의 기세를 보고 내심 높이 평가하는 중이었다. 그런 중에 단도직입적으로 핵심을 찌르자 더 말을 할 이유가 없었던 것이다. 소손녕은 서희를 한번 떠볼 요량으로 협상 전에 이렇게 말한다.

"나는 대국의 귀인이니 그대는 뜰에서 절을 올리라."

그러자 서희는 말한다.

"엎드려 절하는 것은 신하가 군주에게 하는 일입니다. 양국의 대신이 상견하는 자리에서 어떻게 그렇게 할 수 있겠습니까?"

수십만 대군의 진중에서 이렇게 말하는 것은 쉽지 않다. 그러나 서희는 소손녕이 교양 없는 인간이 아니라, 위협을 가하려는 의도에서 그랬다는 걸 잘 알고 있었다. 과연 소손녕은 서희에게 양보한다. 이미 대화는 끝난 것이다. 서희는 소손녕이 더는 남진하지 않고 있는 이유를 알고 있었고 소손녕의 인격까지 파악하고 있었다.

이리하여 양국의 합의하에 고려는 북진을 계속할 수 있었다. 말은 상대의 수준에 따라서 다르게 해야 하고, 말을 하기 전에는 객관적인 정황을 이해해야 한다. 도요토미 히데요시의 안하무인격 태도에 겁을 먹은 황윤길이나, 거기에 발끈하여 목적을 잃어버린 김성일과는 사뭇 다르다. 상대가 나를 위협할 때, 즉 상대가 높은 위치에 있을 때 자세가 무너지지 않는다면 상대는 반쯤 설복된 것이다. 귀곡자는 눈과 귀를 함께 쓴다고 말하지만 서희는 온몸으로 말을 했던 것이다. 이런 말이 힘이 있는 말이다.

상대를 꺾지 말고 상황에 따라 활용한다

이제 귀곡자는 더 구체적인 기술을 이야기하고 있다. 말을 하는 요결을 제시하고 있다. 그 요결은 대단한 것이 아니다. 말로 남을 꺾지 말라는 것이다. 설득의 핵심 요결이다. 절대로 말로 남을 꺾으려 하지 마라! 물론 남을 꺾을 수도 있다. 그러나 그것이 목적이 아님을 잊어서는 안 된다. 우리의 목적은 귀중한 여러 가지 자원을 투입해서 프로젝트를 완성하는 것이다. 말을 통해서 상대가 우리의 목표를 납득하고, 우리의 프로젝트에 적극 참여하도록 설득하는 것이다. 즉 우리의 목적은 프로젝트를 완성하기 위해서 상대의 힘을 이용하는 것이다.

사람들은 남이 자신의 말을 들어주기를 원하고, 일을 할 때는 꼭 성공하고 싶어 한다. 그래서 지혜로운 사람은 자신의 단점을 쓰지 않고, 어리석은 사람의 장점을 이용하며, 자신의 못난 부분을 쓰지 않고 어리석은 사람이 잘하는 부분을 이용한다. 그러니 자신이 피곤할 필요가 없다.

귀곡자는 나의 단점을 쓰지 말고 상대의 장점을 쓰라고 한다. 소는

밭을 갈고 사람은 소에게 방향을 잡아준다. 쟁기를 끄는 데 사람이 소보다 나을 수 있을까? 사람이 쟁기를 끌면 힘이 금방 소진된다. 그러나 소의 힘을 이용하고 방향만 잡아주면 힘이 들지 않는다. 프로젝트를 성사시키는 요지는 바로 이것이다. 힘의 방향을 잡아주는 것이다.

귀곡자는 상대방을 꺾지 말고 그 힘, 혹은 그 욕구를 이용하는 방법을 구체적으로 제시한다. 바로 상대의 논리를 이용해 상대를 설득하는 방법이다.

> 그래서 지혜로운 사람과 이야기할 때는 박식함을 쓰고, 어리석은 사람과 이야기할 때는 명쾌하게 판단하고, 판단이 좋은 사람과 이야기할 때는 그 요점을 잡는 것에 의지하고, 신분이 귀한 사람과 이야기할 때는 기세를 유지하고, 부유한 사람과 이야기할 때는 고상함을 지키고, 가난한 사람과 이야기할 때는 그 이익을 제시하고, 천한 사람과 이야기할 때는 겸손하고, 용감한 사람과 이야기할 때는 과단성을 보여주고, 허물이 있는 사람과 이야기할 때는 예리하게 지적해야 한다.

귀곡자의 말인즉, 말로 상대를 꺾지 말고 상대의 의도와 나의 의도의 공통점을 찾아 목적을 성취하라는 것이다.

우리의 일상을 생각해 보자. 달변가들은 그저 말로 이기려 하는데 사람들을 지레 겁먹게 한다. 돈이 있는 사람은 돈으로 일을 처리하려 하니 상대가 마음을 열지 않는다. 나의 강점으로 상대를 압도하려 하니 상대는 방어막을 치고 마음을 열지 않는 것이다. 모든 생명체에는 방어본능이 있다. 그것을 자극해서는 상대를 설득할 수 없다.

이런 것을 현대어로 다시 풀이하면 '나의 기준을 상대방에게 강요하지 말라'는 것이다. 예를 들어보자. 상대방은 지식을 매우 중시하는 사람이다. 그는 지식의 다소를 기준으로 세상을 본다. 그렇다면 나는 그보다 더 똑똑한 사람이 될 필요는 없지만 박학함으로 그의 욕구를 채워주면 된다. 그러면 그는 마음을 연다. 이런 것을 유가에서는 중용中庸, 도가에서는 도道라고 하는데, 요지는 극단으로 달리지 않는 것이다.

몽매한 자에게 명쾌한 판단을 제시하다: 엽몽득

상대를 설득하는 것은 상대방의 결정을 유도하기 위해서다. 귀곡자는, 사람은 지식의 박약, 부귀나 인격의 정도에 따라 다르게 반응하고 판단하기 때문에 만약 상대를 설득하고자 한다면 그 눈높이 혹은 기대 수준에 근거해서 말하라고 한다. 박식한 사람들은 더 풍부한 근거의 지지를 받아야 결정을 한다. 그러나 우둔한 사람은 명쾌하고 단순한 근거를 제시해야 행동을 개시한다. 대체로 사람들이 결정하지 못하는 이유는 마음속에 뭔가 걸림돌이 있기 때문이다. 그 걸림돌을 제거하는 것 중 하나가 바로 지혜다.

《지낭智囊》에 송나라 시인 엽몽득葉夢得의 이야기가 나온다. 엽몽득이 무창에 있을 때 큰 홍수가 났다. 홍수가 나서 부모를 잃은 아이들이 유리걸식하는데 그 모양이 처참하기 그지없었다. 형편이 나은 사람들이 아이들을 기르려 해도 친부모가 뒤늦게 나타나 아이를 다시 찾을까 봐 감히 자식으로 삼으려 하지 않았다. 관에서도 뒤늦게 부모가 나타나 친권을 요구할까 하여 수수방관하고 있었다. 아이들이 굶어도 어찌할 도리가 없었다. 사람 목숨의 관점에서 보면 백성이나 관이나 몽매하기는 마찬가지였다.

그때 외지에서 온 엽몽득이 지혜를 발휘했다. 그는 예전의 법례를 뒤져서 재해로 버려진 아이를 키우면 친부모가 아이를 되찾아 갈 수 없다는 조항을 찾아낸다. 그리고 방을 붙인다.

"옛 법에 의거해서 홍수로 고아가 된 아이들을 키우면 친권을 얻을 수 있다."

이 방을 붙이니 아이 없는 부모들이 다투어 아이들을 거두어서 무려 3,800명이나 되는 아이들이 새 부모를 찾았다고 한다. 이것이 바로 말의 힘이다. 몽매한 사회를 한 번에 깨우는 말로 수천의 고아를 살린 것이다. 사실 이런 문제를 해결하지 못한 관리나, 근거를 찾지 못해 생목숨을 방기하는 백성이나 똑같이 어리석다. 그런데 엽몽득이 명확한 근거를 내놓자 수천의 고아가 어버이를 만났다.

몽매한 자에게는 명쾌한 판단을 제시해야 한다는 귀곡자의 말을 엽몽득은 실천한 것이다. 이런 행동은 그야말로 장강의 물보다 더 유장한 공덕이라 할 수 있다. 말이란 때에 따라 적절하게 사용하면 이렇게 큰 위력을 발휘한다.

뛰어난 언변은 양날의 검과 같다: 장량과 역이기

귀곡자가 말하듯이 말의 힘은 실로 대단해서 객관적인 상황에 대해서도 정반대의 묘사가 가능하다. 동명이인인 증자가 사람을 죽였더라도 말이 힘을 얻으면 증자가 실제로 사람을 죽인 것처럼 보일 수 있다. 토론장에 가면 거의 모든 의견이 나름대로 정합성을 가지고 있다. 그런 경우 어떤 것이 옳은 말인지 어떻게 파악할 수 있는가? 귀곡자는, 말은 진의를 숨기는 역할을 하기 때문에 눈과 귀의 보조를 받아야 한다고 한다. 즉 말을 할 때나 들을 때는 모두 요점을 정리하면서 말이 실제와 따로 놀지는 않는지 확인해야 한다는 것이다. 뛰어난 언변으로 말을 꾸미면 객관적인 상황 파악이 쉽지 않다. 결정권자는 뛰어난 언변 뒤에 숨어 있는 사실을 읽을 수 있어야 한다.

알다시피 장량은 한 고조 유방을 도와 분할된 중국을 다시 통일한 지략가다. 기원전 205년 유방은 상산왕, 하남왕, 한왕, 위왕과 은왕이 차례로 투항하자 여세를 몰아 초의 팽성을 집중 공략해 함락시켰다. 팽성을 얻자 유방은 과거를 잊고 주색과 재물에 탐닉할 뿐 정치를 바로 세우고 경제를 부흥시켜 민심을 얻을 생각은 하지 않았다. 유방의 품성이 대체로 그랬다.

반면 항우가 팽성이 함락되었다는 소식을 듣자마자 휘하의 3만 정병을 이끌고 지름길을 가로질러 성을 공격하니 이미 기강이 흐트러진 10만의 오합지졸은 이를 당해내지 못했다. 유방은 자기 몸 하나만 겨우 건사해서 달아날 수밖에 없었다. 이로 인해 초한전의 형세가 다시 역전된다. 이런 상황에서 장량이 묘계를 생각해 낸다. 장량은 말한다.

"구강왕 영포는 초나라의 맹장입니다. 그런데 지금 항우와 틈이 벌어졌습니다. 팽성 싸움에서 항우가 도움을 요청했지만 움직이지 않아 원한이 깊어진 상황입니다. 팽월은 항우가 분봉分封할 때 작위를 받지 못해 항우에게 불만이 있는 상태입니다. 또한 전영田榮이 항우에 반기를 들었을 때 팽월에게 연락을 했고 이로 인해 항우가 그를 토벌하려 했으나 성공하지 못했습니다. 이 두 사람은 쓸 만합니다. 그리고 대왕의 휘하에는 오직 한신만이 믿을 만한 인물입니다. 만약 이 세 사람을 함께 쓸 수 있다면 초나라를 물리칠 수 있습니다."

이리하여 한신은 북쪽의 연과 제를 공략하면서 우회하고 영포, 팽월과 결맹하니 유방은 항우를 내외에서 공격할 수 있었다. 이렇게 하여 한과 초의 운명이 다시 역전된다. 이것이 그 유명한 하읍지모下邑之謀다.

그런데 유방 진영에는 장량 말고도 역이기酈食其라는 걸출한 유세가가 있었다. 역이기는 전쟁을 순식간에 종결할 방안으로 유방에게 대규모의 분봉을 건의한다. 모사 역이기의 계책은 이런 것이었다.

"예전에 상의 탕왕이 하의 걸왕을 토벌한 후 그를 기杞의 후로 봉했고, 무왕이 주왕을 벌한 후 송의 후로 봉했습니다. 진왕이 덕을 잃고 난폭하여 제후를 친히 물리치고 사직을 멸한 후 모두 설 자리를 잃게 만들었습니다. 폐하께서 이제 육국의 제후들을 복위시키면 육국의 제후와 백성들이 감읍하여 폐하께 충성을 바칠 것입니다. 덕과 의가 이미 행해졌으니 폐하께서 남향하시어 패자임을 선언하면 항우는 자연히 입조할 수밖에 없을 것입니다."

유방은 이 이야기를 듣고 마치 패왕이 된 듯 역이기에게 인장을 들려서는 각지를 순무하며 분봉을 하라고 명했다. 그런데 장량이 밖에서 돌아와 이 계책을 듣고는 크게 놀란다. 그때 유방은 식사를 하면서 이야기하고 있었다. 장량은 젓가락을 들고 설명을 해나간다.

"폐하께서 이 계책을 쓰신다면 폐하의 대업은 무위로 돌아갑니다. 대체 누가 이런 계책을 내었단 말입니까? 우선 예전 상의 탕왕, 주의 무왕이 걸주를 벌하고 그 후대에 작위를 준 것은 그들의 생사여탈권을 완전히 쥐고 있었기 때문입니다. 그런데 지금 폐하가 초왕의 명줄을 쥐고 있습니까? 또한 그들에게 작위를 주고 죄수를 풀어준 것은 당시 신하와 백성들에게 본보기를 보여 분발하게 함이었습니다. 그런데 지금이 충신을 표창하고 현자를 존중할 때입니까? 그리고 무왕이 돈을 풀어 곡식을 내놓은 것은 모두 적국이 가지고 있던 것을 쓴 것입니다. 지금 군사들이 먹을 것도 없는데 어찌 빈민을 구제할 힘이 있겠습니까? 무왕이 상을 멸한 후 전차를 개조해 민간인의 수레로 만든 것은 전쟁이 필요 없음을 보여주려는 것이었습니다. 그런데 지금처럼 전쟁이 급한 때에 가당키나 한 일입니까? 그때 말을 남산 자락에 풀고 소를 그늘 아래 놓아둔 것은 이미 태평성세에 들어갔기 때문입니다. 지금이 태평성세란 말입니까? 그리고 지금 천하의 장사들이 고향과 친지를 버리고 폐하를 따른 것은 모두 그 공에 따라 봉지를 받기 원하기 때문입니다. 지금 폐하가 육국의 제후들에게 땅을 나누어준다면 누가 폐하를 따라 강산을 누비려 하겠습니까? 마지막으로, 초의 군대가 강하고 육국이 약하다면 초에 굴복할 것이 뻔한데, 누가 폐하께 신하를 청하겠습니까?"

한마디로 객관적인 형세를 보아 이 정책을 쓸 수 없다는 내용이다. 장량이 분봉에 반대하는 이유는 분봉을 해도 지금으로서는 상대를 제어할 수 없는 상황이라고 판단했기 때문이다. 같은 전략도 상황에 따라 성공할 수도 있고 실패할 수도 있다.

물론 역이기의 주장이 허무맹랑한 것은 아니었다. 실제로 역이기는 제나라에 가서 유세하여 제나라의 투항을 받아내는 데 성공한다. 하지만 역이기의 공을 시기한 한신이 제나라를 공격하자 첩자로 몰린 역이기는 비참한 말로를 맞는다. 하지만 역이기 역시 지략이 대단한 사람임에는 분명했다.

그런데 문제는 무엇인가? 말 자체로는 정확한 판단을 할 수 없다는 것이다. 중요한 요점들을 분석한 후에야 판단을 할 수 있다. 역이기는 과거의 형세를 자세히 연구해 계책을 세웠지만 그 요점은 한참 빗나간 것이었다. 그래서 판단이 좋은 유방도 완전히 흔들렸던 것이다. 역이기는 요점을 잘못 짚어주었다. 하지만 장량은 그의 말을 들으면서 요점을 재빨리 정리할 수 있었다. 그래서 실책을 피할 수 있었던 것이다. 물론 역이기의 방책을 썼을 때 어떤 결과가 나왔을지는 알 수 없다. 그러나 역이기가 과욕을 부린 것은 사실이다. 그래서 뛰어난 결정권자는 유세하는 말의 정합성보다 그 주장의 가능성을 읽어보아야 한다. 말의 힘은 객관적인 정세를 바꿀 정도로 대단한 것이다.

스스로를 위험에 빠뜨리는 말을 삼가라

다음으로 귀곡자가 말하는 것은 말을 할 때 조심해야 할 점이다. 귀곡자는 병든 말, 원망하는 말, 걱정에 떠는 말, 분노하는 말, 기쁨에 들뜬 말은 신중하게, 아주 정통한 후에 쓰라고 한다.

앞 장에서 우리는 감정이 들떠 있을 때 본뜻이 드러난다고 했다. 그래서 상대가 감정이 격해지더라도 자신은 안정을 유지해야 상대의 본뜻을 파악할 수 있다고 했다. 자신의 심기가 흐트러진 상태에서 상대를 설득하는 것은 무척 어려운 일이다.

우선 병든 말이란 허약하고 확신이 전혀 없는 말을 말한다. 주장이 나약한 말을 하면 군중의 마음이 흐트러진다. 말은 마음의 문이니 심기가 흐트러진 상태에서 나오는 말은 은연중에 마음이 흐트러졌음을 드러낸다. 원망하는 말은 상대에게 책임을 묻는 것이 급하기 때문에 스스로의 생각이 있을 수가 없다. 그저 감정의 표현에 지나지 않는다. 분노하는 말도 마찬가지다. 걱정에 떠는 말은 생각이 갇힌 사람들의 말이다. 생각이 한 발자국 앞으로 나아가지 못하고 그 자리를 맴도는 상황이다. 기쁨에 들떠 있다는 것은 마음속의 열정 때문에 의도하지 않은 말들이 나오는 상황이다.

일을 하는 도중 혹시 이렇게 자신을 통제하지 못하는 말을 쓰고 있는지 돌아보자. "이미 이렇게 된 이상 어쩔 수 없다." 이는 전형적으로 병든 말이다. 그렇다면 앞으로 달려 나가야 한다는 뜻인지, 현상을 유지해야 한다는 뜻인지, 아니면 철수를 해야 한다는 뜻인지 도대체 명확하지가 않다. 역사상 이런 행동의 진수를 보여준 이가 명나라 황제 신종神宗 만력제萬曆帝다. 재물을 탐내고 신기한 약품에 의존해 마음과 몸이 극도로 무기력해진 황제는 신하들이 의견을 물어도 시원스레 결론을 내지 않았다.

만주족이 북쪽을 강타하고 있어 대신들이 궁정의 돈을 써서 징병을 하자고 해도 답이 없다. 그는 제위帝位 기간 동안 조정에 나오지 않은 날이 더 많았다. 정치에는 아무런 관심이 없고 어떤 대안도 제시할 수 없을 정도로 무기력했다. 황제가 신하들에게 단골로 하는 말이 가관이다. "짐이 몸이 불편하여 국사를 돌보기 어렵소." 황제가 권력의 중심에 있는데 그러면 누가 국사를 돌본단 말인가? 실제로 마음이 병들었기 때문에 병든 말이 나온 것이다. 이것이 귀곡자가 말한 병든 말, 즉 무기력한 말이다.

선조는 원망하는 말을 가장 많이 한 조선의 임금이다. 그의 논리는 이렇다. "나라를 이렇게 만든 것은 과인의 실수다. 그러나 과인을 보좌하지 못한 것은 그대들의 실수다." 그래서 어떤 때는 김성일, 어떤 때는 유성룡柳成龍, 어떤 때는 이순신李舜臣, 어떤 때는 정철鄭澈, 어떤 때는 윤두수尹斗壽가 '그대들'의 목록에 올라갔다.

지도자가 이런 원망하는 말을 자주 하면 아래에서 전력을 다하지 않는다. "나라를 망친 것은 왜적의 침략을 묵살한 김성일 때문이다", "김성일의 배후는 모두 유성룡이다", "이순신이라는 자는 믿을 수 없다" 등등의 말이 여과 없이 나온다. 그런 후 다시 자신의 잘못을 잊으라는 청을 하니 신하들이 진심을 다할 수가 없다.

기쁨과 분노를 제어하지 못하는 말을 한 유명인사의 표본은 한신이다. 초한전이 마무리되고 유방이 한신을 초왕楚王으로 봉했지만 그를 계속 의심한다. 한신의 실력이 만만치 않았기 때문이다. 하지만 한신은 초왕에 갓 부임하여 많은 호위를 거느리고 다녔는데 이것은 유방의 의심을 더욱 불러일으켰다. 결국 항우의 옛 부하 종리매鍾離昧가 비밀리에 한신에게 투항한 사건을 계기로 유방은 계속 한신을 압박한다. 한신은 결백을 주장하기 위해 유방의 명령대로 종리매의 목을 벤다. 그런데도 유방이 그를 연회에 초대해서 포박하자 한신은 "교활한 토끼가 없어지니 날랜 사냥개를 잡는구나[兎死狗烹]" 하고 한탄한다. 이것은 분노의 표현이다. 사실 걱정과 분노는 한 몸이나 마찬가지다. 한신은 궁지에 몰리자 걱정에 빠져 종리매를 죽이고, 그 현실에 분노한다. 그러나 사실 한신은 이런 상황에서 벗어날 꾀를 사전에 쓰지 않았다.

이전에도 한신은 여러 차례 자신의 기개를 억누르지 못하고 유방의 심기를 건드렸다. 한때 유방과 한신이 술을 마시다가 유방이 "경이 보기에 나는 몇 명의 군대를 거느릴 수 있을 것 같소?"라고 묻자, 한신은 "폐하는 십만은 족히 거느릴 수 있습니다"라고 답한다. 이에 "그럼 경은 얼마나 거느릴 수 있소?" 하고 묻자 한신은 "저는 많으면 많을수록 좋습니다"라고 답한다. 그 유명한 다다익선多多益善은 여기서 유래한 말이다.

이에 유방이 "그러면 경은 왜 짐에게 사로잡혔는가?"라고 묻자, 한신은 "폐하는 군사를 쓰는 데는 신보다 못하지만 장수를 쓰는 일은 신이 따라가지 못합니다"라고 대답한다. 이 또한 유방에 대한 칭찬 같지만, 사실 유방의 마음을 상하게 한 것이다.

이런 상황에서 유방이 한신을 곱게 볼 리가 없었다. 한신은 항우를 꺾었다. 하지만 적이 아니라면 상대방을 꺾고 자신을 지나치게 뽐낼 필요가 없다. 그런데 그는 기분을 자제하지 못하고 결국 유방에게 의심의 씨를 심어준 것이다. 이렇게 기쁨에 들떠서 하는 말도 위험하기는 마찬가지다.

만력제와 선조는 지도자가 해서는 안 될 말을 했고 한신은 신하가 해서는 안 될 말을 했다. 이렇게 지도자가 말을 잃으면 아래가 위험하고, 신하가 말을 잃으면 자기 몸이 위험해진다. 바로 귀곡자가 강조하는 말이다.

원문 해석

세說라는 것은 상대를 설득하는 것인데, 상대를 설득하는 것은 그를 이용한다는 뜻이다. 말을 꾸미는 것은 말의 힘을 빌리는 것이고, 말의 힘을 빌린다는 것은 어떤 것은 빼고 어떤 것은 늘려서 말을 만든다는 뜻이다. 유세자는 거침없이 말에 능해야 하는데, 말에 능하다는 것은 자유자재로 논변을 펼친다는 것이다. 논리에 맞는 말을 한다는 것은 이치를 밝힌다는 뜻으로, 이치는 실제의 사례로 증명해 보인다. 어려운 말에는 반박해서 대응하는데, 반박을 하는 것은 그 틈을 보아 기회(상대의 본심)를 낚기 위함이다.

(세상의 형세를 보면) 교묘하게 포장한 말이 아첨을 통해 충직한 말이 되고, 아첨하는 말은 박식함을 통해 지혜로운 말이 되고, 평범한 말이 결단을 통해 용감한 말이 되고, 걱정에 가득 찬 말이 권모술수를 통해 믿음을 얻고, 조용한 말이 약점을 보완해서[反] 오히려 승리를 얻는다. 뜻

을 앞세워 욕구를 채우는 것이 아첨이고, 잡다한 언사를 끌어 붙이는 것이 해박함이고, 책략을 고르고 모략을 올리는 것이 권모이며, 놓아주고 버리면서 조금의 의혹도 없는 것이 결단[決]이며, 먼저 부족한 것을 알아내고 틀린 것을 찾아 고쳐서 다시 나아가는 것을 반反이라고 한다.

위에서 보듯이 입은 말이 드나드는 문이니 본심을 숨기는 역할을 한다. 귀와 눈은 마음을 보조하는 것이어서 말로 살피지 못하는 틈을 살피고, 간사한 것을 가려내는 역할을 한다. 따라서 입, 귀, 눈이 조화롭게 응해야 방도에 맞게 움직일 수 있다. 그러면 말을 많이 하여도 어지럽지 않고, 자유자재로 말해도 길을 잃지 않고, 상황이 바뀌어도 위험에 빠지지 않는데, 이는 모두 그 요결을 보고 이치를 체득했기 때문이다.

따라서 눈이 없는 자에게는 오색을 보여줄 수 없고, 귀가 없는 자에게는 오음을 들려줄 수 없고, 이쪽에서 보낼 것이 없는 자는 열어볼 것도 없고, 오는 것이 없는 자는 받을 것이 없다. 즉 앞뒤로 꽉 막혀서 왕래가 불가능한 상대는 유세가 아예 불가능하다. 따라서 통하지 않는 자는 섬기지 말아야 한다.

옛 사람이 말하길, "입으로 먹을 수는 있어도 말할 수는 없다"라고 했는데, 말을 할 때는 피할 것이 있고, 여러 사람의 입은 쇠도 녹일 수가 있어서 잘못된 마음으로 바른 것도 왜곡할 수 있음을 말하는 것이다.

사람들은 남이 자신의 말을 들어주기를 원하고, 일을 할 때는 꼭 성공하고 싶어 한다. 그래서 지혜로운 사람은 자신의 단점을 쓰지 않고, 어리석은 사람의 장점을 이용하며, 자신의 못난 부분을 쓰지 않고 어리석은 사람이 잘하는 부분을 이용한다. 그러니 자신이 피곤할 필요가 없다. 상대에게 유리한 점을 말할 때는 그것을 강조하고, 손해되는 것에 관해서는 나쁜 점을 피해서 말한다. 갑각류가 움직일 때 견고한 갑옷으로 몸을 싸고, 독벌레는 움직일 때 침을 이용하는 것처럼 짐승들도 자신의 장점을 이용할 줄 아는 것이다. 따라서 유세자는 당연히 말의 사용법을 알아야 한다.

꾸미는 말에는 다음과 같은 다섯 가지 함부로 쓰지 말아야 할 것이 있다. 병든 말, 원망하는 말, 걱정에 떠는 말, 분노하는 말, 기쁨에 들뜬 말이 바로 그것이다. 병든 말은 감정 때문에 정기가 쇠약해져서 신묘하지 않고, 원망하는 말은 간장이 끊어지는 듯하여 주제가 없고, 걱정에 떠는 말은 막혀서 빠져나갈 틈이 없고, 분노하는 말은 경거망동하여 다스릴 수가 없고, 기쁨에 들뜬 말은 흩어져서 요지가 없다. 이런 말들은 정통한 후에라야 쓰고, 꼭 이득이 있을 때만 써야 한다.

그래서 지혜로운 사람과 이야기할 때는 박식함을 쓰고, 어리석은 사람과 이야기할 때는 명쾌하게 판단하고, 판단이 좋은 사람과 이야기할 때는 그 요점을 잡는 것에 의지하고, 신분이 귀한 사람과 이야기할 때는 기세를 유지하고, 부유한 사람과 이야기할 때는 고상함을 지키고, 가난한 사람과 이야기할 때는 그 이익을 제시하고, 천한 사람과 이야기할 때는 겸손하고, 용감한 사람과 이야기할 때는 과단성을 보여주고, 허물이 있는 사람과 이야기할 때는 예리하게 지적해야 한다.

위에서 말한 바가 올바른 사용법이지만 사람들은 종종 거꾸로 행동한다. 그러면서 지혜로운 사람을 밝히고, 우둔한 사람을 교화하려 하니 성공하기가 어렵다.

말은 종류가 많고, 일은 변화무쌍하다. 종일 말해도 부류를 잃지 않으면 일을 어지럽히지 않고, 종일 변화무쌍하게 언변을 구사해도 중심을 잃지 않게 된다. 따라서 지혜를 쓸 때는 경거망동하지 않는 것을 중시하고, 남의 말을 들을 때는 전심으로 듣는 것을 중시하고, 지혜는 명철함을 중시하고 말은 기묘함을 중시한다.

說之者, 說之也, 說之者, 資之也. 飾言者, 假之也, 假之者, 益損也.

應對者, 利辭也, 利辭者, 輕論也. 成義者, 明之也, 明之者, 符驗也. 難言者, 却論也, 却論者, 釣幾也.

佞言者, 諂而干忠. 諛言者, 博而干智. 平言者, 決而干勇. 戚言者, 權而干信. 靜言者, 反而干勝.

先意承欲者, 諂也. 繁稱文辭者, 博也. 縱舍不疑者, 決也. 策選進謀者, 權也. 他分不足以窒非者, 反也.

故口者, 機關也, 所以開閉情意也. 耳目者, 心之佐助也, 所以窺見姦邪. 故曰, 參調而應, 利道而動. 故繁言而不亂, 翱翔而不迷, 變易而不危者, 睹要得理.

故無目者不可示以五色, 無耳者不可告以五音. 故不可以往者, 無所開之也, 不可以來者, 無所受之也. 物有不通者, 故不事也.

古人有言曰, 口可以食, 不可以言. 言者, 有諱忌也. 衆口爍金, 言有曲故也.

人之情, 出言則欲聽, 舉事則欲成. 是故, 智者不用其所短, 而用愚人之所長, 不用所拙, 而用愚人之所工, 故不困也. 言其有利者, 從其所長也, 言其有害者, 避其所短也. 故介蟲之捍也, 必以堅厚, 螫蟲之動也, 必以毒螫. 故禽獸知用其長, 而談者知用其用也.

故曰, 辭言有五, 曰病, 曰恐, 曰憂, 曰怒, 曰喜. 故曰. 病者, 感哀氣而不神也, 恐者, 腸絕而無主也, 憂者, 閉塞而不泄也, 怒者, 妄動而不治也, 喜者, 宣散而無要也. 此五者, 精則用之, 利則行之.

故與智者言, 依於博, 與博者言, 依於辯, 與辯者言, 依於要. 與貴者言, 依於勢, 與富者言, 依於高, 與貧者言, 依於利, 與賤者言, 依於謙, 與勇者言, 依於敢, 與愚者言, 依於銳.

此其術也, 而人常反之. 是故, 與智者言, 將以此明之, 與不智者言, 將以此敎之, 而甚難爲也.

故言多類, 事多變. 故終日言不失其類, 故此不亂, 終日不變, 而不失其主. 故智貴不妄, 聽貴聰, 智貴明, 辭貴奇.

09

모
사람에 따라 쓰는 방법도 다르다

> "만물이 함께 일어나 변하는데, 나는 그 되풀이됨을 보네.
> 대저 사물은 무성하게 일어나지만 모두 그 뿌리로 돌아가네
> [萬物竝作, 吾以觀復. 夫物芸芸, 各復歸其根]."
>
> _ 노자

이제 우리는 일을 성사시키는 마지막 단계에 다다랐다. 한 단계 한 단계 빈틈없이 준비하려고 무진 애를 써왔다. 우리는 지금 가장 중요한 단계에 와 있다. 그 전 단계를 착실히 밟아왔다면 실패할 까닭이 없다. 이미 일은 반 이상 완성되었기 때문이다.

귀곡자는 이 장에서 친절하게 전 단계들을 요약해 준다. 바야흐로 수확의 시기가 다가왔다. 과연 무슨 이야기를 들려줄까?

'모謀'란 실제로 지략을 써서 일을 이룬다는 뜻이다. 이제 장애를 제거

하고, 사람들과 경쟁하고 화합하면서 일을 이룰 차례다. 귀곡자는 항상 상대방을 꺾으려고 하지 말고, 흐름을 타서 일을 도모하라고 말한다. 다시 한 번 잊지 말아야 할 것은 사람이 일을 한다는 점이다.

앞서 말했던 것을 간단히 정리하면, 먼저 객관적인 형세를 살펴 일의 얼개를 잡아야 한다. 얼개가 없이 상황에 따라 임시방편으로 일을 진행하다 보면 목표를 잃기 쉽다. 그다음은 일에 관여하는 사람들의 특징을 파악해야 한다. 그런 후 사람들을 쓸 방법을 택해야 한다. 그리고 자신을 믿고 상대방을 설득하고 자원을 배분해야 한다. 이제 결정적으로 일을 완성시키는 단계에 왔다.

모든 사람을 활용할 수 있다

상대를 알아야 일을 시작할 수 있다. 귀곡자는 왜 상대가 그렇게 행동하는지 조사하면 알 수 있다고 한다. 자신이 쓰거나 협력하려는 사람도 마찬가지다. 이는《귀곡자》전 장에 걸쳐 여러 차례 강조한 점이다. 상대방을 완전하게 파악해야 한다. 상대방의 진심을 실제로 파악하고 있는지 다시 한 번 점검해 보자.

프로젝트를 시행했을 때 가장 좋은 경우는 나와 동료 혹은 상대방이 모두 이익을 얻는 것이다. 일단 내가 프로젝트의 주관자이며 사람을 쓰는 위치에 있다고 가정해 보자.《귀곡자》의 핵심은 '상대를 알면 어떤 상대라도 다 쓸 수 있지만 모르고 잘못 쓰면 실패한다'는 것이다.

그러니 품격이 높은 인간이라면? 그가 가진 것을 쓰게 하라. 기백이 있는 자라면? 그 기백을 꺾지 말고 어려운 일을 시켜라. 비범하고 센스 있는 자라면? 트릭을 쓰기보다는 높은 목표를 주어 공을 세우게 하라.

그러나 우리 주위에는 인재만 있는 것이 아니다. 또한 프로젝트를 수행할 때 걸림돌이 되는 인간도 있을 수 있다. 귀곡자는 어리석은 이는 속일 수 있고, 유약한 자는 겁줄 수 있고, 탐욕이 있는 자는 쉽게 유혹할 수 있다고 말한다. 어떻게 저런 사람들이 있을까 하소연해도 소용이 없다. 귀곡자에 따르면 이런 상대는 오히려 내가 제어할 수 있는 가장 고마운 상대인 것이다. 귀곡자는 이렇게 말한다.

대개 어진 사람은 재물을 가볍게 여기므로 이익으로 유혹할 수는 없지만 오히려 일을 할 비용을 쓰게 할 수는 있다. 용감한 자는 어려움을 두려워하지 않으므로 우환으로 겁을 줄 수는 없지만 위험한 곳을 지키게 할 수는 있다. 또 지혜로운 자는 술수와 이치에 밝으니 속일 수는 없지만 도리를 내세워 공을 세우게 할 수는 있다.

그러나 어리석은 이는 쉽게 속일 수 있고, 모자라고 유약한 이들은 쉽게 겁줄 수 있고, 탐욕스런 자들은 쉽게 유혹할 수 있다. 각각의 방법은 일에 따라 선택하면 된다.

인재는 꺾지 않는다: 강희제

어성룡於成龍은 청나라 강희제 때의 명신이다. 그는 백성을 구휼하기 위해 관리를 협박해 관의 창고를 열 정도로 기개가 대단했다. 주위 사람들이 황명을 우습게 아는 어성룡을 죽여야 한다고 간했고 국법도 그러했다. 하지만 강희제는 백성을 사랑하는 기개를 높이 사 그를 옹호하고 오히려 중용했다. 그리고 나중에 몽골 원정 때 그를 군수 사령으로 삼는다.

북방 몽골은 군사는 강하고 기동성이 좋아서 역대 중국 왕조의 최대 라이벌이었다. 그러나 이를 물리치기 위해 광대한 초원과 사막으로 감히 나가지 못한 것은 싸움에 필요한 군량과 장비를 옮기기가 쉽지 않았기 때문이다. 물도 없는 사막에다 양식과 무기, 게다가 대포를 옮기는 일은 전쟁 자체보다 더 고되고 힘든 일이다.

그런데 어성룡이 이 임무를 맡아 수차례 원정 때마다 성공적으로 치중을 옮겨 전쟁을 승리로 이끄는 데 공헌했다. 역사상 이렇게 치중 운반에 성공한 예는 없었다고 한다. 몽골군은 항상 적의 군수품이 부족한 때를 노리고 공격한다. 그러니 보급품이 항상 풍부하고 화포로 무장한 청나라 군대에 그만 주력이 꺾이고 만다. 당시 청군에 사로잡혀 북경으로 온 몽골의 수장들에게 사람들이 이렇게 말했다고 한다. "그대들을 멸망시킨 것은 우리가 아니라 어성룡이다."

이렇게 두려움을 무서워하지 않는 용기가 있는 자는 쉽게 굴복시킬 수 없다. 신념이 있는 사람들은 소신을 굽히지 않기 때문이다. 그래서 그 능력에 맞는 자리를 찾아주면 큰일을 이루는 것이다. 이런 사람들은 쉽사리 쓰기는 어렵지만 대신 크게 쓸 수 있다. 후에 강희제는 어성룡에게 '천하제일의 청렴한 관리'라는 명예로운 별칭을 주었다. 만일 그가 다른 군주 밑에 있었다면 벌써 형장의 이슬로 사라졌을 것이다.

집을 지을 때는 기둥도 있고 서까래도 있다. 큰 기둥을 쪼개서 서까래로 쓸 필요가 있을까? 서까래를 쪼개서 불쏘시개로 쓸 필요가 있을까? 어성룡과 비슷한 연대를 산 정판교鄭板橋라는 사람도 창고를 열어 백성을 구휼한 적이 있다. 그러나 정판교는 시인이다. 요즈음 흔히 말하는 자유로운 영혼이다. 그래서 강희제는 그를 고향으로 돌려보낸다. 그를 고향으로 돌려보낸 것은 자유분방한 조건에서 발휘할 수 있는 능력을 아껴주기 때문이다.

반면 어성룡은 타고난 행정가다. 그의 행정적인 능력과 기개를 높이 산 강희제는 그를 옹호하여 큰일을 맡긴다. 어성룡과 같은 사람은 인재다. 인재는 자기의 주장이 있지만 이를 꺾으면 쓸모가 없어진다. 이 주장을 들어줄 아량이 있다면 인재는 자연스럽게 모여든다.

욕심이 있는 자를 역으로 이용하다: 강유

그런데 귀곡자는 욕심이 있는 자는 쉽게 유혹에 넘어간다고 말한다. 이런 자들은 대체로 잔꾀를 쓰게 마련이다. 재주가 부족한 사람이 욕심이 지나쳐 잔꾀를 쓸 때 그 기회를 오히려 역으로 이용할 수 있다. 상대의 계략을 역이용하는 방법은 제갈량이 자주 사용했던 것인데 그의 제자 강유姜維도 이에 못지않았다. 《삼국연의》를 보면 제갈량이 강유를 얻기 위해 공을 들이는 장이 있다. 강유는 담력과 지략이 매우 뛰어난 인물로, 제갈량 사후 촉의 군권을 장악하고 중원 공략을 실천한 인물이다.

당시 사마소司馬昭는 조모曹髦를 죽여 정권을 찬탈하고 중원을 장악했다. 강유는 사마소의 패륜을 명분으로 다시 북벌을 감행한다. 강유가 기산에서 요새를 구축했을 때 마침 위의 왕관이라는 자가 일군의 병졸을 이끌고 투항했다.

강유가 장수 왕관만 장막으로 불러들이니 그가 이렇게 말한다.

"저는 위나라 상서 왕경의 조카 왕관입니다. 숙부는 조모의 일에 연루되어 사마소의 손에 죽었습니다. 지금 장군이 중원으로 출병하려 하니 제가 장군의 위세를 빌려 이 한을 갚고자 합니다."

강유는 크게 기뻐하며 말한다.

"장군께서 투항하니 기쁘기 한이 없소. 이전에 투항한 하후패夏侯霸처럼 똑같이 중용하고 싶소. 마침 군량과 마초를 옮기는 일이 중요하니 장군이 본부의 병졸 3천을 이끌고 천구로 가서 수레 수천 량을 기산으로 옮겨주시오. 나는 장군의 군마 2천을 이끌고 등애의 본영을 공격하겠소."

물론 왕관은 거짓으로 항복한 것이었다. 그런데 강유의 제안을 거절하면 의심받을까 봐 어쩔 수 없이 5천의 병력을 반으로 나누는 제안을 받아들인다. 왕관이 나가자 하후패가 들어와 말한다.

"제가 위나라 조정에 나간 지 오래인데 왕경에게 왕관이라는 조카가 있다는 말은 듣지 못했습니다. 필시 속임수인 것 같습니다."

강유는 그냥 웃었다. 강유는 상대의 계략을 이미 간파하고 있었던 것이다.

강유는 왕관을 보낸 후 중간에 복병을 두어 등애와의 연락 통로에 배치했다. 과연 열흘이 지나니 왕관이 등애에게 보내는 연락병을 잡았다는 전갈이 왔다. 내용인즉 8월 20일 촉군의 군량과 마초를 가지고 위군의 진영으로 갈 테니 운산곡에서 맞아달라는 것이었다. 강유는 그 연락병을 죽이고 날짜만 8월 15일로 고쳐 가짜 사령을 등애의 본영으로 보냈다. 그러고는 운산곡에 복병을 배치했다.

날짜가 되어 등애가 계곡으로 들어가니 갑자기 "등애를 잡는 자에게 만호의 후작을 내리겠다"는 함성이 오르고 계곡의 앞뒤를 복병이 막아버렸다. 혼비백산한 등애는 가까스로 달아났으나 나머지 수만 병졸은 모두 항복하고 말았다.

한편 왕관은 천구에서 20일 거사를 준비하다 돌연 등애가 대패했다는 소식을 듣고 일이 탄로 났음을 알았다. 그리하여 밤에 군량을 불태우고 한중을 향해 달아났다. 강유는 계속 등애를 공략하다가 한중이 함락될 것이 걱정되어 지름길로 왕관이 가는 길을 막았다. 사면초가에 빠진 왕관은 강에 몸을 던져 자살하고 만다.

이제 사건을 분석해 보자. 왕관이라는 자가 투항을 하면서 계략이 시작된 것이다. 강유가 사용한 지략은 귀곡자의 요결을 그대로 응용한 것이다. 숙부를 죽인 후 조카에게 병권을 줄 리 없다는 것을 간파한 것이다. 강유는 하후패에게 이렇게 말한다. "사마소가 간계를 쓰는 것 같소. 이미 왕경을 죽여놓고 그 조카에게 병을 딸려 전장을 맡길 리가 있겠소?"

그래서 병력을 떼어내어 왕관의 힘을 약화시키지만 왕관은 공을 이룰 욕심에 악수를 둘 수밖에 없었다. 더 나아가 왕관의 책략을 그대로 이용해 은밀히 등애를 끌어들이니 등애가 말려들 수밖에 없었다. 강유는 지략이 뛰어나지 못한 자를 역으로 이용하여 순조롭게 자신의 계략을 이룰 수 있었다. 이렇게 세밀한 관찰과 주도면밀한 계획이 있으면 나에게 해를 끼치고자 하는 사람이라도 이용하여 손쉽게 일을 이룰 수 있다.

주장보다는 객관적인 형세를 설명하라

이제 귀곡자가 이야기하는 다음 주제로 넘어가자. 두 번째 이야기는 객관적인 정세를 이용하여 상대를 설득하라는 것이다. 즉 상대가 의심하는 바에 따라, 견해에 따라, 말하는 바에 따라, 형세에 따라, 싫어하는 바에 따라, 그리고 걱정거리에 기대어 일을 도모한다고 말한다.

> 상대가 의심하는 바를 역이용해서 변화를 유도하고, 견해를 역이용해서 나의 말을 믿게 하고, 논리를 역이용해서 강요하고, 그 세력을 이용해 일을 성취하고, 싫어하는 바를 이용해 계략을 펼치고, 걱정거리를 이용해 꺾어버리는 것이다. 은근히 건드려서 겁을 주고, 높은 논리를 펼쳐 흔들고, 상세한 논증으로 일을 증명하고, 신호를 보내서 응해보고, 둘러싸서 막아버리고, 어지럽게 해서 정신을 차리지 못하게 하는 것을 바로 계략이라고 부르는 것이다.

모든 것이 상대가 처한 구체적인 상황을 이용하라는 내용이다. 내가 마음대로 계략을 낸다고 상대가 모두 응하지는 않는다. 이 방면의 천재는 바로 귀곡자의 제자 장의다. 진秦을 위해 유세하는 장의는 소진이 주창한 합종책을 깨기 위해 유세한다. 합종책은 연燕, 제齊, 초楚, 한韓, 위魏, 조趙의 육국을 종으로 연합시켜 서쪽의 강대한 진에 대항하기 위해 주창한 외교 전략이다. 하지만 합종에 참여한 육국의 이해가 서로 달라 시작부터 틈이 있었다.

합종이 깨어진 근본적인 이유는 합종 이후의 길을 제시하지 못했기 때문이다. 일단 합종을 통해 국가를 보존한다고 하자. '그다음은 어떻게 할 것인가?'라고 물으면 뾰족한 대책이 없다. 이 대책을 우리는 비전이라고 한다. 합종은 진나라에 대항한 육국의 효과적인 방어책이었지만 지속적인 비전을 제시하지는 못해 결국 와해된다.

정황 설명만으로 상대를 제압하다: 장의

이제 합종을 깨는 장의의 방식을 살펴보자. 말로 할 수 있는 기교는 다 나온다. 장의는 연횡을 설명하면서 어리석은 자를 미혹하게 하고, 유약한 자를 겁주되 도를 넘어서지는 않는 귀곡자의 가르침을 충실히 따른다. 그는 전국시대의 혼란기에 지혜를 겨룬 모사가들의 아버지뻘쯤 되는 인물이고 귀곡자의 직계 제자다. 물론 장의가 하는 말을 보면 절묘하기는 하지만 조금은 음흉하다는 느낌이 들 수 있다. 하지만 장의는 어디서 그쳐야 하는지를 잘 알고 있었다. 위협을 하더라도 말이 거칠지가 않고, 무턱대고 항복을 강요하는 것이 아니라 오직 객관적인 형세의 분석을 통해 상대방이 스스로 무릎을 꿇게 한 것이다.

다음의 대화는 이후 모사가들의 경전이 된 《사기》〈장의열전張儀列傳〉에 자세히 기록되어 있다. 당시의 상황은 이렇다. 장의는 우선 위魏나라 애왕哀王을 연횡의 틀로 넣으려 했지만, 그는 장의의 생각을 받아들이지 않는다. 그러자 장의는 몰래 진나라를 시켜 위나라를 치게 하고, 그결과 위나라는 싸움에서 지고 만다. 또 이듬해에는 제나라가 침범하여위나라 군사를 관진에서 깨뜨린다. 진나라는 다시 위나라를 치기 위해먼저 한나라 신차申差가 거느린 군대를 깨뜨리고 8만 명의 목을 벤다.이렇게 되자 위왕은 궁지에 몰린다.

이제 위왕을 설득하는 장의의 유세를 들어보자.

"선왕이 계실 때 어리석은 신의 말씀을 들어 진나라와 화친을 하여서, 일찍이 진의 공격을 받지 않았고 또 다른 나라들도 감히 위를 침범하지 못했습니다. 만약 이 연맹을 유지했다면 지금과 같은 어려움이 있었겠습니까? 위나라 면적은 사방 천 리에도 못 미치고 장졸이라야 30만에 불과합니다. 군량과 마초도 겨우 조달할 정도로 한나라와는 비교할 바도 못 됩니다. 게다가 위나라는 한나라와 같이 의존할 험준한 산과 강도 없으니 한마디로 전쟁이 일어나 사방에서 적이 몰아치면 산산이 부서질 수밖에 없는 상황입니다."

이는 장의가 흔히 쓰는 방식으로 국력이 진나라와 비교할 수 없다는형세의 설명이다. 장의는 입버릇처럼 진나라 군대가 백만임을 강조한다. 그리고 국가 간의 형세를 설명한다.

"제후들이 합종책을 지지한 이유는 모두 사직을 보존하고 군주와 나라가 안녕하려는 까닭이 아닙니까? 사실 합종이라는 것은 백마를 죽여 혈맹을 맺고 천하를 모두 형제로 만들기 위한 것이었습니다. 그래서 한 부모의 형제들이 모여 단결한 것입니다. 그런데 이익을 좇아 서로 뺏고 심지어 골육상잔을 벌이는 이유는 무엇이며, 또 이렇게 서로 이해관계가 다른 나라들이 뒤섞여 있는 이유는 무엇입니까? 이렇게 많은 나라가 합치는 것은 그저 잠시일 뿐입니다. 이런 관계가 깨지는 것은 시간문제로 불을 보듯 뻔합니다. 사실이 그렇지 않습니까? 공손연公孫衍이 진과의 결맹을 깨고 여러 제후국과 연합하자 바로 침공을 받지 않았습니까? 대왕이 진을 섬기지 않으면 진이 바로 황하를 건너 연衍과 연燕을 취하고 진양晉陽을 점령할 것입니다. 이렇게 되면 조나라와 위나라는 단절될 것입니다. 조나라는 남으로 내려오지 못하고 위나라는 북으로 올라가지 못하여 합종은 끊어지게 됩니다. 이미 합종이 유명무실하게 된 상황에서 대왕의 나라는 해를 입지 않을 수 없습니다. 지금처럼 한나라가 진을 섬겨 진이 한으로 하여금 위를 공격하게 한다면, 한의 태자가 진에 인질로 있는데 어떻게 말을 듣지 않을 수 있겠습니까? 진과 한이 횡으로 연합하면 위나라의 존망은 시간문제입니다. 이것이 어리석은 신이 대왕을 위해 걱정하는 바입니다. 그러니 잘 생각하십시오. 진을 좇아 배후에 두면 한과 초도 함부로 움직이지 못할 것이니 국가의 우환이 모두 사라지는 것입니다."

사실 당시 진나라가 유일하게 두려워한 나라는 초나라다. 장의의 유세는 합종 당사국들을 분열시키고 궁극적으로 초나라를 공격하기 위한 것이었다. 그래서 초나라를 치기 전에 다른 약소국을 먼저 정벌하려는 속셈을 숨기고 있었다. 장의는 연이어 말한다.

"사실 진은 초나라를 약하게 하려는 생각뿐입니다. 초나라가 강해지면 진나라는 그저 불리하지만 위나라에는 더 큰 위협입니다. 반면 연횡을 하시면 진은 이미 **빼앗은** 위의 땅까지 돌려줄 것입니다. 여기에 대해서는 진왕이 제게 전권을 위임했으니 제 생명을 걸고 보장할 수 있습니다. 초를 공격하고 진을 따르면 화를 쫓고 국가의 안위를 얻는 일이니 이보다 더 좋은 일이 있겠습니까? 그래도 대왕께서 제 말씀을 듣지 않아서 진병이 황하를 건너 동쪽으로 몰려오면 어떻게 막으시렵니까? 그때는 이미 진왕이 진노했으니 위나라가 진과 화해하려고 해도 아마 이룰 수 없을 것입니다. 대왕 주위에 합종을 주장하는 자들은 현실을 인식하지 못하고 격한 말을 하지만, 사실 믿을 수 없습니다. 대왕께서는 깊이 생각하소서."

사실 장의는 참말과 거짓말을 함께 쓰고 있다. 초나라와 제나라의 연맹이 깨어지자 바로 초나라를 공격했던 것처럼 위나라와 초나라의 맹약이 깨지면 진나라는 위나라를 공격할 심산이었다.

당시에 초나라의 굴원 등과 함께 위나라의 공손연은 합종의 지지자였다. 공손연의 주장은 이렇다. "우리가 장의한테 한두 번 속았습니까? 그자는, 말로는 진나라가 위를 공격할 마음이 없고 초를 공격하는 것만 생각한다고 하지만, 진은 장차 천하를 삼키려는 야심이 있습니다. 진나라는 사나운 호랑이나 악한 이리와 같아서 천하를 삼키려는 마음이 끝이 없습니다. 만일 계속 참고 양보하기만 한다면 진나라 사람들의 위세만 더해주게 됩니다. 진이 초를 삼키면 반드시 위를 얻으려 할 것인즉, 말하자면 돌무더기 아래서 어떻게 안전을 바라겠습니까? 진병이 비록 강하지만 하늘에서 온 것은 아닙니다. 제나라에 사신을 보내 이해관계를 설명하여 밖에서 돕게 하고, 다른 한편으로는 온 나라를 동원하여 진나라에 대항해야 합니다. 그것만이 살길입니다. 대왕께서는 신중히 살피소서."

그러나 위왕은 이미 겁을 먹고 있었다. 물론 장의가 합종을 믿을 수 없다고 한 것은 확실히 틀린 말이 아니었다. 그러나 장의의 말은 반은 사실이고 반은 거짓이다. 그런데 장의의 말이 성공할 수 있었던 이유는 그의 거침없는 언변과 객관적인 정세 설명 때문이었다.

《귀곡자》는 객관적인 형세를 인식하게 해서 일단 두려워하는 마음을 가지게 하고, 높은 수준의 논리로 마음을 흔들고, 그런 다음에 상세한 설명을 붙여 의심을 풀어주고, 반응이 오면 응하고, 다른 생각이 일어나지 않게 막고, 또 그도 어려우면 어지럽혀서 정신을 못 차리게 하라고 말한다. 일단 장의는, 진나라는 강하고 위나라는 약하다는 객관적인 형세로 겁을 준다. 그런 후 합종의 유약함을 논리적으로 설파하여 위왕의 마음을 흔든다. 그러고는 상대가 진나라를 경계하자 단지 초나라에만 관심이 있다는 말로 두려움을 풀어준다. 반론이 일자 소진과 공손연 등을 허풍쟁이라고 공격하여 다른 생각을 막는다. 이렇게 되자 군주와 신하들의 마음이 이미 갈라지고 군주의 마음은 벌써 움직였다. 장의는 귀곡자의 가르침 그대로 유세한 것이다.

사실 현대를 사는 우리는 장의처럼 거짓말과 참말을 뒤섞어 써서는 안 된다. 장의는 어떤 면에서는 신의를 모르는 협잡꾼으로 21세기형 인재라고 할 수는 없다. 그러나 일을 이루기 전에 급히 공을 이루려 하지 않고 이미 진행되고 있는 형세에 따라 상대 스스로 설복되도록 한 점은 참으로 본받을 만하다. 장의는 위나라에 장장 4년이나 머물면서 물심양공兩功 작전을 펴서 결국 합종을 깨뜨린다. 그의 논리는 지나치게 수사적인 점이 있지만 겉모습은 매우 객관적이다. 이것이 귀곡자가 말하는 핵심이라고 할 수 있다. '객관적인 정황을, 객관적인 형식으로 설명하라. 그러면 상대는 스스로 넘어올 것이다.'

일을 이루기 전에는 비밀을 유지한다

세 번째로 귀곡자는 일은 은밀하게 기초를 닦은 후에 시작하고, 믿을 수 있는 상대와 함께하는 것이라고 말한다. 그는 일은 사적으로 하는 것이 드러내 놓고 하는 것보다 낫고, 그보다는 결맹하는 것이 더 낫다고 말한다. 결맹한다는 것은 틈이 없다는 것이다. 또 은밀히 도모하여 드러내 놓고 취한다고 한다. 일이 시작되기도 전에 너무 많은 공약을 하거나, 쓸데없이 정보를 흘리는 것은 극력 피하라는 것이다. 사실 중요한 일이 아니더라도 밝혀진 후 이루지 못하면 신뢰를 잃고, 또 너무 많이 밝혀지면 변수가 자꾸 생기기 때문이다.

상대를 속이기 위해 미친 척을 하다: 영락제

명나라 성조成祖 영락제永樂帝는 조선 태종太宗처럼 왕위를 찬탈한 군주다. 태종과 마찬가지로 왕자로서 명 건국을 도운 실력자였다. 그가 황제의 자리를 뺏기 위해 한 연극을 보면 은밀하게 도모하는 것의 중요성을 알 수 있다.

태조 주원장은 죽으면서 손자 주윤문朱允文에게 제위를 물려주었다. 이 어린 황제는 가시방석에 앉은 것과 마찬가지였다. 그중에 가장 위협적인 존재가 주원장의 넷째 아들 연왕燕王 주체朱棣였다. 주체는 몽골을 북쪽으로 완전히 몰아내고 북쪽의 방비를 맡고 있는 실력자였다. 주체는 형들이 모두 죽어 최장자였고, 21세에 북경으로 와 20년을 전장에서 보낸 자로 내심 황위는 자신의 것으로 여기고 있었다.

그래서 어린 황제는 연왕을 제어하기 위해 삭번削藩의 영을 내린다. 삭번의 영은 변방의 군사기지를 없앤다는 명령으로 연왕의 정치적·군사적 기반을 없애기 위한 것이었다. 연왕 주체는 최고의 건국공신으로 어린 조카의 신하가 되는 모욕을 참을 수 없었다. 그러나 당장 황제에 직접 대항할 수 있는 실력과 명분이 없었다. 그래서 삭번의 영이 내려지자 병을 핑계로 왕부에서 나가지 않고 몰래 군사를 훈련시킨다. 이에 조정에서는 동태를 조사하고자 사신을 보낸다.

사신이 북경에 도착했을 때 길거리에서 봉두난발을 하고 헤진 옷을 입은 미치광이를 본다. 이자는 이리저리 다니면서 소리를 지르더니 갑자기 주점 문을 열고 들어가 손님들의 음식과 술을 멋대로 뺏어 먹고는 길거리에서 하루 종일 잠을 잤다. 사신이 알아보니 그는 바로 연왕 주체였다.

사신이 왕부에 가서 직접 살펴보니 6월 뜨겁게 더운 날, 부채를 부쳐도 땀이 비 오듯 하는데 연왕은 화로를 끼고 앉아서 연신 "엇 추워, 엇 추위"를 연발하고 있었다.

주체는 이렇게 사신을 속이며 거사 준비를 계속해 나갔다. 마침내 1399년 7월 병사를 이끌고 쿠데타를 일으키는데, 3년에 걸친 조카와의 전쟁에서 결국 승리한다. 그 방법이 극단적이기는 하지만, 영락제는 일의 성공을 위해 비밀을 유지하는 것의 중요성을 터득한 사람이었다. 지극히 중요한 일은 극단적인 방법을 써서라도 비밀을 유지해야 한다. 기밀 유지에 실패하여 전체 일을 그르친 것은 어제 오늘의 일이 아니다.

유연함과 변화가 지혜의 힘을 배가시킨다

다음에 귀곡자는 고정된 계략은 유연한 계략보다 못하고 바른 것(굳어진 것)은 기묘한 것보다 못하다고 말한다. 기묘한 것이 더 나은 점은 상대가 움직이지 않을 때 미리 움직이기 때문이다. 그러니 막힐 리가 없다. 귀곡자는 "비단 충신인의忠信仁義만 고수할 필요가 없고 적절한 방책[中庸]을 따르면 된다. 방책이 이런 수준에 이르게 되면 더불어 말을 할 수가 있고, 이런 수준을 이해하면 세상사 일체를 토론하고 처리할 수 있다"라고 말한다.

다음에서 말하는 손빈孫臏과 서문표西門豹의 이야기는 각각 《사기》의 〈손자오기열전孫子吳起列傳〉과 〈골계열전滑稽列傳〉에 수록된 유명한 고사다. 손빈은 귀곡자가 가장 아꼈다는 제자다. 손빈의 고사는 고정관념을 깨는 변화의 중요성을 알려주고, 서문표의 고사는 사용하는 방법이 무척 특이하여 정신이 확 들게 한다. 일단 손빈의 말달리기 시합을 보자.

작은 것을 버리고 큰 것을 취하다: 손빈

당시 손빈은 제나라의 대장 전기田忌의 모사로 있었다. 전기는 경마를 무척이나 좋아했다. 그런데 제 위왕威王과 시합을 하면 판판이 졌던 모양이다. 어느 날 또 경마 날짜가 잡혔다. 시합 방법은 각각 세 마리 말을 내어 경주를 시키는 것이었다. 전기가 자신의 말을 살펴보니 각 등급마다 모두 왕의 말만 못했다. 아무리 생각해도 이길 방법이 없어 의기소침한 차에 손빈을 불러 말한다.

"지금 경기 말들을 보니까 위왕의 말과 비교할 바도 못 되더군."

손빈은 그래도 전기에게 힘을 보태주면서 말한다.

"계책이 하나 있습니다. 시합을 한 번 해보시지요."

"자네, 무슨 계책이 있는가?"

"제가 하자는 대로 해보십시오."

제왕은 경기를 할 때마다 이긴 터라 득의양양하여 자신의 말을 자랑하고 있는데 전기가 얼굴을 당당히 들고 손빈을 데리고 들어오자 기가 막혔다. 위왕은 속으로 웃으면서, 큰돈을 걸었다.

경기가 시작되었다. 첫 번째 말 두 마리가 달리자 물론 상대가 되지 않았다. 그런데 이게 웬일인가? 두 번째, 세 번째 경기에서는 전기의 말이 근소하게 이기는 것이 아닌가?

손빈은 가장 못한 말로 위왕의 가장 빠른 말을 상대하여 크게 지도록 하고, 제일 뛰어난 말로 위왕의 중간 말을, 그리고 중간 말로 위왕의 가장 못한 말을 상대하게 한 것이다. 그러니 한 번 지고 두 번 이길 수 있었다.

'뛰어나다'라는 말은 변화가 끝이 없다는 뜻이다. 이렇게 작은 순서의 변화가 큰 판의 변화를 가져온 것이다. 그러니 지혜는 상식만으로는 부족한 것이다. 손빈이 이용한 것은 매우 현대적인 개념이다. 손빈은 패배가 다 똑같지 않다는 것을 잘 알고 있었다. 패배는 큰 패배, 작은 패배 등 질이 다르다. 그런데 이 말달리기 시합에서는 큰 패배와 작은 패배를 구분하지 않았다. 그래서 큰 패배와 작은 승리 둘을 바꾼 것이다.

상대의 논리로 악습을 일소하다: 서문표

서문표의 기략은 더 재미있는 이야기다. 일을 하다 보면 가끔 뛰어나지 않은 자들이 일 전체를 가로막는 경우가 있다. 이들은 말싸움에 강해서 이들과의 싸움에 뛰어드는 순간 이전투구泥田鬪狗의 희생물이 되기 쉽다. 또 이들은 제 나름대로의 이유가 있어서 논리적으로 설득하기도 어렵다. 이들이 억지를 부릴 때는 그런 억지가 터무니없음을 밝히면 그뿐이지 아무리 말로 반론을 펼쳐도 소용이 없다. 이런 사람들을 제압하려면 실제로써 증명하는 수밖에 없다. 이런 점에서 서문표의 기략은 참으로 시사하는 바가 크다.

서문표는 전국시대 위나라 사람으로 비범하고 강단이 남다른 사람이었다. 그가 업도鄴都 태수로 부임하니 임지의 땅이 버려져 있었다. 이를 괴이하게 여겨 현지의 백성을 모아 물으니 하백이 장가가는 데 쓰는 비용이 만만치 않다는 것이다. 하백이라면 물의 신인데 살아 있는 여자를 그에게 시집보내는 것은 제물로 바친다는 것을 의미했다. 이런 짓을 그 곳의 무당 노파와 그 무리들이 행하고 있었다. 서문표는 바로 이 악행을 바로잡을 결심을 한다. 그래서 그는 마을 사람들에게 말한다.

"다음에 하백이 장가갈 때는 내게 먼저 알려주시오. 나도 하백께 축하를 하고 싶소."

드디어 하백이 장가가는 날이 돌아왔다.

서문표는 일을 주관하는 노파한테 가서 시집갈 여자를 보여 달라고 한다. 그러자 노파가 한 여자를 데려오는데, 온통 얼굴이 눈물범벅이었다.

"이 여자는 너무 박색이다. 하백이 이런 박색을 취할 리가 있겠는가? 우선 주관하는 할멈이 먼저 하백께 가서 태수가 내일 더 좋은 신부를 데려온다고 고하라. 그대는 급히 가서 아뢰고 돌아오라."

이렇게 말하고는 좌우를 시켜 노파를 물에 빠뜨려 버렸다. 그리고 물에 빠진 노파가 돌아올 리 없건만 이렇게 말한다.

"할멈 나이가 많아 일을 시킬 수가 없구만. 아직 돌아오지 않으면 어쩌라는 건가?"

역성을 내면서 노파의 젊은 제자를 끌어냈다.

"가서 좀 재촉하여 빨리 답을 얻어오너라" 하고는 젊은 수제자도 물에 밀어 넣었다. 물론 그 제자도 돌아오지 않았다. 그러자 이장을 불렀다.

"여자는 믿을 수가 없구만. 이장이 나오시오."

이장도 물론 노파와 한통속이었다. 역시 그도 밀어 넣어버렸다.

"어찌된 일인가? 관의 관리들이 가보라."

이렇게 영을 내리자 관속들이 하얗게 질려 엎드려 빌었다.

서문표는 이리하여 악습을 고쳤다. 잘 살펴보면 이런 악습에는 주동자, 연루자, 방조자가 함께 있음을 알 수 있다. 노파와 그 무리들이 주동자라면 이장은 연루자다. 그리고 이를 방조한 관리들에게도 책임이 있다. 주동자와 연루자는 일소하고 관리들은 추상같은 말 한마디로 벌했다.

그런데 서문표가 이룬 것은 잘못한 사람을 벌한 것 이상이다. 하백이 사람을 아내로 취할 리가 있겠는가? 서문표는 악한 자의 논리를 그대로 따랐다. 무당이 사람을 물에 빠뜨리고는 시집보냈다고 하자 똑같은 방법으로 심부름꾼을 보냈으니, 누가 무슨 말을 할 수 있겠는가? 이렇게 상대의 억지를 그대로 이용하여 모든 문제를 일거에 해결하는 것이 바로 핵심이다. 서문표의 책략은 귀곡자가 이야기한 것과 흡사하다. 상대에게 논리를 역이용한 것이다. 또 한꺼번에 처리할 기회를 잡기 위해 이들이 일을 작당할 때를 기다린 것이다. 이것이 귀곡자가 말한 잡기 위해 오히려 놓아준다는 말의 뜻이다.

더 큰 것을 얻기 위해 작은 것은 놓아준다

그다음으로 귀곡자는 일을 이루려 할 때 형세를 거스르고 섣불리 상대를 꺾으려 하면 안 된다고 강조한다. 귀곡자는 상대가 원하지 않는 것을 강요하지 말고, 상대가 모르는 바를 가르치려 하지 말라고 한다. 상대가 좋아하는 것이 있으면 배워서 따르고, 싫어하는 것은 일부러 피한다. 더 나아가 제거하고 싶은 자가 있으면 이를 놓아주고, 놓아준 후에는 이를 이용하여 기회를 본다고 한다. 정면으로 부딪치는 것만 능사가 아니다. 여기서는 춘추시대의 패자 정鄭나라 장공庄公과 《삼국지》의 영웅 조조의 지략을 살펴보자. 더 큰 것을 얻기 위해서 과감하게 놓아주는 것이 그 요지다.

잡기 위해 놓아주다: 정 장공

춘추 초기의 패자 정 장공은 정 무공武公의 아들이다. 무공이 죽자 태자였던 그가 작위를 물려받는다. 그에게는 아주 큰 고민이 있었으니 그의 친어머니 강씨가 동생 단段을 총애하여 작위를 그에게 주고 싶어한다는 것이었다. 어머니 강씨는 장공을 낳을 때 무척 고생하여 그를 총애하지 않았다. 그런 차에 동생을 낳자 동생을 끔찍이 총애한 것이다.

어머니는 정 무공 생전에도 누차 장자를 폐하고 동생 단에게 태자 자리를 주라고 권한 바 있다. 하지만 아버지 정 무공은 이렇게 하면 권력 쟁탈전이 벌어져 형제끼리 싸우는 사단이 날까 봐 단에게 그저 작은 성을 주어 식읍으로 삼게 했다. 이에 대해 강씨와 단은 불만을 품고 있었다.

하루는 강씨가 장공에게 말한다.

"공이여, 이미 왕위를 받아서 수백 리의 땅을 다스리고 있는데 동생한테 그저 작은 성이나 맡기는 것이 가당한 일이오?"

비록 어려서부터 어머니의 미움을 받았으나 장공은 효자였고, 어머니를 상당히 존중했다. 그래서 난감해하는데 강씨가 명령조로 말한다.

"동생에게 제읍制邑을 주시구려."

그건 극히 어려운 부탁이었다. 제읍은 정나라의 심장부에 있는 가장 큰 성이었다. 그래서 어떤 사람한테도 봉읍으로 줄 수 없는 곳이었다. 그래서 대답을 못 하자, 어머니는 다시 강경한 어투로 말한다.

"그럼 경읍京邑을 주시구려."

그런데 경읍 또한 무척 중요한 곳이었다. 그러자 강씨는 "동의하지 않는다면 내가 단과 함께 정나라를 떠나면 될 것 아니오?" 하고 쏘아붙인다. 장공은 어쩔 수 없이 요구를 들어주겠다고 했다. 신하 중 어떤 이들이 이 말을 듣고 반대한다. 이렇게 하면 한 나라에 두 명의 임금이 생긴다는 것이다. 그러나 장공은 "어머니 말씀을 거역할 도리가 있소?"라고 할 따름이었다.

강씨가 단에게 경읍을 주라고 한 데는 숨은 뜻이 있었다. 경읍은 부유할 뿐 아니라 험준한 요지였다. 여기에 웅거하면 대권을 노릴 수 있었다. 단이 경읍으로 떠나기 전에 모자가 모의하길 경읍에 가면 병사를 키우고 실력을 다듬어서 일거에 대권을 도모하자고 했다.

과연 오래지 않아 단은 성벽을 높이고 병사를 모으는 등 만만치 않은 실력을 갖추게 되었다. 사태가 이러한즉 이를 간하는 사람이 많았다.

"경읍의 성벽은 선왕께서 계실 때 이미 높이를 제한한 곳입니다. 그런데 지금 읍주가 이를 어기고 있으니 급히 막지 않으면 후환이 있을 것입니다."

장공도 이를 모르지 않았으나 이렇게 대답한다.

"어머니께서 원하시는 일인데 어떻게 하겠소."

상경공자 여呂가 병사를 일으켜 토벌하자고 하자, 장공은 성을 버럭 내며 소리친다.

"아니, 단은 내 동복동생이고, 어머니의 귀한 자식인데 어찌 토벌하란 말인가? 이런 소리를 하는 자는 베겠다."

그러고는 몰래 공자 여를 불러 그와 어떻게 할지 논의한다.

"나도 어머니와 동생의 음모를 알고 있소. 그러나 지금 음모가 발각되지도 않은 차에 이를 진압한다면 백성들이 나를 불효하다고 하여 도리어 환란이 생길 수도 있지 않겠소? 그러니 그들이 난리를 일으키기를 기다려 토벌하여도 늦지 않을 것 같소."

이것이 바로 '닭을 키워 잡는' 계략이다.

다음 날 장공은 조정에 나가 갑자기 주나라로 가서 천자를 알현하겠다고 선언한다. 그리고 잠시 제족祭足에게 전권을 맡긴다고 했다. 그리고는 어머니를 뵙고 물러나 많은 보물을 준비해 떠난다.

강씨가 기뻐했음은 물론이다. 재빨리 단에게 밀사를 보내 5월 초에 기병을 하고 안팎에서 호응해 정권을 뺏자고 했다.

단은 밀서를 받은 후 즉각 행동에 들어갔다. 그런데 단이 병사들을 이끌고 경읍을 나와서 도성을 향하는 도중에 공자 여가 빈 경읍을 점령했다는 기별을 받는다. 단은 근거지를 잃을 수 없어 어쩔 수 없이 군대를 돌려 경읍을 공략하고자 했으나 단의 저의를 안 군사들이 진열을 이탈하거나 장공의 편으로 돌아섰다. 단은 패배가 명확하고 어찌할 도리가 없자 결국 자결하고 만다.

사실 장공은 천자를 알현하러 간 것이 아니었다. 그리고 밀사는 이미 기다리고 있던 장공에게 잡힌 후였다. 동시에 장공은 공자 여를 경읍 주변에 매복하게 했다가 단이 성을 비우자 곧바로 취해버린 것이다. 사태가 이렇게 돌아가자 강씨는 얼굴을 들 수가 없었다. 장공은 강씨를 귀양 보내며 황천에 가기 전에는 다시 만나지 않겠다고 선언한다.

이 고사는 비극이다. 그러나 장공은 일단 신하의 마음을 잡고, 군사들의 마음을 잡고, 또 백성들의 마음을 잡은 후 일을 처리했으며 정적도 확실히 제거했다. 《귀곡자》에 잡으려면 놓아주라는 말이 있다. 장공은 이 말을 정확히 실행했다.

만약 초기에 장공이 어머니와 동생의 모반을 짐작하고 진압하려 했다면 신하와 군사들이 서로 나뉘고 백성들은 장공을 비난해서 실제로 사단이 벌어졌을지도 모를 일이다. 정 장공의 고사는 상대를 잡기 위해 오히려 놓아준 이야기로 대단한 인내력과 깊은 지모가 없으면 할 수 없는 일이다.

몸을 놓아주고 마음을 얻다: 조조

두 번째 이야기의 주인공은 조조다. 역시 리더는 사람의 마음을 사로잡는 방식이 일품이다. 그토록 수하에 두고 싶은 관우를 놓아준 사람도 바로 조조다. 또 유비가 여포에게 하비성을 빼앗기고 도망쳐 왔을 때 정욱程昱이 유비를 죽이자고 조조에게 간하자 조조는 "지금은 영웅을 끌어안을 시기다. 한 사람을 죽여 천하의 인심을 잃는 것은 옳지 않다"

라고 대답한다. 이제《삼국지》〈무제기武帝紀〉에 등장하는 또 다른 이야기 하나를 잠깐 살펴보자.

조조가 연주목으로 있을 때 필심畢諶이라는 이를 수하에 두고 별가別駕로 삼았다. 장막張邈이 반란을 일으켰을 때 필심의 어머니와 동생 그리고 그 처자를 인질로 두고 있었는데, 필심이 이 소식을 듣고 크게 상심해서 울었다. 조조가 이를 듣고 이렇게 말한다.

"어머니가 장막의 손아귀에 있으니, 떠나도 좋다. 가서 장막을 따르라."

이 말을 들은 필심은 갈 수 없다고 간한다. 그러자 조조가 말한다.

"혈육을 아끼는 마음은 모두 같다. 그대는 떠나라."

필심은 눈물로 고별한다. 장막이 패망하자 필심도 붙잡혔다. 사람들이 필심을 걱정했지만 조조는 오히려 이렇게 말한다.

"사람이 부모에게 효도한다는 것은 그 군왕에게도 충성을 다할 수 있다는 것이 아닌가? 그는 바로 내가 찾던 인재다."

그러고는 그를 석방했을 뿐 아니라 노나라의 상으로 임명했다. 필심은 조조의 큰 도량에 감복하여 이후 한 번도 마음을 바꾸지 않고 열심히 일했다.

흔히 조조를 난세의 간웅이라고 하나 누가 저 정도의 도량을 보일 수 있을까? 만일 오늘날 이 정도의 도량이 있는 리더가 있다면 그 누가 마음을 바치지 않을 수 있을까? 이런 경우에 함께 일을 도모하면 조그마한 빈틈도 없으니 두려울 것이 없을 터다.

피동적인 상황에 놓이면 추동력을 잃는다

다음으로 귀곡자는 판을 좌우해야지, 판에 휘둘려서는 안 된다고 말한다. 귀곡자는 말한다.

> 남에게 제어당하면 목숨까지 위태롭다. 제어당하지 않는 최고의 방법은 무엇인가? 적수라면 완전히 파악하고 자신의 권역 안에 있는 사람이라면 어떤 틈도 없이 완전히 심복하게 하는 것이다.

이번에는 소설 《삼국연의》에서 제갈량과 주유의 예를 보자. 이 이야기는 상대방의 책략에 휘둘리지 않고 형세를 장악하여 적극적으로 이용한다는 말의 의미를 이해할 수 있는 좋은 사례다.

상황을 제어하지 못해 실패하다: 주유

적벽대전이 끝나고 오나라의 군주 손권이 동오를 장악했을 때 유비는 형주에 웅거하고 있었다. 지형을 보면 알 수 있겠지만, 형주는 군사상의 요충지로 형주를 얻으면 장강 전역을 통제할 수 있었다. 오나라가 형주를 노린 지는 이미 오래되었다. 때마침 유비가 상처했다는 소식이 동오로 들어온다. 이에 대장 주유가 손권에게 계책을 낸다.

"주군께 아름다운 동생이 있지 않습니까? 유비는 반드시 새 부인을 얻으려 할 것이니 이참에 동생을 유비한테 시집보낸다는 전갈을 보내십시오."

"어떤 연고요?"

"유비가 찾아오면 그를 가두고 형주와 교환하자고 하면 되지 않습니까?"

이리하여 혼인을 청하는 사자를 유비에게 보낸다. 사자가 도착하자 제갈량은 바로 형세를 파악하고 유비에게 권한다.

"저에게 작은 계략이 있습니다. 오주(손권)의 누이를 아내로 맞는다면 형주를 잃는 일은 없을 것입니다."

그러나 문제는 아무 탈 없이 손권의 누이만 취하고 올 수 있느냐는 것이었다. 제갈량은 용장 조운趙雲에게 500명의 군사와 함께 계략이 들어 있는 세 개의 주머니를 주고 어려움에 처할 때마다 하나씩 열어보라고 한다. 먼저 오에 가서 첫 번째 주머니를 열어 본 조운은 유비로 하여금 교국로喬國老를 만나게 한다. 교국로는 손권의 형 손책孫策과 주유의 아내인 두 교씨(대교와 소교)의 아버지로 오에서 명망 있는 사람이었다. 술과 음식을 준비하여 교국로를 찾으니 교국로는 손 부인의 어머니 오국태에게 가서 이 일을 축하한다. 유비와 형주를 바꾸고자 했던 손권과 주유가 혼사에 관한 일을 밖으로 알렸을 리가 없다. 그러니 어머니에게도 이 일을 알리지 않았다. 그런데 딸을 유비에게 시집보내는 것에 기뻐하며 잔치까지 벌이는 어머니를 두고 암수를 쓰기는 벌써 틀린 것이다.

일이 탄로 나자 주유는 다른 계교를 꾸미는데 오나라의 풍부한 물산과 아름다운 여인들을 이용하여 유비가 형주를 잊게 만드는 것이었다. 과연 풍족한 생활을 몰랐던 유비는 호사스런 생활에 빠져들어 형주의 일을 잊기 시작한다. 이때 조운이 두 번째 계책을 꺼내 본다. 두 번째 계책은 유비에게 충격요법을 쓰는 것이었다.

조운이 황급히 말하길, "공명이 전갈을 보냈는데 조조가 지난날 적벽의 원수를 갚고자 형주를 치러 온다는 전갈입니다. 병력이 무려 10만이나 되니 형주가 위태롭습니다. 주군께서는 급히 돌아가셔야 합니다."

유비는 그제서야 퍼뜩 정신이 들었다. 그래서 급히 떠날 채비를 한다. 유비는 손 부인과 상의하여 선조께 제사 지낸다고 속이고 성을 빠져 나왔다. 하지만 이를 알아차린 주유는 진무陳武, 반장潘璋 등의 정예 기병으로 유비를 쫓게 했다. 이런 위급한 상황에서 조운이 마지막 계책을 열어 보니 역시 일리가 있었다. 계책을 듣고 유비는 절망한 표정으로 손 부인에게 말한다.

"부인, 처남이 나를 죽이려 하니 이제 어쩔 도리가 없구려."

그러자 손 부인이 유비에게 말한다. "이미 오빠가 나를 골육으로 대하지 않으니 내 어찌 다시 볼 수 있겠습니까? 제가 해결하겠습니다." 이렇게 말하고는 대로大怒하여 오의 대장들을 막아서고 일갈했다. 과연 오의 대장들은 더는 움직이지 못했다. 이 틈에 유비는 강가로 달아나니 제갈량이 거기서 기다리고 있었다.

일은 사람이 하는 것이어서 기계적으로 답이 나오지는 않는다. 주유의 계책은 교국로나 오국태, 그리고 손 부인 등 제어할 수 없는 변수들이 어떻게 나올지 전혀 고려하지 않아서 실패한 것이다. 제갈량은 이들을 동원하여 손권과 주유가 할 수 있는 일을 모두 막아버린 것이다. 또한 유비의 성품을 아는지라 거기에 맞추어 충격요법까지 준비했으니 주도면밀하게 모든 상황을 제어했다고 해도 과언이 아니다. 거기에 자신의 계교는 최대한 비밀로 하면서 손 부인을 드러내 놓고 취했으니 귀곡자의 은밀히 도모하여 드러내 놓고 취한다는 말과 꼭 들어맞는다.

피동적인 상황에 오래 머무르면 프로젝트가 추동력을 잃는다. 제갈량이 일을 주동하는 방식은 항상 상대의 지혜에 대항할 지혜를 내고, 상대보다 한 수 더 멀리 보고 준비하는 것이었다. 사실 대단히 기이한 지혜를 쓴 것이 아니라, 상황을 예측하여 치밀하게 지혜를 배치한 것이다.

원문 해석

남을 위해 계략을 쓸 때도 모두 규칙이 있다. 그 규칙은 반드시 원인을 파악해서 상대의 본심을 알아내는 것이다. 본심을 깊이 파악하면 계략을 상중하 세 가지로 구분할 수 있다. 이 세 가지 등급을 확정한 후에 경우에 맞게 뛰어난 계략을 낼 수 있다. 뛰어난 계략은 막힘이 없으며, 역시 옛 사람들이 하던 방식에서 시작되었다. 옛날 정나라 사람들이 옥을 채취한 후에 지남차指南車에 실어서 옮긴 것은 길을 잃지 않으려는 목적이었다.

무릇 상대의 재주와 역량을 재고, 그 본뜻을 자세히 아는 것이 바로 일을 도모하는 지남차다. 그래서 품은 뜻이 같고 서로 친하면 둘 다 성공하고, 바라는 바가 같은데 서로 사이가 멀면 한 사람은 해를 입으며, 같이 남들의 미움을 받으면서 서로 친하면 둘 다 해를 입고, 같이 미움을 받으면서 서로 멀면 한 사람만 해를 입는다. 그래서 사람들은 흔히 서로 이익이 되면 친하고, 손해가 되면 멀리한다.

서로 같고 다름을 구분하는 이유도 마찬가지다. 담장은 작은 틈 때문에 무너지고, 나무는 마디 때문에 부러지니 이것이 서로 다른 구분 지점이다. 그러니 사태가 변하면 일이 생기고, 일이 생기면 계략이 생기고, 계략이 생기면 의론이 생기고, 의론이 생기면 유세를 하게 되고, 유세를 하는 것은 나아가 취하기 위함이며, 나아가 취하면 물러나야 하고, 물러난 후에는 일을 제어해야 한다. 이리하여 일을 제어하는데, 만사가 다 마찬가지며 백 가지 계략이 모두 이 방법을 따른다.

대개 어진 사람은 재물을 가볍게 여기므로 이익으로 유혹할 수는 없지만 오히려 일을 할 비용을 쓰게 할 수는 있다. 용감한 자는 어려움을 두려워하지 않으므로 우환으로 겁을 줄 수는 없지만 위험한 곳을 지키게 할 수는 있다. 또 지혜로운 자는 술수와 이치에 밝으니 속일 수는 없지만 도리를 내세워 공을 세우게 할 수는 있다. 이들이 바로 세 종류의 인재다.

그러나 어리석은 이는 쉽게 속일 수 있고, 모자라고 유약한 이들은 쉽게 겁줄 수 있고, 탐욕스런 자들은 쉽게 유혹할 수 있다. 각각의 방법은 일에 따라 선택하면 된다. 따라서 강한 것도 약한 것이 쌓여서 이루어지고, 곧은 것도 구부러진 것들이 쌓여 이루어지는 것이며, 넘치는 것도 부족한 것이 쌓여서 되는 것이다. 이렇듯 일을 이룬 것은 모두 이 방법을 썼기 때문이다.

그래서 상대방이 나와 겉으로는 친하면서 내심이 소원하면 내심을 설득하고, 내심으로는 친하면서 겉으로는 소원하면 상대의 겉(외양)을 설득해야 한다. 그러니 상대가 의심하는 바를 역이용해서 변화를 유도하고, 견해를 역이용해서 나의 말을 믿게 하고, 논리를 역이용해서 강요하고, 그 세력을 이용해 일을 성취하고, 싫어하는 바를 이용해 계략을 펼치고, 걱정거리를 이용해 꺾어버리는 것이다. 은근히 건드려서 겁을 주고, 높은 논리를 펼쳐 흔들고, 상세한 논증으로 일을 증명하고, 신호를 보내서 응해보고, 둘러싸서 막아버리고, 어지럽게 해서 정신을 차리지 못하게 하는 것을 바로 계략이라고 부르는 것이다.

계략을 쓸 때는 은밀히 사적으로 하는 것이 공적으로 하는 것보다 낫고, (군주와) 결맹을 하는 것이 사적으로 하는 것보다 낫다. 결맹을 한다는 것은 작은 틈도 없다는 뜻이다. 정상적인 계략은 기묘한 것보다 못하다. 기묘한 것은 끊임없이 변하여 멈추지 않는다. 그러니 군주에게 유세할 때는 반드시 기묘한 것을 말하고, 신하에게 유세할 때는 반드시 사적인 것을 말한다.

몸이 안에 있으면서 밖을 말하면 (군주와) 사이가 멀어지고, 몸이 밖에 있으면서 안을 이야기하면 자신이 위험해진다. 상대가 원하지 않는 것을 강요하지 말고, 상대가 모르는 바를 가르치려 하지 마라. 상대가 좋아하는 것이 있으면 배워서 따라주고, 싫어하는 것은 일부러 피해준다. 그래서 은밀히 도모하여 드러내 놓고 취하는 것이다. 만약 제거하고 싶은 자가 있으면 이를 놓아주고, 놓아준 후에는 이를 이용하여 기회를 본다. 겉으로는 찬양하지도 않고 싫어하지도 않아야 지극히 뛰어난 계략을 갖추고 있다고 할 수 있다. 계략을 관철하려면 알아듣는 사람은 쓸 수가 있지만, 못 알아듣는 사람은 쓰지 않는다.

그래서 일을 할 때는 남을 제어하는 것을 중요하게 여기고 남에게 제어

당하는 것을 피해야 한다. 남을 제어하는 사람은 권력을 잡지만 제어당

하면 자신의 운명까지 저당 잡히게 된다. 그래서 성인의 도는 은밀하지

만 어리석은 사람의 방식은 남들이 알게 드러나 있다. 또 지혜로운 자는

일을 쉽게 도모하지만 몽매한 사람은 그 반대다. 이런 정황으로 보면, 일

단 망한 것은 되돌려 보존할 수가 없고, 위험한 것은 되돌려 안정시킬

수 없다. 그래서 성인은 무위의 방법으로 지혜를 귀하게 여기는 것이다.

지혜는 보통 사람들이 알지 못하고 보지 못하는 곳에 쓴다. 일단 지혜를

쓴 후에, 보아서 가능하다면 일을 선택해서 스스로 실행하고, 보아서 불

가능해도 일을 가려서 시행하는데 남이 하게 한다.

그래서 선왕의 도는 은밀하여, 이를 말하길 "천지의 조화는 높고 깊은

곳에 있고, 성인의 제도는 은밀하고 보이지 않는 곳에 있다"라고 하는

것이다. 비단 충신인의만 고수할 필요가 없고 적절한 방책을 따르면 된

다. 방책이 이런 수준에 이르게 되면 더불어 말을 할 수가 있고, 이런 수

준을 이해하면 세상사 일체를 토론하고 처리할 수 있다.

爲人, 凡謀有道, 必得其所因, 以求其情. 審得其情, 乃立三儀. 三儀者, 曰上,

曰中, 曰下. 參以立焉, 以生奇. 奇不知其所壅, 始於古之所從. 故鄭人之取玉

也, 載司南之車, 爲其不惑也.

夫度材, 量能, 揣情者, 亦事之司南也. 故同情而相親者, 其俱成者也, 同欲而

相疏者, 其偏害者也, 同惡而相親者, 其俱害者也, 同惡而相疏者, 其偏害者也. 故相益則親, 相損則疏, 其數行也.

此所以察異同之分其類一也. 故墻壞於其隙, 木毀於其節, 斯蓋其分也. 故變生事, 事生謀, 謀生計, 計生議, 議生說, 說生進, 進生退, 退生制. 因以制於事, 故百事一道, 而百度一數也.

夫仁人輕貨, 不可誘以利, 可使出費. 勇士輕難, 不可懼以患, 可使據危. 智者達於數, 明於理, 不可欺以不誠, 可示以道理, 可使立功. 是三才也.

故愚者易蔽也, 不肖者易懼也, 貪者易誘也, 是謂因事而裁之. 故爲強者, 積於弱也, 爲直直者, 積於曲也, 有餘者, 積於不足也. 此其道術行也.

故外親而內疏者, 說內, 內親而外疏者, 說外. 故因其疑以變之, 因其見以然之, 因其說以要之, 因其勢以成之, 因其惡以權之, 因其患以斥之. 摩而恐之, 高而動之, 徵而證之, 符而應之, 擁而塞之, 亂而惑之, 是謂計謀.

計謀之用, 公不如私, 私不如結, 結比而無隙者也. 正不如奇, 奇流而不止者也. 故說人主者, 必與之言奇, 說人臣者, 必與之言私.

其身內, 其言外者, 疏. 其身外, 其言深者, 危. 無以人之所不欲而強之於人, 無以人之所不知而教之於人. 人之有好也, 學而順之, 人之有惡也, 避而諱之. 故陰道而陽取之也. 故去之者, 縱之, 縱之者, 乘之. 貌者不美又不惡, 故至情託焉. 可知者, 可用也, 不可知者, 謀者所不用也.

故曰, 事貴制人, 而不貴見制於人. 制人者, 握權也, 見制於人者, 制命也. 故聖人之道陰, 愚人之道陽, 智者事易, 而不智者事難. 以此觀之, 亡不可以爲存, 而危不可以爲安, 然而無爲而貴智矣.

智用於衆人之所不能知, 而能用於衆人之所不能見. 旣用, 見可否, 擇事而爲之, 所以自爲也. 見不可, 擇事而爲之, 所以爲人也.

故先王之道陰. 言有之日, 天地之化, 在高與深, 聖人制道, 在隱與匿. 非獨忠信仁義也, 中正而已矣. 道理達於此之義, 則可與語. 由能得此, 則可以谷遠近之義.

鬼谷子

4부

최종 단계

결단으로 성과를 얻는다 / 결結

10

결

결단으로 성과를 얻는다

어떤 사람이 들판을 헤매다가 사나운 코끼리를 만나 쫓기게 되었다.
마침 언덕 위에 우물을 발견하고는 나무뿌리를 잡고 안으로 들어갔다.
그런데 그 나무뿌리를 쥐가 갉고 있었다. 게다가 우물 벽에서는 독사가 혀를 날름거리고
그 밑에서는 독룡이 기다리고 있었다.
그때 나무에 매달려 있는 벌집에서 꿀이 한방울 입 속으로 떨어졌다.
그는 꿀맛에 그만 고통을 잊었다.
_《빈두로돌라사위우타연왕설법경賓賓頭盧突羅闍爲優陀延王說法經》에서 요약

이제 우리는 모든 자원을 준비하고, 사람을 모으고, 상대방을 설득해
서 프로젝트를 정상까지 끌고 왔다. 그렇다면 결실을 맺어야 한다. 사실
지혜를 다 쓴 후에 우리는 결과를 수확만 하면 된다. 그런데 귀곡자는
결단을 위한 장을 따로 마련해 두었다. 물론 결結 편이 따로 있는 이유
가 있다. 하나는 프로젝트가 막바지에 이르렀을 때, 마지막으로 운명을

걸고 결단을 해야 할 때가 있기 때문이다. 일에는 변수가 수도 없이 많다. 예기치 않은 일은 언제든지 벌어질 수 있고, 단 한 번의 결정이 전체의 성과를 좌우하기도 한다.

또 다른 이유는 귀곡자의 노파심이다. 결단이란 지혜를 내는 것보다 더 어렵다. 결단에 모든 관련자의 명운이 걸려 있기 때문이다. 그래서 신중함과 과감함을 조화시켜 일이 틀어지지 않게 해야 한다. 결단은 그래서 어려운 것이다. 귀곡자는 전체를 총괄하는 의미에서 마지막으로 결단을 강조한다.

세상 모든 일은 결정에 의해 좌우된다. 절체절명의 위기, 천재일우의 호기에도 결단이 중요하지만 순간순간의 작은 결정이 쌓여서 커다란 결과를 만든다는 것을 상기해야 한다. 아무리 지혜가 출중한 사람이라도 매번 올바른 결단을 하기는 어렵다. 결단에는 지혜 이상의 것이 있어야 하기 때문이다.

다른 사람들을 다스리는 사람이라면 지혜 이상의 철학, 이상, 세계관이 요구된다. 이것이 없으면 결정이 자칫 길을 잃을 수 있다. 여러 결정이 서로 상충하면 다른 사람의 이목을 배반하게 되고, 그러면 사람들로부터 버림을 받는다. 최고결정권자의 결단은 '객관적인 상황'의 판단과 더불어, 즉 철학에 근거한 명철한 판단이 뒤따라야 한다.

다른 사람을 따르는 위치라면 그 결단은 반드시 섬기는 사람에게 이익이 되는 것을 우선으로 해야 한다. 섬기는 사람의 이익을 먼저 고려한다는 것 역시 보통 일이 아니다. 이익을 주지 못하면 쓰임을 받을 수 없다. 쓰임을 얻으려면 내가 상대의 이익이 된다는 믿음을 주어야 한다.

이는 귀곡자가 강조하는 점이다. 그래서 따르는 사람의 길도 쉽지 않다. 항상 실력을 증명해야 하는 압박을 받는다. 이것이 바로 대다수의 현대인이 처한 상황이다. 이런 사람들을 위해 귀곡자가 전하는 말은 단순하다. 상대에게 이익을 가져다주고, 상대가 또 그것을 인정하게 하라는 것이다. 그러자면 실력을 의심받아서는 안 된다.

대체로 지혜가 부족한 사람이라도 결단력이 있으면 다른 사람을 위해 일할 수 있다. 지혜는 남의 것을 빌릴 수도 있다. 그러나 아무리 지혜가 뛰어나도 결단력이 없으면 남을 위한 일을 해서는 안 된다. 마지막 순간 결단을 하지 못해서 일을 그르칠 수 있기 때문이다.

결단의 목적은 구체적인 이익이다

귀곡자는 결단의 목적을 명쾌하게 제시한다. 바로 나와 결정권자의 이익이다.

> 대개 남을 위해 결단을 내릴 때는 반드시 상대가 의심하는 바를 해결해야 한다. 상대에게 이득이 되는 것을 잘 이용하고, 걱정거리와 손해를 피해야 한다. 이렇게 하면 유혹이 와도 시종 흔들리지 않아 이익이 있다.

결단을 하는 것은 한마디로 현재의 불확실한 상황, 즉 의심을 정리해서 역량을 집중시킨다는 뜻이다. 그리고 결단의 기준은 구체적인 이익이다. 구체적인 이익을 보장하지 못하는 결단은 정세의 변화에 취약하다. 이제 중국 현대사의 두 거인인 모택동(마오쩌둥)과 등소평(덩샤오핑)의 결단을 통해 실질적인 이익에 기반한 결단이 무엇인지 알아보자.

수세를 공세로 바꾼 결단: 모택동

이제 현대사로 넘어와서 현대 중국을 형성하는 데 가장 영향력 있었던 결정을 한 번 살펴보자. 중국 사람들은 이런 말을 한다. "모택동이 중국을 해방시켰고, 등소평이 중국을 부유하게 만들었다." 이 말이 다 사실은 아닐 것이다. 하지만 이 두 지도자가 이런 평가를 받는 것은 결정적인 순간에 정확한 결단을 내렸기 때문이다.

　모택동은 강서 서금에서 쫓겨난 후 귀주성의 준의遵義에서 군사적 실권을 회복한다(준의회의). 그런데 그의 주장의 핵심은 바로 게릴라 전술과 정치 공작을 겸용한 '공세적 퇴각 작전'이었다. 장정長程은 기본적으로 대규모 퇴각 작전인데 어떻게 공세를 펼칠 수 있었을까?

　모택동의 전술은 중국의 고전적인 군사작전에 뿌리를 두고 있다. 즉 적이 멈추면 공격해 괴롭히고, 적이 움직이면 그 사정거리에서 벗어난다는 것이다[敵進我退, 敵止我擾]. 쉬운 말 같지만 깊은 함의가 들어 있다. 기존에 군권을 잡은 박고博古(보구) 등이 사용한 전술은 적이 공격할 때 거점을 지키는 것이었다. 그리고 적의 공격이 소강상태에 접어들면 퇴각을 한다.

　바로 수동태와 능동태의 차이다. 원래 '적이 공격하면 수비하고, 적이 멈추면 퇴각'하는 작전에서는 모든 주도권을 적이 쥐고 있다. 그런데 모택동의 작전은 그 반대다. 완전히 능동태로 바뀐다. 적이 공격하면 물러나서 적에게 싸울 기회를 주지 않는다. 즉 적이 자신의 강한 부분을 사용할 기회를 주지 않는다는 것이다. 그런데 적이 멈춘다면 오히려 공격한다. 적이 휴식을 취할 기회를 주지 않는다는 것이다. 이 작전을 쓰려면 적의 움직임을 파악하고 있어야 하고(정보의 우위), 적보다 더 많이 움직일 수 있어야 한다(기동력의 우위). 상대보다 더 많이 움직이려면 더 강한 사기를 지녀야 한다. 사람들의 힘을 북돋우는 방면에서 모택동은 천재였다. 과연 장개석蔣介石(장제스) 군대는 도망가는 적들을 효과적으로 공략하지 못했다. 공격하려 해도 적은 보이지 않고, 쉬려고 하면 달려드는 바람에 날로 피로해질 따름이었다. 게다가 소수지만 강한 신념으로 뭉친 적들과는 정신 무장에서 이미 상대가 되지 않았다.

귀곡자는 이렇게 말한다. "상황에 제어당하지 말고 상황을 제어하라!" 바로 모택동이 쓴 전술이다. 상황을 제어하는 자는 성공하지만 상황에 제어당하는 자는 피로해진다. 나의 약한 부분으로 적의 강한 부분을 치는 것은 최악수다. 나의 강한 부분으로 적의 약한 부분을 치는 것은 차선이다. 그렇다면 최선은 무엇인가? 적의 장점을 역으로 이용하고, 적의 약점을 스스로 키우게 하는 것이다. 이는 귀곡자가 이미 밝힌 바다. 적의 장점은 강한 화력이지만 강한 화력에 의존하게 하여 적이 감히 기동전을 펼 수 없게 만들고, 적의 약점인 사기 부진을 정치 공세로 계속 부채질해서 적을 군대 아닌 군대로 만든 것이 모택동의 전술이다. 군사 방면에서 그는 천재였다. 패배를 승리로 바꾼 결정을 한 것이다.

　모택동의 결단의 힘은 무엇일까? 바로 전쟁을 하면서 아군이 얻는 실질적인 이익에 근거한 결단을 내렸다는 점이다. 문화혁명 등 해방 이후의 역사 과정에서 모택동의 실책에 대한 비판이 수없이 쏟아졌지만, 패배한 전쟁을 승리로 바꾼 모택동의 공과를 넘어서지는 못했다. 이것이 바로 결단의 위력이다.

실체 없는 논쟁을 종식시킨 결단: 등소평

등소평은 누구인가? 등소평 하면 개혁개방을 떠올린다. 개혁개방이란 사실 자구책이었다. 문화혁명의 불길이 사그라질 때 중국에는 남은 것이 거의 없었다. 생산력은 보잘것없었고, 권력 기관의 권위도 땅에 떨어졌다. 살길이 막막했던 것이다. 이때 등소평은 개혁과 개방이라는 카드를 들고 나온다. 개혁과 개방을 지지하는 철학은 이른바 '실사구시實事求是'다. 지금은 실사구시라는 말을 흔히 쓰지만 1978년 이후 이 말이 지니는 의미는 특별하다. 우선 그동안 혼란의 불씨가 되었던 실체 없는 논쟁을 종식시키자는 의미가 담겨 있다. 그래서 1981년 중국공산당의 성공과 실패를 회고하는 결의, 즉 〈건국 이래 당의 약간의 역사 문제에 대한 결의(역사 결의)〉에서 모택동의 공과를 못 박아버렸다. 모택동에 대한 비생산적인 논쟁을 종식시킨 것이다. 그다음은 바로 개혁개방이다. 초기 개혁은 농촌의 토지 이용을 개인에게 맡기는 것과 연해 지역을 개방하는 것이었다.

　다시 《귀곡자》로 돌아가자. 귀곡자는 비용과 힘을 쓰지 않고 쉽게 이룰 수 있는 일이라면 할 수 있으면 해야 한다고 말한다. 등소평의 실사구시는 쉽게 할 수 있는 일부터 한다는 것, 실질적으로 도움이 되는 것부터 한다는 것이다. 〈역사 결의〉에서 모택동의 공과를 명시하고 이를 공포한 것은 이후 나올 수 있는 불필요한 논쟁을 사전에 종식시키고 좀더 실질적인 문제에 역량을 집중할 수 있게 한 조치였다. 이렇게 주요한 이슈를 '공포'하는 것이 등소평 리더십의 특징이다. 또 당시 중국이 가진 것이라고는 토지, 그리고 농업 부분의 잉여 노동력이 전부였는데 이것은 가장 이용하기 쉬운 자원이었다. 바로 이 힘을 해방시키라는 것이 그의 결단이었다. 다음은 연해 지구의 개방이다. 당시에 사회구조의 전반적인 개혁을 기대하는 것은 사실상 불가능한 일이었다. 그래서 일단 쉽게 실험할 수 있는 선택이 바로 경제 특구였다. 그리고 그 실험은 보기 좋게 성공했다.

현대 중국에서 등소평의 위상을 넘어설 수 있는 지도자는 당분간 나오지 않을 것이다. 등소평의 결단은 모택동의 결단에 비해 무척 신중하다. 부득이 해야 할 일은 하되, 할 수 있을 때 한다는 원칙을 견지하고 있었던 것이다. 이것을 현대적인 말로 바꾼다면 공론과 허상을 버리고 철저히 실제로 돌아가서 일을 하는 것, 즉 실사구시다. 당시 등소평의 결단은 귀곡자가 제시한 결단의 요결과 무척 닮았다. 결단은 관련자들의 이익을 명분으로 해야 안정적이며, 또 의심을 명쾌히 해결해야만 힘이 분산되는 것을 막을 수 있다. 개혁개방의 경제정책과 모택동의 공과에 대한 명확한 못 박기가 등소평의 결단의 핵심이었다.

능력과 상황에 맞는 결단을 내려라

일반적으로 일을 이루는 방법은 객관적인 상황에 따라 크게 달라진다. 객관적인 상황을 인식한다는 것은 물론 자신의 실력을 측정하는 것을 말한다.

따라서 자신의 실력에 따라 일을 하는 방법은 달라진다. 귀곡자는 성인이 능히 그 일을 이루는 데는 다섯 가지 방법이 있다고 말한다. 바로 양으로 덕을 베푸는 것, 음으로 공격하는 것, 성심을 다해 신의로 대하는 것, 가려 숨기는 것, 평소처럼 행하는 것이다.

양으로 베풀기 위해서는 압도적인 힘의 우위가 필요하다. 음으로 공격하는 것은 백중세일 때 쓰는 전략이다. 성심을 다해 신의로 대하는 것은 싸움을 피하고 상대를 자신의 편으로 끌어들일 때 쓰는 전략이다. 가려 숨기는 것은 자신이 열세에 있을 때 약점을 숨기는 전략이다. 평소처럼 행한다는 것도 열세에 처했을 때 당황하여 상대에게 나를 공략할 기회를 주지 말라는 의미다.

귀곡자는 자신의 역량과 객관적인 상황을 파악하기 위해 매우 고전적인 방법을 제시한다. 온고지신溫故知新, 즉 과거를 배워 현재를 알고, 미래를 예측한 후에 결단을 내린다는 말이다. 현재를 관찰의 기초로 두고, 과거의 관찰을 미리 검증하는 척도로 만들면, 미래는 과거와 현재의 관찰을 기초로 투사하여 미리 예측할 수 있다. 이렇게 하면 한 번의 잘못된 결단으로 일 전체가 망가지는 것을 방지할 수 있다.

한 번의 악수가 전체의 판세를 좌우하다: 탈라스 전투와 고선지

이제 시야를 조금 넓혀 중앙아시아로 가보자. 서기 751년 고구려 유민 출신의 무장 고선지高仙芝는 파미르 고원을 넘어 지금의 키르기스스탄과 카자흐스탄의 경계지에 있는 탈라스로 진격한다. 그는 무패 장군이었고, 서역의 패자였다. 하지만 중앙아시아의 패권을 놓고 중국과 이슬람이라는 두 문명권이 충돌한 이 전쟁에서 패하고 만다. 원인은 고선지와 당 조정의 잘못된 결단에 있었다. 그 잘못된 결단 때문에 당나라군 수만 명이 몰살당한다.

당시의 국제 정세를 잠깐 살펴보자. 아시아 대륙 동쪽의 패자는 엄청난 인구와 생산력을 지닌 당나라였다. 중국과 중앙아시아를 나누는 천산天山의 서쪽은 여러 투르크계 민족들이 지배하고 있었고, 몽골 고원에서는 위구르가 돌궐突厥을 몰아낸 상황이었다. 그런데 여기에 결정적 변수가 생기고 있었으니, 바로 지금의 티베트吐蕃 세력이었다.

중국 지형도를 보면 청해 고원을 따라 돈황(둔황)까지 한 가닥 길, 즉 하서회랑河西回廊이 나 있다. 만약 티베트가 북상하여 돈황을 탈취하면 당나라가 서쪽에 구축하고 있던 거점들이 무너지고, 북쪽의 투르크 세력과 티베트가 완전히 연결되어 당나라가 서쪽으로 가는 길이 끊긴다. 고선지가 747년 파미르 대원정을 감행했던 것도 중국의 서부 변경을 압박하면서 중앙아시아 각지로 세력을 뻗쳐가던 티베트를 견제하기 위함이었다.

여기에 또 하나의 변수가 있었으니, 바로 사산조 페르시아를 무너뜨린 아랍 세력이었다. 이들은 당시까지 사마르칸트와 부하라의 보호자였던 돌궐을 압박하며 중앙아시아를 야금야금 먹어 들어가고 있었다. 그래서 중앙아시아의 여러 약소민족은 이전처럼 강력한 투르크계 유목 세력의 보호를 기대할 수 없었다. 그들은 자신들을 보호할 방패로 중국의 후원을 기대하든지, 아니면 이슬람을 받아들여야 하는 갈림길에 놓였다.

당시 아랍 세력은 중앙아시아로 계속 진입하려 했다. 그리고 당나라는 이 지역 민족들의 보호자의 위치를 유지하고, 서역으로 가는 길을 확보하려 했다. 이제 이 두 세력의 충돌은 불가피했다.

싸움이 시작되기 전 선택의 여지는 많았다. 첫 번째는 당나라가 파미르의 서쪽을 완전히 포기하는 것이다. 이는 당나라의 군수품을 파미르

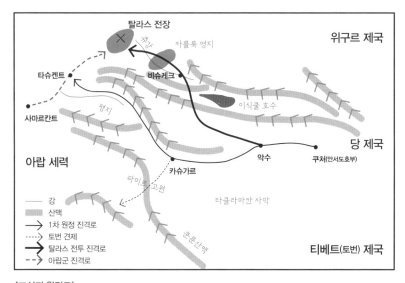

〈고선지 원정도〉

751년 고선지는 파미르 고원을 넘어 지금의 키르기스스탄과 카자흐스탄의 경계지에 있는 탈라스로 진격한다.

의 서쪽으로 장기적으로 제공할 수 없기 때문에 항상 거론되는 선택이었다. 실제로 송나라, 명나라는 파미르 동쪽도 포기했다. 또 하나는 파미르 서쪽에 강력한 반아랍 연대를 구축하는 것이었다. 물론 이 연대가 성립하려면 다음의 세 가지 조건이 먼저 만족되어야 했다. 우선 이 지역의 반농반목 투르크계 민족들이 당나라를 지원해야 했다. 또 몽골초원의 위구르가 강력한 국가로 발전하는 것을 저지해야 했다. 천산의 서쪽과 몽골초원이 연결되면 당나라는 이들을 견제하는 데 온 힘을 쏟아야 할 형국이었다. 또 하나는 티베트가 당나라 군대의 후방을 교란하지 않도록 청해靑海에서 계속 티베트를 압도해야 했다.

이때 고선지는 파미르의 남쪽을 위협하던 티베트 세력을 먼저 제압했다. 아랍의 위협에 맞서 카슈미르와 카불의 투르크계 지도자들은 당나라를 자신들의 보호자로 선택했다. 결국 당나라는 서역을 포기할 수 없었다. 이미 한 차례 파미르 원정으로 티베트와 투르크를 분리시키는 데 성공하여, 투르크계 민족들의 총독 격으로 있던 고선지는 파미르 서쪽에 있는 사마르칸트와 타슈켄트에 대한 원정을 감행했다.

이제 《귀곡자》로 잠시 돌아가자. 귀곡자는 이렇게 말한다.

> 성인이 능히 그 일을 이루는 데는 다섯 가지 방법이 있다. 양으로 덕을 베푸는 것, 음으로 공격하는 것, 성심을 다해 신의로 대하는 것, 가려 숨기는 것, 평소처럼 행하는 것이다.

이제 당 조정과 고선지의 결정이 향후 중앙아시아의 판도에 어떤 영향을 주는지 알아보자. 지리에 대한 지식이 좀 있는 사람이라면 바로 느낄 것이다. 왜 고선지는 750년 타슈켄트 원정에 성공한 남쪽 길을 버리고 북쪽인 탈라스에서 전투를 벌였을까? 왜 타슈켄트에서 아랍의 동진을 저지하지 못하고 훨씬 북쪽에서 싸움을 벌였을까? 당의 조정과 고선지는 전쟁이라는 큰 결정을 내린 후에 스스로 결정적인 흠을 냈기 때문이다.

고선지는 티베트가 중앙아시아로 진출하는 길을 끊었고, 750년 타슈켄트와 그 인근을 복속시켰으니, 힘으로 상대를 제압하는 데는 이미 실력을 인정받았다. 또한 서역 제국들의 보호자로서 전투를 감행했으니 신의를 저버린 것도 아니었다. 그러나 그가 제대로 못한 것이 있으니 '양으로 덕을 베푸는 것과 가려 숨기는 것'이었다.

과거 사마르칸트와 타슈켄트는 당나라가 티베트에 묶여 지원을 포기하고 있을 당시 아랍 세력에 항복하고 말았다. 이는 약소민족의 어쩔 수 없는 선택이었다. 그런데 타슈켄트에 진공한 고선지는 항복한 타슈켄트의 왕을 잡아 조정으로 압송하고 그의 보물들을 전리품으로 획득했다. 사실 과거 아랍 군대가 중앙아시아를 압박할 때 궁지에 몰린 왕들이 당나라에 군사 지원을 요청한 적이 있으나 황제가 이를 무시했고, 결국 이들은 당과의 관계를 단절하고 아랍 측에 복속하게 된 것이었다. 타슈켄트 왕이 원래 당나라의 신하라고 하면 배신의 책임은 당연한 거라고 할 수 있다. 그러나 현지의 정황을 너무나 잘 아는 고선지조차 이 '배신'을 용서하지 않았다. 만약 고선지가 그 '잘못'을 덮어주고 이들을 이용해 아랍 세력을 견제했더라면 상황은 수세로 몰리지 않았을 것이다.

조정은 한술 더 떠서 타슈켄트의 왕을 참수하고 말았다. 현지 주민의 반발과 분노는 두말할 필요도 없었다. 위기 국면에서는 단 한 번의 악수가 전체의 판세를 좌우한다. 조정은 이것을 '우환을 제거하는 일'로 판단했을지 모르지만 그것은 '비용과 힘을 들이지 않고' 연합을 이룰 수 있는 길을 포기한 것이나 마찬가지다. 조정이 전장의 상황을 자세히 알 리가 없는데 과거 동맹국의 왕을 죽임으로써 동맹국을 완전히 적국으로 만들었다. 그것은 결코 '부득이 해야 할 일'이 아니었다.

고선지가 물러가자 타슈켄트는 복수심에 불타서 역으로 아랍 세력을 불러들여 파미르 고원 동쪽의 당군 주둔지를 공략하자고 한다. 그러니 당군은 어쩔 수 없이 남쪽 길을 버리고 북쪽을 돌아 탈라스에서 아랍군을 막게 된다. 고선지는 휘하의 군사와 천산 서쪽의 카를룩이라는 유목 부족을 규합해 모두 7만의 군대를 편성한다. 이들을 동원한 것은 당연한 수순이었지만 모험이나 마찬가지였다. 후방을 불안한 동맹군에게 맡긴 것이다.

객관적으로 보면 카를룩 동맹군이 배반할 확률은 상당히 높았다. 타슈켄트까지 아랍군이 진격한 상황에서 당군이 자신들을 지키지 못할 경우 아랍군과 장기전을 하기란 불가능했다. 반면 타슈켄트를 기지로 아랍 세력이 천산 서부를 공략하는 것은 너무나 쉬운 일이었다. 카를룩이 당나라 군대를 지원하여 전쟁에서 이길 확률이 백 퍼센트는 아니었지만 아랍군을 지원하여 승리할 확률은 백 퍼센트였다. 그런 상황에서 어떻게 그들에게 충성을 강요할 수 있겠는가? 과연 전쟁이 격해지자 카를룩은 손쉬운 승리를 택했다.

고선지는 양으로 덕을 베풀고, 자신의 공을 감추고 상대의 잘못을 숨기는 데 실패했다고 할 수 있다. 아랍군은 이미 퇴로를 확보한 상황이었고 당군은 애초에 퇴로를 불안정한 우군에게 맡기고 있었다.

당 조정은 타슈켄트 왕을 귀환시켜 비용을 들이지 않고 전쟁할 생각을 하지 못했고, 아랍 세력의 힘도 객관적으로 파악하지 못했다. 그래서 할 수 있는 일(투르크계 민족들과의 동맹)을 버리고 성공할 수 없는 일(퇴로를 동맹군에 맡기고 산에 의지해 전투를 하는 일)을 택할 수밖에 없었다.

고선지와 당 조정은 탈라스 전투에서만 패한 것이 아니다. 그 이전에 중앙아시아의 객관적인 형세의 변화를 파악하지 못했고, 또 원정군의 실력 파악에도 실패했다. 이후로 중국의 왕조들은 파미르 고원 서쪽의 일에는 관여하지 못했다.

작은 일을 할 때에는 덕이 필요하지 않을 수 있지만 큰일을 할 때에는 덕이 필요하다. 작은 일에는 세계에 대한 인식이 부족해도 되지만 큰일에는 그런 인식이 없으면 안 된다. 결정, 결단이란 항상 전체를 보면서 신중하게 행해야 한다. 자신만만한 귀곡자도 결단만큼은 조심스럽게 말하고 있다. 결단이란 어렵고도 어려운 것이다.

결단에는 이익과 함께 명분과 책임이 필요하다

만약 당신이 최고결정권자라면 이익에 더하여 명분과 철학이 함께해야 한다. 귀곡자는 이제까지의 어투와 사뭇 다른 어투로 말한다. 최고결정권자가 부득이하게 해야 할 일을 다음과 같이 밝힌다.

공경대부와 왕이라면 위태롭더라도 그 이름을 밝힐 수 있는 일은 할 수 있다면 해야 하고, 비용과 힘을 들이지 않고 쉽게 이룰 수 있는 일이라면 할 수 있다면 해야 하고, 많은 수고와 각고의 노력이 드는 일이라도 부득이 해야 하는 일이라면 할 수 있다면 해야 하고, 우환을 제거할 수 있는 일이라면 할 수 있다면 해야 한다.

최고결정권자는 부득이한 결단을 할 때가 있다. 그것은 명분과 관련이 있다. 또 많은 어려움이 뒤따르더라도 미래를 위해 해야 하는 일이 있다. 각고의 노력이 든다는 말은 실패 시 책임을 질 위험이 있다는 것이다. 그래서 결단이란 어려운 것이다. 과거의 가장 뛰어난 지도자도 결단 시 하늘의 뜻을 물어본 이유가 바로 이 때문이다. 명분과 책임은 과거의 공경대부, 즉 지금의 최고결정권자들이 결단을 내리면서 잊지 말아야 할 바다. 귀곡자는 결단이 무척 어려운 것이라고 말한다. 그래서 결단을 대하는 태도는 엄숙해야 한다.

그러므로 무릇 본심을 확정하고 의심되는 일을 해결하는 것은 모든 일을 할 때 가장 중요한 일이다. 그러나 바름으로써 어지러움을 다스리고 성패를 결단하는 것은 정말 어려운 일이다. 그래서 옛날의 왕들도 시초와 거북껍질로 점을 쳐서 결단했던 것이다.

결정권자는 최고의 결단을 해야 한다: 장자

이 장의 고사는 날카로운 논리와 놀랄 만한 통찰력으로 사물의 숨겨진 이면을 파헤치는 장자莊子의 이야기다. 대저 결단이란 어떤 것인가를 이토록 힘 있게 설파한 문장은 자고로 없을 것이다. 《장자》〈잡편雜篇〉의 '설검說劍'에 나오는 이야기다.

조趙나라의 문왕文王은 칼싸움을 어지간히도 좋아했다. 그래서 검을 다루는 식객만 3천 명이 모여들었다. 종일 임금 앞에서 칼싸움을 벌이니 사흘이 멀다 하고 사람이 자빠져 나갔는데, 이렇게 3년 정도가 지나자 나라가 약해졌다. 태자가 걱정이 되어 이렇게 영을 내린다.

"누구든 임금을 설득해서 검객을 기르는 일을 멈추게 하면 천금을 상으로 내릴 것이다."

그러자 한 사람이 장자를 추천한다. 장자는 당시에 현인으로 이름이 높았다. 장자는 태자의 말을 듣고는 일단 천금을 논외로 놓고 임금을 설득해 보겠노라고 약속을 한다.

사흘이 걸려 검복이 갖추어지자 장자는 드디어 태자와 함께 임금을 만나러 갔다. 물론 장자는 검술의 달인이 아니었다. 알다시피 장자는 왕이나 대부를 마음으로 존경하는 사람은 아니다. 어전에서도 잡다한 예는 생략하고 인사도 없이 왕 앞에 나간다. 그들의 대화를 들어보자.

"어떻게 과인을 가르치려고 하오?"

"왕께서 검을 좋아하신다는 말을 들었습니다. 그래서 검으로 왕을 뵐까 합니다."

검이라면 사족을 못 쓰는 왕은 귀가 번쩍 뜨였다.

"선생의 검은 어떻게 상대를 제압할 수 있소?"

장자는 일단 큰소리를 친다.

"제 검은 열 걸음에 한 사람씩 베는데, 천 리를 가도 제지할 수 없습니다."

그러자 왕이 크게 기뻐하면서 말한다.

"천하무적이로고."

이제 장자가 검에 대해 한마디를 한다.

"대저 검술이라는 것은 허점을 보여주어 유인하고, 늦게 뽑아도 먼저 찌르는 것입니다. 한번 시연하고 싶습니다."

여기까지 이야기하니까 왕은 이기고 싶은 마음이 들었다. 실제로 자기의 검사들이 이 '천하무적'의 검사에게 모두 당한다면 체면이 말이 아니었기 때문이다. 그래서 장자에게 말한다.

"우선 쉬면서 명을 기다리시오. 시합장을 준비한 뒤에 선생을 부르겠소."

이렇게 말하고는 자신이 데리고 있는 검사들을 시합시켜서 7일 동안 60명의 사상자를 낸 끝에 여섯 명을 추렸다. 그러고는 장자를 불렀다.

"자, 오늘 검을 시연해 주시지요."

"오랫동안 기다린 바입니다."

"선생의 검은 길이가 얼마나 되오?"

"길이는 상관이 없습니다. 그러나 저는 세 개의 검을 가지고 있는데 오직 왕께서만 선택하실 수 있습니다. 먼저 들으신 후에 시험하게 해주십시오."

"말씀해 보시구려."

"천자의 검[天子之劍]과 제후의 검[諸侯之劍], 그리고 서민의 검[庶民之劍]
세 가지입니다."

"천자의 검은 어떤 것이오?"

"천자의 검은 연나라의 계곡과 석성을 칼끝으로 하고, 제나라의 태산
으로 그 날을 삼는데, 사방의 오랑캐들을 포용하고, 사계절로 감쌌습니
다. 이 검은 오행을 다스리고, 형벌과 덕을 논하며, 위로는 구름을 결단
내고, 아래로는 지기地紀를 끊습니다. 이 검을 한 번 쓰면 제후들의 기
강을 바로 세우고, 천하가 복종하게 됩니다."

무슨 뜻인가? 북쪽 끝인 연나라와 동쪽 끝인 제나라가 하나의 커다
란 칼이라면, 무력으로는 서쪽으로 온갖 제후국을 단번에 제압할 수
있고, 또 사방의 이민족을 모두 포용할 수 있다는 뜻이다. 나아가 일기
를 조정하여 백성들을 부강하게 하고, 한 번 움직이면 뭇 제후들이 그
명을 따를 수밖에 없다는 이야기다. 이것은 천하를 안녕하게 하는 최고
의 경지를 표현한 말이다. 장자는 마음에 욕심이 많아 사람을 모아 칼
싸움이나 시키는 작은 제후국의 왕이 감히 이런 칼을 알기나 하는가라
고 묻고 있는 것이다.

이제 문왕은 그 거침없는 말을 듣고 어안이 벙벙해졌다. 그래서 제후
의 검은 무엇인지 묻는다.

"제후의 검은 용기 있는 자로 칼끝을 삼고, 청렴한 사람으로 칼날을
삼아서, 위로는 둥근 하늘을 본받아 해와 달과 별의 세 가지 빛에 순응
하고, 아래로는 모가 난 땅을 본받아 사계절에 순응하고, 가운데로는

백성들의 뜻에 부합하여 사방을 편안하게 합니다. 이 칼을 쓰면 나라 안에 그 명령을 어기는 자가 한 명도 없습니다."

이는 또 무슨 말인가? 바로 부국강병을 이야기하고 있다. 제후국들이 힘을 겨루는 상황에서 부국강병은 인재등용과 기강확립이었다. 물론 검객들이나 모으는 문왕이 이 수준에 미치지 못함은 당연하다. 이제 문왕은 점점 수치를 느낀다.

"서민의 칼을 말해보오."

"서민의 칼은 봉두난발에 귀밑머리가 관(모자) 밖으로 나오고, 눈을 부릅뜨고 면전에서 서로 치고 받는데, 위로는 목을 베고, 아래로는 간과 폐를 찌릅니다. 이것은 닭싸움과 다를 바 없습니다. 일단 목숨을 잃고 나면 이미 나랏일에 쓸 수가 없게 되지요. 지금 대왕께서는 천자와 같은 지위에 있으면서 오히려 서민의 칼을 좋아하시니, 제가 감히 말씀드리오니 그 일은 경박한 행동이라 여깁니다."

이러자 문왕은 크게 깨달아 장자에게 술을 올린다. 그러자 장자는 말한다.

"대왕께서는 좌정하시고 심기를 바르게 하십시오. 검에 관한 말씀은 다 드렸습니다."

그로부터 석 달 동안 문왕은 궁전을 나가지 않았고 검객들은 모두 자결했다고 한다.

검이란 무엇인가? 바로 끊고 찌르는 물건, 즉 결단하는 물건이다. 이 우화는 근본적으로 결단에 대해 말하고 있다. 장자는 검을 어떻게 써야 한다고 말하는가? 최고결정권자는 사욕이나 지엽말단에 치우친 결단을 해서는 안 된다고 이야기하는 것이다. 그래서 최고의 결단, 즉 천하를 편안하게 하는 천자의 검을 말한 것이다. 제후의 수준에서 내릴 최고의 결단은 부국강병이다. 부국강병을 위한 결단은 뛰어난 사람을 쓰고 법을 올바르게 해서 체질을 강하게 하는 것이지 목숨을 가볍게 여기는 것이 아니라고 말한다. 그렇다면 최하의 결정은 무엇인가? 그것은 도덕이나 원칙 없이 당장 상대방을 결딴내는 것에만 집착하는 것이다. 이런 것을 닭싸움이라고 부른다.

귀곡자는 "결정은 옛일을 계량하고, 미래를 시험하고, 평소를 참조해서 해야 한다"라고 말한다. 장자가 말한 내용은 모두 여타 경전에도 나오는 내용들이다. 일부러 전적에 따라 왕을 깨우치려 한 말이다. 국가의 운영 방침과 같은 큰 결단은 명분과 실재를 함께 추구해야 하는데, 명분을 잃으면 실재까지 잃는다. 조나라 문왕은 한 나라의 수장으로서의 명분을 잃었다. 문왕의 뛰어난 검객들은 문왕이 명분을 잃은 것이 밝혀지자 모두 자결하고 만다. 문왕의 잘못된 결정이 결국 아까운 생명들만 죽인 것이다.

최고결정권자의 결단은 객관적인 관찰에 명분이 더해져야 하고, 거기다가 반드시 할 수 있는 것을 하되 아랫사람들을 희생시키지 말아야 한다. 그리고 결단은 한 번 내리면 주워 담지 못한다. 이렇게 무엇인가를 결단하는 일은 쉽지 않다. 장자의 말은 귀곡자의 결結 편을 다시 말한 것이다. 결단하는 일은 그래서 항상 긴장감이 있어야 한다. 긴장감이 없어지면 힘이 흩어진다. 조나라 문왕은 자신이 해야 할 일에 대한 긴장감을 잃어버려서 지엽말단에 빠지고 말았다. 천자의 검, 제후의 검

을 쓰는 것이 쉽지 않듯이 오늘날의 중요한 결단도 마찬가지다. 최고결
정권자는 천자의 검을 쓰듯이 신중하게 명분과 책임에 근거해서 결단
을 내려야 한다.

*
원문 해석

대개 남을 위해 결단을 내릴 때는 반드시 상대가 의심하는 바를 해결해야 한다. 상대에게 이득이 되는 것을 잘 이용하고, 걱정거리와 손해를 피해야 한다. 이렇게 하면 유혹이 와도 시종 흔들리지 않아 이익이 있다. 상대의 이익을 없앤다면 나의 결정을 받아들이지 않게 된다. 기묘한 결정을 내릴 때는 상대가 좋아하는 것을 유세하는 것이 유리한데 은밀히 상대가 싫어하는 것을 이야기하면 받아들이지 않게 되고, 관계가 소원해지고, 이익을 잃고 손해를 끼치게 되어 일이 실패하게 된다.

성인은 다섯 가지 방법을 써서 일을 이룬다. 바로 양으로 덕을 베풀거나, 음으로 공격하거나, 성심을 다해 신의로 대하거나, 가려 숨기거나, 평소처럼 행하는 것이다. 일관되게 한 가지 말로 공개적으로 힘쓰는 것, 두 가지 말로 음으로 힘쓰는 것을 평소나 관건의 시기에 나누어 쓰는데, 이 네 가지는 미묘하게 사용해야 한다. 이렇게 하여 옛일을 살피고, 미래를 예측하고, 현재를 참조하면 비로소 결단을 내릴 수 있다. 공경대부와 왕이라면 위태롭더라도 그 이름을 밝힐 수 있는 일은 할 수 있다면 해야 하고, 비용과 힘을 들이지 않고 쉽게 이룰 수 있는 일이라면 할 수 있다면 해야 하고, 많은 수고와 각고의 노력이 드는 일이라도 부득이 해야 하는 일이라면 할 수 있다면 해야 하고, 우환을 제거할 수 있는 일이라면 할 수 있다면 해야 한다. 그러므로 무릇 본심을 확정하고 의심되는 일을 해결하는 것은 모든 일을 할 때 가장 중요한 일이다. 그러나 바름으로써 어지러움을 다스리고 성패를 결단하는 것은 정말 어려운 일이다. 그래서 옛날의 왕들도 시초와 거북껍질로 점을 쳐서 결단했던 것이다.

爲人凡決物, 必托於疑者. 善其用福. 惡其有患害. 至於誘也, 終無惑偏, 有利焉. 去其利則不受也. 奇之所託, 若有利於善者. 隱托於惡. 則不受矣, 致疏遠. 故其有使失利, 其有使離害者, 此事之失.

聖人所以能成其事者有五. 有以陽德之者. 有以陰賊之者, 有以信誠之者, 有以蔽匿之者, 有以平素之者. 陽勵於一言, 陰勵於二言, 平素樞機. 以用. 四者, 微而施之. 於是度以往事, 驗之來事, 參之平素, 可則決之. 公王大人之事也, 危而美名者, 可則決之. 不用費力而易成者, 可則決之. 用力犯勤苦, 然而不得已而爲之者, 則可決之. 去患者, 可則決之. 從福者, 可則決之. 故夫決情定疑, 萬事之機, 以正亂治, 決成敗, 難爲者. 故先王乃用蓍龜者, 以自決也.

글을 마치며

이제 글을 마칠 시간이 되었다. 우리는 귀곡자라는 훌륭한 프로젝트 교사를 만나보았다. 그리고 하나의 프로젝트를 처음부터 끝까지 점검해 보았다.

그러나 뛰어난 기획을 하고, 많은 준비를 하고, 빈틈없이 실천을 한다고 해도 실패할 수 있다. 내가 모든 상황을 조정할 수는 없다. 그러니 실패를 피할 수는 없다. 오히려 작은 실패를 모아서 성공을 이루는 이가 지혜로운 사람이다. 반면 작은 성공 후에 큰 실패를 부르는 사람은 어리석은 사람이다.

선가의 보감인 《육조단경六祖壇經》에 나오는 유명한 문구를 기억하면서 이 책을 마무리하자. 일자무식의 대선사 육조 혜능은 《법화경法華經》을 3천 번이나 읽은 법달法達에게 이렇게 말한다.

"마음이 바르면《법화경》을 굴리고, 마음이 삿되면《법화경》에 굴리
게 된다."

그렇다. 어떤 뛰어난 지혜도 자신이 쓰기 나름이다.《귀곡자》한 권을
읽고 그 책을 마음대로 활용하지 못하여 그 책에 휘둘린다면 이는 귀
곡자의 본뜻에 위반되는 것이다. 귀곡자는 항상 강조하지 않았나? 절
대 상황에 휘둘리지 마라! 자신의 마음이 적극적이면《귀곡자》를 굴려
서 일을 성공적으로 마무리할 수 있을 것이다. 마음이 적극적이지 못한
사람들이《귀곡자》를 만나면 음험한 모사에게 휘둘리듯이 오히려 길을
잃을 수도 있다. 마음이 적극적인 사람들에게《귀곡자》는 음흉한 모사
가 아니라 자신의 프로젝트를 성공적으로 완성하는 데 도움을 주는 훌
륭한 안내서가 될 것이다.

《귀곡자》 해제

《귀곡자》는 전국시대의 귀곡자가 썼다는 책이다. 그런데 이 책은 오랫동안 논란을 불러일으켰다. 귀곡자가 도대체 누구인지, 《귀곡자》는 누구의 작품인지가 논란의 대상이었고, 많은 이들이 서로 다른 의견을 냈다.

다행히 현대 고증학자들의 노력으로 《귀곡자》에 대한 의혹은 상당히 해소되었지만 여전히 풀리지 않은 의문들이 있다. 아쉽게도 필자의 능력으로 귀곡자에 관한 의혹을 풀기에는 역부족이라 현재까지의 연구 성과를 종합하는 선*에서 책임을 다하고자 한다.

---

* 《귀곡자상해鬼谷子詳解》(2005, 진포청陳蒲清)의 147~195쪽, 240~280쪽에 현재까지 학술계의 판단이 자세히 들어 있다. 특별한 인용표시가 없는 경우 학술계의 성과는 대부분 이 책을 참조했다. 필자 스스로 판단한 부분은 따로 밝혔다.

귀곡자는 유세가들의 학파를 이끄는 사람[*]

우선 귀곡자가 누구인지부터가 논쟁거리였다. 귀곡자는 사마천의《사기》〈소진열전蘇秦列傳〉에 등장한다. 〈소진열전〉에 "소진은 동주 낙양 사람인데 스승을 찾아 동쪽 제나라로 가서 귀곡자 아래서 수학했다[東事師於齊, 而習之於鬼谷先生]"라는 구절이 나온다. 같은 책의 〈장의열전〉에도 "장의가 소진과 함께 귀곡자 아래서 수학했다[始嘗與蘇秦俱事鬼谷先生]"는 말이 나온다.

정사로 인정받고 있는《사기》의 내용대로라면 귀곡자는 실존 인물임이 분명하다. 그런데 문제가 하나 있다.《사기》외에는 귀곡자의 출신과 거처를 언급한 동시대 저작이 거의 없다는 점이다. 유향劉向(기원전 79~8)의《설원說苑》〈선설善說〉에 "귀곡자왈"이라는 문구가 등장하고, 왕윤王允(27~100)의《논형論衡》에 "전하기를 소진과 장의는 귀곡자에게서 종횡술을 배웠다"라는 문구와 귀곡자가 한 말이 나온다. 그러나 귀곡자의 신상에 대한 구체적인 언급은 거의 후대에 나온 주해서에만 등장한다.

이렇게 귀곡자가 신비에 쌓여 있는 동안에도 그의 제자로 알려진 소진은 많은 기록에 이름을 드러낸다. 이런 까닭에 남조 양나라의 악일樂壹은 "소진이 종횡술을 신비화하기 위해 귀곡이라는 말을 지어냈다[蘇秦欲神秘其道, 故假名鬼谷]"라고 주장하기에 이른다. 여하튼 그가《귀곡자》

---

[*]   귀곡자가 어디 사람인지에 관해서도 이설이 있다. 흔히 귀곡자는 영천潁川 양성陽城에 있는 귀곡에 기거했다고 전한다.《사기집해史記集解》

를 역사적인 인물로서 시비가 없는 소진의 작품이라고 추정하면서 귀곡자라는 인물은 그만 가공의 인물이 되고 말았다.

소진이 《귀곡자》의 실제 저자라는 설도 있다. 그러나 《귀곡자》를 쓴 사람이 소진이 아닐 가능성이 큰 것 같다. 1970년대에 호남성 마왕퇴 유적지에서 대부분 소진의 저작으로 엮여 있는 《전국종횡가서戰國縱橫家書》가 발견되었는데 그 책은 《귀곡자》와 판이하게 다르다. 《귀곡자》를 소진이 썼다면 두 책이 전혀 다를 리가 없다. 그렇다면 귀곡자는 《사기》의 기록대로 당시 종횡가들의 큰 스승격 인물이었을 것이다.

소진이 아니라면 과연 누가 이 책을 썼을까? 그것은 내용으로만 파악할 수 있다. 필자의 의견으로 《귀곡자》 내편 11편은 그 내용이 적나라한 면이 있다고 하더라도 논리적인 완결성이 매우 돋보인다. 그리고 문장의 통일성으로 보아 한 사람의 저작이 분명해 보인다. 당시에 이렇게 완결된 논문을 쓸 수 있는 사람이라면 소진이나 장의 정도인데, 둘 중 한 명이 아니라면 역시 그들의 스승격인 사람이 썼을 가능성이 크다.

결론을 말하자면, 귀곡자가 《귀곡자》란 책을 썼는지는 일부 기록으로만 남아 있다. 그리고 다른 사람이 썼다면 《귀곡자》를 쓴 인물은 소진과 장의를 넘어서는 종횡가의 대가라는 것은 분명하다.

《귀곡자》 내편 11편은 전국시대 작품

또 하나의 논란거리는 《귀곡자》가 과연 전국시대의 작품인가 하는 것이다. 만약 전국시대의 작품이 아니라면 현존하는 저작의 가치는 턱없이 적다.

한때 《귀곡자》는 남북조시대의 위작이라는 설이 있었다.[*] 그 근거로는 당시의 경적經籍을 정리한 《한서漢書》〈예문지藝文志〉에 《귀곡자》가 없다는 것이다. 저술명 《귀곡자》가 최초로 등장하는 것은 《수서隋書》〈경적지經籍志〉이기 때문에 자연스럽게 남북조시대의 위서가 아닌가 추측하게 된 것이다.

그러나 후대의 연구들은 이 추측을 부정했다. 우선 근세의 학자인 유월俞樾(1821~1907)은 《귀곡자》가 전국시대의 책이 분명함을 종합적으로 밝혔다. 그가 밝힌 근거는 이렇다. 우선 《귀곡자》의 문구를 유향이 이미 인용했다는 점이다. 유향이 《설원》〈선설〉에서 인용한 문구는 "사람이 선하지 않으면 고치기가 어렵다[人之不善而能矯之者難矣]"로 시작하여 "이를 유세를 잘한다고 말한다[此之謂善說]"로 끝맺는 부분인데 《귀곡자》에서 옮긴 것이 분명하다는 것이다. 유향이 살던 시기에 식자들 사이에서 이미 귀곡자의 말이 돌았다는 이야기다. 또 《회남자淮南子》에 '오합'이라는 귀곡자의 편명이 등장하므로 적어도 전한前漢 이전에 《귀곡자》가 존재했다고 봐야 한다. 양웅揚雄의 《법언法言》에 귀곡자와 그 학술을 언급하고 있고, 《한서》의 〈두업전杜業傳〉에 《귀곡자》의 단어들이 쓰인다는 점도 그 근거다.

---

[*] 당대의 대시인 유종원 역시 《한서》에 《귀곡자》가 나오지 않는 것으로 위서임을 의심했고, 청대의 고증학자인 요제항姚際恒도 같은 이유로 육조시대의 위서라고 단정했다.

최근에는 정황상 근거에 어법상의 근거가 더해져 위서 논란이 종식되는 양상이다.* 일단 마왕퇴 유적의 발굴로 《한서》〈예문지〉에 실려 있지 않은 책이 당시에 다수 있었다는 점이다. 또 《귀곡자》가 묘사하는 정황이 전국시대 실상과 거의 일치한다는 점도 지적한다. 이보다 더 중요한 점은 문법적인 요소다. 우선 청대의 고증학자 완원阮元은 《귀곡자》〈저희抵巇〉편의 '희' 자를 '하罅'로 정의한 것은 고문의 음에 근거했다는 점을 밝혔다. 또 동한시대 정현鄭玄은 《주례周禮》에 주를 달면서 현대음으로 '비찬飛鑽'이라는 단어를 썼는데, 당대의 가공언賈公彦은 이것을 귀곡자의 '비겸'과 같은 어구라고 밝힌다. 그렇다면 동한대의 정현 역시 《귀곡자》를 읽은 것이다. 이외에 《귀곡자》에 전국시대 구전 문헌의 특징인 압운押韻이 두드러지게 나타나고, 글자들 또한 전국시대의 상용자들로 구성되어 있다는 점도 지적한다. 따라서 《귀곡자》 내편 11편은 전국시대에 종횡가의 이론에 정통한 사람이자, 소진을 넘어서는 사람이 썼다는 점이 거의 확실한 것 같다.

《귀곡자》 내편에는 〈부언符言〉 편이 들어가 있고, 외편은 〈본경음부칠술本經陰符七術〉로 이루어져 있다. 이 부분이 《귀곡자》 위서 논쟁을 불러일으킨 부분이기도 하다. 〈부언〉 편에는 《관자管子》를 비롯한 기타 저서들의 내용이 섞여 들어간 것으로 추정된다. 그리고 학자들은 《귀곡자》 외편을 당나라 시대에 첨가한 것으로 추정하고 있다. 이 부분은 내편에 비해 문장이 확연히 잡스럽게 변한다. 특히 외편은 아주 신비적인 색채

---

* 《귀곡자상해》, 153~156쪽 참조.

를 띠고 있어서 명리학에도 영향을 미친다.

　결론적으로 이 책에서 서술하고 있는 11편은 귀곡자로 추정되는 전국시대 종횡가의 고수가 쓴 것이 분명하다. 필자가 판단하기에 내편 11편의 논리적인 일관성은 현대적인 이론서 못지않다. 그 나머지 부분은 후대에 가필한 것으로 추정되며 이론적인 가치도 많이 떨어져서 《귀곡자》의 수준에는 미치지 못한다. 아마도 종횡가의 이론을 심도 있게 공부한 어떤 사람의 저작이 아닌가 생각된다.

역대 중국 정치가들에게 영향

위에서 살펴보았듯이 《귀곡자》는 신비주의 저작이 아니라 철저하게 실제적인 내용을 담고 있다. 《귀곡자》는 정치한 이론서로 흔히 남에게 보이기는 싫고 혼자만 몰래 보고 싶었던 책인 것 같다. 역대로 이 책은 정치 현실에 유형무형으로 깊이 개입했음이 분명하다. 중국에서는 현재도 이 책을 정치계나 사업계의 필독서로 여기고 있다. 간단히 《귀곡자》에 대한 역대 명사들의 평을 보면서 이 책의 영향력을 느껴보자.

　사마천의 《사기》〈태사공자서太史公自序〉에 이런 말이 나온다.

> 그래서 "성인은 영원하며 시기의 변화에 따라 대응한다. 비어 있는 것은 도의 여상한 모습이며, 자연을 따르는 것은 인군이 지켜야 할 바다"라는 말씀이 있다[故曰, 聖人不朽, 時變是守. 虛者道之常也, 因者君之

綱也].

당나라의 학자인 사마정司馬貞은 이 문장이 《귀곡자》에서 옮겨온 것이라고 지적했다. 이로 보아 사마천은 《귀곡자》를 읽었으며, 최소한 당나라 때는 《귀곡자》의 문장이 이미 상당히 알려져 있었음을 알 수 있다. 이 인용문으로 보건대 대역사가 사마천은 기본적으로 '시기의 변화를 존중'하는 귀곡자의 주장을 높이 사고 있음을 알 수 있다.

한나라 때의 문헌들에도 귀곡자가 언급되고 있으나 당나라 때 이후로 귀곡자의 본격적인 평가가 등장한다. 특히 당 태종의 최 측근으로 '천하를 얻는 데 절반'의 역할을 했다는 장손무기는 《귀곡자》를 이렇게 평가한다.

교활한 자가 이를 하면, 화려하고 유창한 말을 하면서, 임기응변으로 속여, 결국 충성스럽고 신의 있는 사람을 해치고, 나라에 난을 일으키는 데 이르게 된다[佞人爲之, 則便辭利口, 傾危便詐, 至於賊害忠信, 覆亂家邦].

그런데 장손무기야말로 왕자들을 죽이고 태종을 등극시킨 장본인으로 《귀곡자》에 있는 가장 극단적인 술책을 쓴 사람이 아닌가? 장손무기는 귀곡자 학파의 이론이 무척 위력적임을 잘 알았던 사람 중 하나다. 당 태종, 장손무기, 방현령 등 당나라의 전성기를 이룬 일꾼들을 '귀곡자 스쿨의 총아'라고 불러도 무방할 것이다.

역시 당나라의 정치가이자 문인인 유종원柳宗元은 정통 유가의 입장에서 《귀곡자》가 "망령된 말로 세상을 어지럽힐까 두려워[恐其妄言亂世]"했다. 유가의 입장에서 보면 이런 종횡가의 실용적인 '정권 탈취' 전략을 경계할 수밖에 없었을 것이다. 유종원은 개혁 정치가였다. 개혁 정치가로서 상대방의 호오好惡를 이용해 권력을 획득하는 사람을 수없이 보았을 것이고, 따라서 이런 수단을 긍정하는 《귀곡자》의 방법을 경계하게 되었을 것이다.

명대 학자인 송렴宋濂은 "소진, 장의의 말로가 어떠했는가?"라고 반문하면서 《귀곡자》에 대한 비판을 가하고 있다. 이는 전형적인 정통 유학자의 입장이다. 공통점은 모두 《귀곡자》라는 책이 세상을 어지럽힐 것을 두려워하고 있다는 것이다. 솔직히 말해 이 책은 자신은 읽되 남은 읽히기 싫은 책이었다.

물론 정치인 대부분의 속내는 구양수가 밝힌 바와 같았을 것이다. 구양수는 "시에 따라서 적절하게 변화하고, 일을 가늠해서 적당한 방책을 내는 바는 족히 취할 바가 있다[因時適變, 權事制宜, 有足取者]"라고 평가한다. 역시 유학자로서 드러내 놓고 말하기에 껄끄러운 바는 있지만 《귀곡자》의 기본 전제를 긍정하고 있다.

역대 정치가들은 종횡가의 이론을 겉으로는 비난하면서 몰래 공부했던 것이다. 그 비조격인 귀곡자의 이론은 말할 나위가 없었을 것이다.

현대에 와서 좀 더 자유롭게 다양한 이론들을 접하게 되자 《귀곡자》 관련 서적들이 쏟아지고 있다. 경제적인 지위가 사람의 가치를 좌우하니 사람들이 승리와 패배에 생명이 달렸던 전국시대의 적나라한 지혜를 더 원하는 것 같다. 과거에는 그 가치를 숨겼으나 지금은 《귀곡자》를 지혜의 금과옥조로 더 환영하는 느낌이다.

전설이 된 귀곡자

《귀곡자》는 그 내용이 만만치 않고, 귀곡자라는 사람의 신원도 여전히 명백하지 않다. 그리하여 귀곡자는 많은 전설의 주인공이 되었다. 사람의 마음을 읽는 점성학, 명리학에서 귀곡자를 내세우는 것은 어쩌면 당연한 일이다. 그는 충분히 상상을 가미할 가치가 있는 '고수'였던 것이다. 특히 많은 독자를 거느리고 있는 풍몽룡馮夢龍의 《동주열국지東周列國志》에서는 귀곡자를 이렇게 묘사한다.

> 주나라 양성에 귀곡이라는 곳이 있었다. 산은 깊고 숲이 우거져 깊이를 가늠할 수 없으니 사람이 살 수 없는 곳처럼 보였다. 그래서 이곳을 귀곡이라 불렀다. 그중에 한 은자가 있었으니 스스로 귀곡자라 불렀다. (중략) 귀곡자는 천문에 통달하고 지리를 꿰뚫었다. 몇 개 학파의 학문을 섭렵했는데 남들은 따를 수 없었다. 무슨 학문을 했는가? 하나는 수학이니 하늘의 움직임이 그 손안에 있었고, 하나는 병법이니 귀신도 예측하지 못할 정도였다. 또 하나는 유세학으로 널리 기록하고 많이 들었고, 이치에 밝고 형세를 깊이 살폈기에 말을 한 번 하면 만 개의 입으로도 당할 수 없었다. (중략) 선생은 신선이 되어 하늘

로 올라가는 비술을 알았는데 무슨 일로 몸을 굽혀 인간 세상에 나섰을까? 그것은 바로 재능 있는 제자들을 골라 함께 선경으로 들어가기 위함이었다. 그래서 이 귀곡을 빌려 기거하는 중이었다. 처음에 우연히 저자에 나가 남의 운명을 점쳐주었는데 길흉화복을 맞히는 것이 귀신과 같았다. (중략) 선생은 오는 사람을 막지 않았고, 가는 사람을 잡지 않았다. 그 제자 중 유명한 사람으로 제나라의 손빈, 위나라의 방연, 장의, 낙양 사람 소진이 있었다.

이미 명나라 때 귀곡자는 명리학의 비조로 입지를 굳혔음을 알 수 있다. 또한 그는 인간에게 신선의 지혜를 주기 위해 귀곡에 은거한 것으로 나온다. 손빈은 유명한 《손빈병법》을 쓴 사람이고 방연은 위나라의 대장으로 이름을 떨치다 손빈에게 역공당한 인물이다. 소진과 장의는 물론 뛰어난 유세가였다.

이렇게 귀곡자가 전설이 된 것은 《귀곡자》라는 책이 인간의 심리를 깊이 꿰뚫고 있기 때문이다. 귀곡자가 신선으로 변모하게 된 것은 후대에 추가된 외편 때문이 아닌가 추정된다. 요즈음은 무협소설류에서도 심심찮게 귀곡자를 볼 수 있다. 귀곡자에 관한 수많은 전설이 작가에게 영향을 미친 까닭일 것이다.

정말로 전설 같이 대단한 인물인지는 독자들이 판단할 몫이다. 그러나 《귀곡자》 내편 열한 개의 장은 현대에 일을 도모하는 사람들에게도 전설 같은 교본이 될 수 있을 것이다. 그야말로 종으로 갈 수도 있고 횡으로 갈 수도 있는 것이다.

귀곡자 장악하고 주도하는 궁극의 기술

초판 1쇄 인쇄일 2023년 3월 10일
초판 1쇄 발행일 2023년 3월 20일

지은이 공원국 · 박찬철
발행인 윤호권
사업총괄 정유한

편집 김남철 **디자인** 박정원(표지) **디자인** 유니드(본문) **마케팅** 명인수
발행처 ㈜시공사 **주소** 서울시 성동구 상원1길 22, 6-8층(우편번호 04779)
대표전화 02 - 3486 - 6877 **팩스**(주문) 02 - 585 - 1755
홈페이지 www.sigongsa.com / www.sigongjunior.com

글 ⓒ 공원국 · 박찬철, 2023

ISBN 979-11-6925-675-9 03320

*시공사는 시공간을 넘는 무한한 콘텐츠 세상을 만듭니다.
*시공사는 더 나은 내일을 함께 만들 여러분의 소중한 의견을 기다립니다.
*잘못 만들어진 책은 구입하신 곳에서 바꾸어 드립니다.